Der Weg der
Träume & Visionen

Dritte Auflage

COLETTE TOACH

*Interpretiere deine geheime
Unterhaltung mit Gott*

www.ami-bookshop.ch

Der Weg der Träume und Visionen
Originaltitel: The Way of Dreams and Visions

Dritte Auflage

ISBN-10:162664053X
ISBN-13: 978-1-62664-053-5

Urheberrecht © 2016 durch
Apostolic Movement International, LLC
Alle Rechte vorbehalten
5663 Balboa Ave #416,
San Diego,
California 92111,
Vereinigte Staaten von Amerika

1. deutsche Auflage 2004
2. deutsche Auflage 2014
3. deutsche Auflage 2016

Herausgegeben von **Apostolic Movement International, LLC**
Email-Adresse: admin@ami-bookshop.com
Web-Adresse: www.ami-bookshop.com

Alle Rechte vorbehalten gemäss dem internationalen Urheberrechtsgesetz. Weder das Buch noch ein Teil davon dürfen in irgendeiner Form ohne schriftliche Erlaubnis des Herstellers reproduziert werden.

Die Bibelstellen stammen aus der revidierten Elberfelder Bibel.

Widmung

Ich möchte dieses Buch gerne meinem besten Freund, Problemlöser, Lebensveränderer, Tränenabwischer und Bräutigam widmen – Jesus Christus.

Herr, ich liebe Dich mehr als das Leben und ohne Dich hätte ich die Worte auf diesen Seiten nie herausgeben können. Ich widme Dir dieses ganze Buch. Mögest Du es nehmen und es gebrauchen, damit jede Person, die es in die Hand nimmt, die Wahrheiten darin aufnehmen kann. Ich gebe Dir die Lizenz und das Recht dieses Buches, und so wie ich sie Dir übergebe, mögest du Dein Siegel der Zustimmung daraufsetzen.

Ich beanspruche nicht, dass diese Worte aus meinem eigenen Verständnis heraus kamen, sondern ich gebe Dir alle Ehre, meinem Freund und Vater – der immer liebende und immer reale Herr Jesus Christus!

Inhaltsverzeichnis

Widmung 3

Inhaltsverzeichnis 4

Kapitel 01 – Traumdeutung durch den Geist 10

Alle träumen 10

Wer kann prophetische Träume haben? 12

4 Traumkategorien 15

Kapitel 02 – Prophetische Träume 26

3 Kategorien von prophetischen Träumen 26

Kapitel 03 – Externer prophetischer Traum 42

Der Heilige Geist legt aus 51

Zweck von Träumen 51

Kapitel 04 – 5 P's in der Traumauslegung 54

Kapitel 05 – Traumbeispiele 68

Traum: 68

Grund für Offenbarung 69

Du kannst es haben 73

Kapitel 06 - Visionen: Deine geheime Unterhaltung mit Gott 76

Gottes Willen kennen 76

Geist der Weisheit und der Offenbarung 78

Visionen – die Sicht deines Verstandes 80

Der Zweck einer Vision 83

Was sind Visionen? 84

Offenbarung in Visionen empfangen 85

Kapitel 07 – Drei Funktionen des Geistes 90

Geistliche Frucht 93

Nimm Ihn mit dir 102

Kapitel 08 – Visionen empfangen 106

Deine Fähigkeit zu empfangen steigern 108

Kapitel 09 - Albträume, Verführung und dämonische Träume 120

Verführung identifizieren 120

3 Kategorien von Verführungsträumen 121

Kapitel 10 – Die Zeichen von Verführung 134

Kapitel 11 – Eine Attacke Satans in Träumen 148

Praktisches 152

Kapitel 12 - Symbole in Träumen und Visionen auslegen 170

Es braucht Weisheit 170

Einzigartig für dich 171

Symbole in Visionen 173

Interne Auslegung 175

Kapitel 13 – Geschlecht und Rasse in Träumen und Visionen 190

Kapitel 14 – Traumbeispiele in Bezug auf Geschlecht und Rasse 206

Prophetische und externe Symbole 209

Kapitel 15 – Den geistlichen Bereich erleben 222

Der geistliche Bereich überwiegt 222

Die Angesicht-zu-Angesicht-Beziehung 224

3 Kategorien von Visionen im Wort 225

Heute nicht üblich 228

Der Gebrauch von Visionen 230

Persönliche Erlebnisse in Visionen 233

Kapitel 16 – Visionen und Kampfführung 236

Kapitel 17 – Entwickle deine Beziehung mit Gott 248

Kapitel 18 – Den Leib erbauen 260

Kapitel 19 – Für andere auslegen 276

Frucht bringen 276

Sechs Punkte betreffend dem Dienen 278

Kapitel 20 – Interne Träume auslegen 292

Interne prophetische Träume auslegen 295

Lass es fliessen 318

Kapitel 21 – Geistliche Offenbarung und Unterscheidung 322

Versagen in der Auslegung 322

Geistliche Unterscheidung 324

Schattenbilder 324

Ihn von Angesicht zu Angesicht kennen 325

Verschiedene Regeln 326

Ausgewogen im Geist und im Wort 327

Interne und externe Visionen 328

Kapitel 22 – Vier Hinweise für die Auslegung 336

Beispiele persönlicher Visionen 339

Kapitel 23 – Wende die Auslegung an 362

Prüfe den Geist 364

Schlussendliches Ziel 366

Impartation 368

Über die Autorin 372

Empfehlungen der Autorin 374

Praktischer Prophetischer Dienst 375

Ich bin nicht verrückt – Ich bin ein Prophet 376

Wie du Gottes Stimme hörst (Set für eine Studiengruppe) 376

A.M.I. Prophetic School 377

Kontaktangaben 378

Kapitel 01

Traumdeutung durch den Geist

Davon reden wir auch, nicht in Worten, gelehrt durch menschliche Weisheit, sondern in Worten, gelehrt durch den Geist, indem wir Geistliches durch Geistliches deuten.

~ *1. Korinther 2,13*

Kapitel 01 – Traumdeutung durch den Geist

Alle träumen

Traumauslegung ist heutzutage eine ziemlich grosse Sache geworden. Menschen haben diese Vorstellung, dass du etwas Besonderes kannst, wenn du Träume auslegen kannst. Du bist fähig, in das Leben und die Zukunft eines anderen hineinzusehen und es wird sozusagen gleichgestellt mit „Wahrsagerei". Wenn du Träume auslegen kannst, dann musst du phänomenal sein. Auch in der Welt draussen findest du Bücher über Traumauslegung. Du findest Bücher über Symbole in Träumen, damit du eine Auslegung deines Traumes zusammensetzen kannst und dann irgendwie in dieser Auslegung Richtungsweisung und vielleicht Antworten auf deine Probleme im Leben finden kannst.

Ich möchte Traumauslegung aus einer anderen Perspektive betrachten, wie es wahrscheinlich vorher noch nie jemand gemacht hat. Ich möchte damit anfangen, zu sagen, dass Traumauslegung nicht etwas ist, das ein Wahrsager tut. Träume auslegen ist nicht etwas, das dir Wissen über die Zukunft gibt oder verborgene Geheimnisse und Bedeutungen über Dinge aufzeigt, die nicht sowieso offensichtlich sind.

Wenn es um das christliche Leben und unseren christlichen Lauf geht, dann sind Träume einfach gesagt und wie in der Bibel beschrieben: Nachtvisionen. Träume, vom Geist Gottes gegeben, sind nichts anderes als Prophetie. Sie sind wie Visionen. Sie sind wie ein Wort der Erkenntnis oder ein Wort der Weisheit, das vom Heiligen Geist in einer Versammlung gegeben wird. Träume sind einfach eine andere Art, wie der Herr zu dir, deinem Diener, zu einer bestimmten Zeit spricht.

Ich möchte noch mehr zu diesem Thema sagen. Aber der grundlegende Punkt, den du verstehen sollst, bevor wir anfangen, ist, dass Träume einfach eine Art sind, wie dein Geist sich ausdrückt und wie der Heilige Geist dir die Botschaft, die Er dir geben möchte, kommuniziert. Dies kann in einer Vision während dem Tag oder in einem Gebet oder in einer Vision in der Nacht, während du im Bett liegst, geschehen. Es ist alles dasselbe. Träume sind nicht etwas Übernatürliches. Sie sind nicht etwas Fantastisches, das nur Besondere und Auserwählte haben. Sie sind eine Funktion des menschlichen Geistes, die tatsächlich jeder Mensch hat. In einem Traum kommuniziert dein Geist ganz einfach all die verschiedenen Reize, die den ganzen Tag über auf deinen Verstand eingewirkt haben.

Das erleben nicht nur Gläubige. Auch Ungläubige haben Träume. Aber der Unterschied zwischen einem Gläubigen und einem Ungläubigen ist, dass der Gläubige den Heiligen Geist in sich drin hat. Hier kommt die Teilung. Ein Gläubiger kann prophetische Träume haben.

Nun, einiges, was ich dich hier lehren werde, kann sowohl für Gläubige als auch Ungläubige angewendet werden und du wirst Parallelen feststellen. Aber die Linie wird dort gezogen, wo der Gläubige einen prophetischen Traum haben kann, was hingegen ein Ungläubiger nicht kann, weil er den Heiligen Geist nicht in sich drin wohnen hat und nicht fähig, ist von seinem Geist zu hören. Denn die Bibel sagt, dass sein Geist tot ist. Ein Ungläubiger ist nicht fähig, Wissen und Weisheit vom Geist Gottes zu empfangen, denn sein Geist ist dem Bereich Gottes gegenüber tot.

Hier wird die Linie gezogen. Ich weiss, dass es viel Verwirrung gibt und viele Christen sind in die Irre gegangen, weil sie sich mit Dingen eingelassen haben, mit denen sie sich nicht hätten einlassen sollen und weil sie weltliche Bücher angeschaut und nach weltlichen Antworten und weltlichem Symbolismus gesucht haben. Du musst erkennen, dass als Christ dein Geist in Christus wiederbelebt wurde. Er hat jetzt die Fähigkeit, mit Gott Gemeinschaft zu haben und Seine Informationen, Gedanken für dich, Seine Gefühle für dich und Seine Sicht für dich zu empfangen – durch Träume, Visionen, Prophetie, Worte der Erkenntnis oder Worte der Weisheit.

Wer kann prophetische Träume haben?

Ich möchte gerne mit dieser Frage beginnen: „Wer kann einen prophetischen Traum haben?" Ich denke, ich habe das bereits ziemlich abgedeckt, aber lass uns den 1. Korinther 12,11 anschauen:

> *„Dies alles aber wirkt ein und derselbe Geist und teilt jedem besonders aus, wie er will."*

Für alle Christen

Im 1. Korinther 12 spricht Paulus von den Gaben des Geistes. Jeder Christ kann einen prophetischen Traum haben. Wieso? Weil er den Heiligen Geist in sich hat. Genauso wie wir in einem Treffen zusammenkommen und jedem Mitglied ein Wort der Erkenntnis oder eine Vision gegeben wird, oder etwas, das du vom Geist Gottes weitergeben kannst, so hat auch jeder Christ die Fähigkeit, einen prophetischen Traum zu haben. Dies ist nicht ausschliesslich für Propheten, wie viele Leute vielleicht denken. Auch wenn der Prophet mehr in vielen Offenbarungsgaben funktioniert als der durchschnittliche Gläubige, heisst das nicht, dass nicht jeder Gläubige in diesen Dienstgaben fliessen kann. Denn es ist der Heilige Geist, der diese Gaben impartiert und sie nach Seinem Willen manifestiert.

Ein Christ zu sein, berechtigt dich genauso dazu, diese Gaben zu haben, wie wenn du in einem der Dienstämter stehen würdest. Denk deshalb nicht, dass du nicht fähig bist, prophetische Träume und Visionen zu haben, weil du kein Prophet bist und du vielleicht nicht in so vielen Gaben fliesst, wie der Prophet das tut. Denk auch nicht, dass du nicht fähig bist, deine Träume auszulegen. Wir leben nicht im Alten Testament, in welchem nur die Propheten Offenbarung aus ihren Träumen empfangen konnten.

Aber weisst du, im Alten Testament hatten sie den Heiligen Geist nicht permanent in sich wohnen. Es geschah also Folgendes: Der Heilige Geist bewegte sich spontan über einem Individuum und impartierte ihm für einen spezifischen Moment und eine spezifische Zeit das Wissen des Geistes. Diese spezifische Zeit hing von seiner Gerechtigkeit gegenüber Gott ab.

Aber heute, seit Christus gekommen ist, stehen wir nicht mehr in dieser Position. Jetzt bleibt der Geist in uns und wir können jederzeit die Weisheit, die in unserem Geist ist, anzapfen. Ich möchte dich wirklich dazu ermutigen, dass du dich jetzt gerade ausstreckst und dies vom Herrn empfängst. Empfange diese Weisheit und die Gaben, mit denen du fähig bist, im Geist zu unterscheiden und Offenbarung für dich vom Heiligen Geist zu empfangen. Dies gilt nicht nur für die Traumauslegung, sondern auch für Visionen und für jeden anderen der Sinne, den der Herr vielleicht benutzen möchte, um zu dir zu sprechen. Dies ist etwas für dich als Individuum, als Diener des Herrn. Dies ist dein Erbe vom Herrn Jesus Christus.

Wer kann Träume auslegen?

Die einzige Bedingung, um Träume auslegen und in den Gaben fliessen zu können, ist ein Begehren dafür. Schau dir einmal diesen Abschnitt im 1. Korinther 14,1 an:

> *„Strebt nach der Liebe; eifert aber nach den geistlichen Gaben, besonders aber, daß ihr weissagt!"*

Es gibt nur eine Voraussetzung für dich, um in den Gaben fliessen zu können und zwar, dass du sie ernsthaft begehrst. „Wenn nun ihr, die ihr böse seid, euren Kindern gute Gaben zu geben wißt, wieviel mehr wird der Vater, der vom Himmel gibt, den Heiligen Geist geben denen, die ihn bitten." Wenn du doch nur einfach diese Gaben ernsthaft begehren würdest, leidenschaftlich zum Herrn danach rufen würdest, gibt es nichts, was Er dir, Seinem Kind, vorenthalten würde. Wenn sogar wir als Menschen unseren Kindern die Dinge geben, die sie sich wünschen, so wünscht sich auch dein himmlischer Vater dir diese Dinge zu geben, die dir deinen Herzenswunsch erfüllen.

Wenn du wirklich zu Ihm geschrien hast, Seine Stimme zu hören, Seine Offenbarung zu empfangen, die Dinge zu verstehen, die Er dir zu sagen versucht; wenn du dich im Glauben ausstreckst und sie ernsthaft begehrst, gibt es nichts, das der Herr dir, Seinem Diener, vorenthalten würde.

4 Traumkategorien

Ich möchte gerne die vier verschiedenen Traumkategorien anschauen. Drei davon können sowohl Ungläubige als auch Gläubige haben. Es handelt sich hierbei um den Heilungstraum, den Reinigungstraum und den Abfalltraum. Die vierte Kategorie hingegen trifft nur auf Gläubige zu. Das ist der prophetische Traum. Das ist, wenn der Heilige Geist sich über dir bewegt und dir eine Botschaft aus deinem Inneren gibt.

1. Kategorie: Der Heilungstraum

Die erste Art von Traum, der Heilungstraum, tritt dann auf, wenn eine Verschiebung und eine Veränderung in deinen Templates passiert. Wir haben Templates in anderen Lehren angeschaut, also werde ich dies hier nur einfach kurz wiederholen. Templates werden in deinem Leben durch Umstände, mit denen du konfrontiert wurdest, geformt. Wenn du Erlebnisse gemacht hast, Verletzungen erfahren hast und du mit Dingen in deinem Leben konfrontiert wurdest, hast du eine Reaktion auf diese Umstände gebildet. Wenn du weiter durchs Leben gehst und du wieder auf die gleiche Situation stösst, merkst du, wie genau die gleiche Reaktion aus dir herauskommt. Du wirst plötzlich wütend, wenn gewisse Umstände auftreten oder du freust dich, wenn gewisse Umstände da sind. Du merkst, wie du immer und immer wieder auf die gleiche Art auf gewisse Umstände reagierst. Das sind Templates, die in dir geformt wurden, seit dem Tag, als du auf die Welt gekommen bist.

Wir alle wissen: „Leg deine Hand auf die heisse Herdplatte und du wirst dich verbrennen."

Das ist ein Template. Du weisst: „Wenn ich meine Hand ins Feuer halte, dann werde ich mich verbrennen." Wieso? Wie hast du das gelernt? Als Kind hast du deinen Finger in die Flamme gehalten oder du hast gedacht, du könntest mit Streichhölzern spielen und du hast dich dabei verletzt. Ein Template wurde geformt. Feuer gleich Schmerz. Was passiert also jedes Mal, wenn du mit Feuer in Berührung kommst? Angst ergreift dich, weil du dich erinnerst: „Ich habe als Kind meine Hand ins Feuer gehalten und sie dabei verbrannt! Angst!" Jedes Mal, wenn du also mit Feuer zu tun hast, kommt diese gleiche

Angst hoch. Das ist ein Beispiel dafür, was ein Template ist.

Du bist vielleicht mit Umständen in deinem täglichen Leben konfrontiert, die dieses Template verändern. Du bist mit einer Situation in einem christlichen Umfeld konfrontiert, die eine Veränderung in diesem Template bewirken wird. Du kommst vielleicht in eine Situation hinein, in der der Herr eine schmerzhafte Erinnerung aus deiner Vergangenheit heraufbringt, wie das Beispiel mit dem Feuer. Vielleicht hast du als Kind eine schlechte Erfahrung gemacht und so eine starke Angst entwickelt. Der Herr will da hineinkommen und dieses Template heilen, so dass die Angst nicht mehr da ist, wenn du wieder den gleichen Umständen begegnest.

Nun, das wird durch einen Heilungstraum erreicht. Nachdem der Herr diese Erinnerung geheilt hat, wirst du in dieser Nacht schlafen gehen und es wird eine Veränderung stattfinden. Vielleicht erlebst du die ursprüngliche Erinnerung nochmals, als du so verletzt worden bist. Vielleicht träumst du, dass du als Erwachsener die Erinnerung nochmals konfrontierst, aber dieses Mal bist du in Kontrolle. Es kann variieren. Aber der Punkt ist, dass du dich siegreich fühlst, wenn du aufwachst, weil du dieses Erlebnis in deinem Leben nochmals konfrontiert hast und dich dieses Mal die Angst nicht ergriffen hat und du nicht versagt hast.

Vielleicht bist du jemand, der als Kind und Jugendlicher abgelehnt wurde. Vielleicht warst du ein Teenager, der nie in die Gruppe der anderen Schüler hineinpasste und du warst immer der kleine Aussenseiter, der in der Ecke sass. Als Resultat davon hast du Wände um dich herum aufgebaut, um deine Unsicherheit zu verstecken. Dann führt dich der Herr durch eine Zeit des Todes und reisst diese Wände herunter und lässt Liebe und Heilung fliessen. Er hebt dieses kleine, abgelehnte Kind auf und stellt es hin. An diesem Abend hast du vielleicht einen Traum, in dem du deine Kollegen konfrontierst, aber dieses Mal fühlst du dich nicht mehr unsicher. Dieses Mal loben dich die anderen und sagen dir, wie wunderbar du bist.

Vielleicht hat ein Lehrer immer an dir herumgenörgelt, als du ein Kind warst, aber in diesem Traum spricht der Lehrer nur gut über dich und sagt, dass du wundervoll bist. Oder vielleicht stehst du auf und sagst dem Lehrer ins Gesicht: „He, hör auf, das mit mir zu machen! Das ist falsch." Du wachst auf und fühlst dich so, als ob du etwas erreicht und einen Sieg errungen hast.

Ein Heilungstraum ist ganz einfach ein Anzeichen dafür, dass sich etwas in dir verändert hat und dass du irgendeine Art von Heilung erlebt hast. Du kannst also einen Heilungstraum identifizieren, wenn du von vergangenen Ängsten oder Erlebnissen träumst, aber siegreich aufwachst und deine Ängste konfrontiert hast. Dies zeigt dir, dass der Herr an dir gearbeitet hat und dass deine Templates verschoben und verändert wurden, um das neue Du zu beherbergen.

2. Kategorie: Der Säuberungs- oder Reinigungstraum

Der nächste Traum ist der Säuberungstraum. Diese Träume kommen am häufigsten vor. Wenn du durch den Tag gehst, wirst du mit Versuchungen konfrontiert, du hast Konflikte, Streit und Druck. Du wirst von allen Seiten mit allen möglichen Reizen konfrontiert. Dein Chef nimmt dich dran, dein Mann macht es dir schwierig, die Kinder schreien herum. Du hast all diese Gefühle in dir aufstauen lassen und versucht den Tag hindurch in Kontrolle zu bleiben. Die Chancen stehen gut, dass du in dieser Nacht davon träumst deinem Chef eine auf die Nase zu hauen. Du hast den Tag hindurch all diesen Ärger in dir aufgestaut und du hast dich selbst unter Kontrolle gehalten, aber in deinen Träumen träumst du genau das, was du am liebsten den Tag über gemacht hättest, aber zurückgehalten hast.

Das sind Säuberungsträume und alles, wofür sie gut sind, ist, dass dein innerer Mensch Versuchungen und Wünschen Ausdruck gibt. All die natürlichen, fleischlichen Begierden kommen in deinem Traum in einem sicheren Umfeld ans Licht, an dem du niemanden damit beeinflusst oder niemandem Schaden zufügst und du eine Freisetzung erfährst. Es befreit dich. Wenn du diese Reinigungsträume träumst, werden all die aufgestauten Gefühle und zurückgehaltenen Emotionen in deinem Inneren freigelassen. Wenn du aufwachst, fühlst du dich befreit vom Druck und Ärger, der sich seit der vorherigen Nacht in dir aufgestaut hat.

Das passiert während dem sogenannten REM-Schlaf und wenn du diese Träume nicht hättest, dann könntest du einen Nervenzusammenbruch erleiden, weil diese Gefühle freigesetzt werden müssen. Du brauchst diese emotionale Freisetzung in deinen Träumen und es ist eine gottgegebene, natürliche Gabe an den menschlichen Verstand, diesen Gefühlen und dem Stress Freisetzung zu gewähren. Denn wenn du all das, was sich in dir drin befindet, nicht herauslassen könntest, würde es sich bis zu einem gewissen Mass aufstauen und dann hättest du einen Nervenzusammenbruch.

Ich weiss, dass Psychologen das ins Extrem getrieben haben. Sie sagen: „Nun, wenn du aufgestauten Ärger und aufgestaute Bitterkeit in dir hast, dann musst du sie ausleben", und sie geben dir ein Kissen, in das du hineinboxen und an welchem du all deine Wut herauslassen kannst.

„Stell dir vor, dass das deine Schwiegermutter ist, stauch sie einmal so richtig zusammen."

Das ist nicht nötig, denn der Herr hat dem Menschen eine natürliche Hilfsmethode gegeben, um die unterdrückten Gefühle, die Trauer und den Schmerz, freizusetzen und das geschieht in seinen Träumen. Diese Art von Träumen ist der bekannteste und häufigste Ausdruck, den du haben wirst. Wahrscheinlich hast du sie jede Nacht, auch dann, wenn du dich nicht mehr an deine Träume erinnern kannst. Wenn du dich daran erinnern kannst, dass du viel geträumt hast, aber dann aufwachst und dich nicht mehr an die Träume erinnern kannst, dann ist es sehr gut möglich, dass diese Träume einfach deine Gefühle, Kämpfe und Versuchungen gereinigt und herausgewaschen haben, mit denen du den Tag über konfrontiert wurdest. Also sind diese Träume, in denen du siehst, wie du Gefühle und Wünsche auslebst, die du im realen Leben nie ausleben würdest, einfach Reinigungsträume.

3. Kategorie: Der Abfalltraum

Die dritte Art von Träumen ist der Abfalltraum. Du wachst auf und erinnerst dich daran, aber es ist alles nur Blödsinn. Es geht um nichts Spezielles, sondern es ist einfach dein innerer Mensch, der Abfall rauslässt.

Das passiert besonders dann, wenn du im Wort liest oder dich selbst mit Lehre füllst. Du fängst an, deinen Verstand mit den Dingen Christi zu füllen und dein Sinn passt sich dem Sinn Christi an. All die Reize, die du durch das Lesen von Büchern, Anschauen von Filmen und das Teilnehmen an negativen Gesprächen aufgenommen hast – all diese negativen Einflüsse, mit denen du dich gefüllt hast, werden ein bisschen herumgeschüttelt in dir. Jetzt fängst du an, das Licht und das Leben des Wortes hineinzufüllen. Wenn du das machst, bringt dein Verstand all den Abfall hervor, den du ihm über Jahre hinweg gefüttert hast.

Du hast vielleicht Träume von Filmen, die du dir angeschaut hast, als du ein Kind warst. Weisst du, wie viel Abfall sich in deinem Verstand angesammelt hat seit deiner Kindheit? Wie viele Filme hast du dir angeschaut?

Wie viele Bücher hast du gelesen? Wie viel Radio hast du gehört? An wie vielen nicht so guten Gesprächen hast du teilgenommen? Weisst du, mit wie vielen negativen Einflüssen du tagtäglich deinen Verstand füllst?

Wenn du jetzt im Wort liest und anfängst das Wasser reinfliessen zu lassen, dann fängt es an, den Abfall hinauszuschwemmen. Ich gebrauche dafür oft eine schöne Erklärung von einem Stein, der in einen wunderschönen, klaren See hineinfällt. Der See sieht wunderschön und klar aus, bis der Stein hineinfällt und all der Dreck am Boden des Sees aufgewirbelt wird. Bevor du dich versiehst, wird das Wasser nun schmutzig und trüb.

Das passiert, wenn du das Wort anwendest und deinen Verstand von allem Abfall befreist, der die ganze Zeit dort war. Der Müll kommt heraus. Dies kommt auch beim Ungläubigen vor. Wenn er mehr Abfall hineinfüllt, so kommt auch mehr Abfall heraus. Wenn er mehr Filme und Bücher und alles von der Welt, Streit, Befleckung und Angst hineinlässt, so wird sich das wieder in seinen Träumen zeigen. Er drückt Abfall hinein und Abfall kommt auch wieder heraus und da ist ein kontinuierlicher Fluss von Abfall, der hineinkommt und wieder herausgeht. Es findet keine Reinigung statt.

Du kannst einen Abfalltraum daran erkennen, dass er sehr viele verschiedene Szenen mit verwirrenden Ereignissen und Gefühlen hat. Der Traum hat keinen roten Faden und du gehst vom einen Erlebnis zum nächsten über. Jedes Ereignis scheint gleich ins nächste überzugehen und du wachst mit vielen verschiedenen Eindrücken, Bildern und Gefühlen auf.

Wenn dir das gerade jetzt passiert, dann lies weiter im Wort. Halte dich von allem fern, das nicht vom Geist Gottes ist und dich beflecken kann und fülle dich weiter mit dem Wort. Wenn du das machst, wirst du eine Klarheit in deinen Träumen bekommen. Wenn du einen Kampf damit hattest einen Durchbruch mit prophetischen Träumen zu haben, dann ist das genau der Punkt, mit dem du anfangen musst. Du hast deinen Verstand bis jetzt mit so viel Abfall gefüllt, dass der Heilige Geist keine Freiheit hatte, zu dir zu sprechen wegen all dem Abfall, der sich da in dir angesammelt hat.

Wenn du den Herrn darum gebeten hast, prophetische Richtungsweisung und Führung in deinen Träumen zu bekommen, dann könnte es sein, dass der Abfall in dir diese Träume verhindert. Die einzige Art, wie du diesen Abfall loswerden kannst, ist, wenn du dich selbst mit dem Wort füllst, kontinuierlich in Zungen sprichst, und so den Geist Gottes aus dir heraus freisetzt. Wenn du das tust, wird der Abfall herausgedrückt werden. Wenn dann der Abfall herausgedrückt wurde, dann wird dafür das Wasser des Wortes an seiner Stelle hineinkommen. Schlussendlich wird der Strom, der am Anfang noch dreckig und trüb ausgesehen hat, immer klarer und klarer werden, bis du schliesslich diese prophetischen Träume der Richtungsweisung empfängst, um die du den Herrn gebeten hast.

4. Kategorie: Prophetische Träume

Lass uns einen Blick auf die Kategorie der prophetischen Träume werfen. Nur ein Christ hat prophetische Träume. In solch einem Traum geht es darum, dass du eine Botschaft von deinem Geist bekommst, die durch den Geist Gottes motiviert ist und zwar um dir Richtungsweisung, Führung und Einsicht in deinem geistlichen Lauf zu geben. Der prophetische Traum unterscheidet sich nicht von Visionen, Prophezeiungen, einem Wort der Weisheit oder einem Wort der Erkenntnis. Wenn du bis jetzt in irgendwelchen dieser Gaben geflossen bist, dann solltest du auch fähig sein, in der Traumauslegung zu fliessen, denn ein Traum ist ganz einfach eine Nachtvision. Wenn du schon vorher Träume und Visionen empfangen hast und weisst, wie du diese auslegen kannst, dann wirst du jetzt auch fähig sein, deine eigenen Träume auszulegen.

Kapitel 02

Prophetische Träume

12 Aber dort bei uns war ein junger Hebräer, ein Sklave des Obersten der Leibwächter, und wir erzählten ihm die Träume. Da deutete er uns unsere Träume, jeden deutete er nach seinem Traum.

13 Und es geschah, wie er uns deutete, also ist es geschehen: mich hat man wieder in meine Stellung eingesetzt, und ihn hat man gehängt.

~ 1. Mose 41,12-13

Kapitel 02 – Prophetische Träume

3 Kategorien von prophetischen Träumen

Es gibt drei Kategorien von prophetischen Träumen, die der Gläubige haben kann. Die ersten beiden sind intern und jeder Gläubige kann sie haben, egal was für geistliche Gaben er hat. Die dritte Art von prophetischen Träumen (der externe prophetische Traum) ist hauptsächlich der Bereich des Propheten. Ich lege hier einfach einmal ein Fundament und werde dann in einem späteren Kapitel noch genauer auf die Traumauslegung eingehen. Am Schluss dieses Buches wirst du ein gutes Verständnis darüber haben, wie du deine Träume und auch die Träume von anderen auslegen kannst und ihnen Richtungsweisung vom Herrn geben kannst.

1. Prophetischer Traum: Interne Träume

Die erste Art von prophetischen Träumen, die du haben kannst, ist der interne Traum. Ein interner Traum hat mit dir und nur mit dir allein zu tun. Er dreht sich um deinen momentanen geistlichen Zustand mit dem Herrn, wo du in deinem Dienst stehst und wie deine Beziehung mit dem Herrn aussieht. Diese Art von Traum funktioniert sehr ähnlich wie ein Wort der Erkenntnis, weil sie sich auf Ereignisse aus der Vergangenheit und der Gegenwart bezieht. Dieser Traum gibt dir Einsicht in deinen geistlichen und seelischen Zustand, betreffend die Dinge aus deiner Vergangenheit und er zeigt dir auch den Zustand deiner momentanen geistlichen Reife oder eines Konfliktes auf.

Ein interner Traum hat nur mit dir und mit dir allein zu tun. Ich möchte diesen Punkt hier ganz klar machen und zwar deshalb, weil es diesbezüglich in christlichen Kreisen so viele Missverständnisse gibt. Nur weil du einen prophetischen Traum hattest, heisst das noch lange nicht, dass er für jemand anderes ist. „Wenn ich von meiner Tante träume, dann muss das ja bedeuten, dass der Traum von ihr handelt und somit auch die Auslegung für sie ist." Nein, das stimmt nicht.

Ein interner Traum ist für dich und alle Symbole, die darin vorkommen, haben allein mit dir zu tun. Jeder Charakter in deinem Traum präsentiert einen Teil von dir; einen Teil deiner Gefühle, deines Verstandes, deines Willens, deines Geistes oder deines Fleisches. Wir werden das später noch genauer anschauen und ich werde dir zeigen, wie du jeden einzelnen Charakter identifizieren kannst und wie du erkennen kannst, was er genau für dich symbolisiert. Der interne Traum geht um dich und die Botschaft vom Heiligen Geist ist an dich gerichtet.

Identifiziere sie

Also, wie erkennst du einen internen Traum? Das ist ganz einfach. In einem internen Traum bist du der Hauptdarsteller. Du bist der Star im Traum. Du nimmst aktiv daran teil. Du spielst einen aktiven Teil dabei, was auch immer im Traum passiert. Du bist aktiv involviert mit den Charakteren im Traum. Das ist ein Hinweis darauf, dass dein Traum intern ist.

Vielleicht hast du vor kurzem davon geträumt schwanger zu sein. Das würde natürlich mehr auf eine Frau zutreffen. Vielleicht hast du geträumt, dass du schwanger warst oder geboren hast oder noch gebären wirst oder schwanger werden willst. Das kann sehr gut heissen, dass der Herr zu dir sagt, dass du etwas in deinem geistlichen Leben geboren hast. Da ist etwas Neues, das er dir gegeben hat, etwas, das du vielleicht durch Schmerzen und Wehen hervorbringen musst.

Vielleicht hast du geträumt, dass das Baby, welches du geboren hast, stirbt. In diesem Fall würde der Herr sagen: „He, die Gabe, die ich dir gegeben habe, ist am sterben. Du musst etwas dagegen unternehmen."

Vielleicht träumst du davon, dass dein Vater vorbeikommt, um dich zu besuchen und er versucht eine Beziehung mit dir aufzubauen. In einigen Fällen könnte dein Vater für den Herrn stehen, wobei der Herr sagen würde: „He, lass mich herein. Ich möchte mehr Zeit mit dir verbringen."

Wenn du in deinem Traum ein aktiver Teilnehmer bist, dann bedeutet das, dass es ein interner Traum ist und alle Charaktere stellen einen Teil deines Geistes oder deiner Seele dar. Wenn du identifizieren kannst, welche Träume klar intern sind, dann wirst du Erkenntnis darüber erlangen, was in dir vorgeht. Du wirst Dinge sehen, die du noch nie zuvor gesehen hast. Oft wirst du

Prophetische Träume Seite | 29

mit Drucksituationen konfrontiert und erlebst Gefühle in deinem Leben, die du nicht verstehen kannst. Vielleicht hast du dich sehr melancholisch gefühlt in letzter Zeit oder ein tiefes Weinen ist über dich gekommen, das du nicht verstehst. Deine Träume können dir die Ursache dieser aufkommenden Emotion aufzeigen.

Sehr oft, wenn du durchs Leben gehst, werden Templates aus der Vergangenheit heraufgeholt und du merkst, wie du Gefühle hast, die du nicht mehr im Griff hast. Sei aufmerksam betreffend der Träume, die du in einer solchen Zeit hast, denn sie werden dir ziemlich sicher aufzeigen, was in dir drin vorgeht. In dieser Zeit träumst du sehr wahrscheinlich von Charakteren aus der Vergangenheit, was dir dann aufzeigt, wann und wo das Template zuerst geformt wurde.

Vielleicht träumst du, dass dein Kind getötet wurde. Ich habe zwei Töchter und meine Erstgeborene (Deborah-Anne) hat einen starken Glauben. Wenn ich von ihr träume, dann weiss ich, dass der Herr meinen Glauben anspricht. Meine zweite Tochter (Jessica) ist sehr zärtlich und anschmiegsam. Wenn ich von ihr träume, dann weiss ich, dass der Herr mir eine Botschaft betreffend meiner Liebe gibt. Einmal träumte ich davon, dass Jessica gestorben war. Nun, wenn du solch einen Traum extern auslegen würdest, dann würdest du Angst bekommen und dem Feind Lizenz geben in deinem Leben, aber ich war ein aktiver Teilnehmer in diesem Traum. Ich träumte, dass sie am schwimmen war und ihr Mund geknebelt war. Weil sie geknebelt war, bekam sie keine Luft und ertrank. In meinem Traum lief ich zu ihr hin und fing an, sie zu beatmen.

Im gleichen Traum träumte ich, dass Deborah ohne Schwimmflügel am Rand des Pools stand und einfach ins Wasser hineinsprang! Meine erste Reaktion war Panik, aber als ich ihr zusah, sah ich, dass sie auf dem Wasser gehen konnte! Was war also die Botschaft von meinem Geist in diesem offensichtlich internen Traum? Wenn Jessica meine Liebe ist und diese geknebelt war, dann zeigte mir das auf, dass ich meine Liebe geknebelt hatte, dass ich sie unterdrückt hatte und sie deshalb in mir starb. Aber sie wurde wiederbelebt und so zeigte mir der Herr, dass ich diese Zeit der Prüfung überwinden würde.

Im gleichen Fall lief Deborah, die ein Symbol meines Glaubens ist, auf dem Wasser! Dies war eine klare Aufforderung für mich, ins Unbekannte hinauszutreten und mutig zu sein, denn wenn ich mich herauswagen würde, dann könnte ich auf dem Wasser laufen und mein Glaube würde wachsen und stark werden.

Vielleicht träumst du oft von nahen Familienmitgliedern oder immer wieder von deinen Kindern. Wenn du sie in deinem Traum identifizieren kannst, dann werden deine Nachtvisionen klar für dich werden, wie sie das noch nie zuvor waren. Sie werden dir nicht nur Richtungsweisung geben sondern auch Hoffnung für die Zukunft.

2. Prophetischer Traum: Interner prophetischer Traum

Die zweite Art prophetischer Träume wird interner prophetischer Traum genannt. Während dir der interne Traum deinen momentanen geistlichen Zustand aufzeigt und wie ein Wort der Erkenntnis funktioniert, in dem er sich auf Ereignisse in der Gegenwart oder Vergangenheit bezieht, so bezieht sich der interne prophetische Traum immer auf Ereignisse in der Zukunft. Kannst du den Unterschied erkennen? Sie handeln beide von dir, auch der interne prophetische Traum, aber er bezieht sich auf Ereignisse in der Zukunft. Du bist immer noch der Hauptdarsteller im internen prophetischen Traum, aber die Ereignisse im Traum sind eine Warnung oder eine Richtungsweisung, betreffend dem, was in der Zukunft passieren wird, während der interne Traum ein Hinweis auf deinen momentanen geistlichen Zustand ist.

Der Bäcker und der Weinschenk

Ein sehr gutes Beispiel für einen internen prophetischen Traum im Wort sind diejenigen vom Bäcker und vom Weinschenk im Gefängnis, als sie Josef trafen. Sicher erinnerst du dich an die Geschichte, als der Weinschenk zu Josef kam und sagte: „Ich träumte von drei Traubenbündeln und ich zerdrückte die Trauben und gab den Wein dem König zu trinken und er trank davon."

Dann sagte der Bäcker: „Ich hatte auch einen Traum. Ich träumte, dass ich Körbe mit Brot auf meinem Kopf trug.

Aber die Vögel kamen und assen das Brot auf, das in den Körben war."

Josef sagte zum Weinschenk: „Der Traum handelt von dir. In drei Tagen wird der König Gericht halten und du wirst wieder eingesetzt werden."

Der Bäcker war ganz begeistert und dachte, dass auch er eine positive Auslegung bekommen würde. Aber leider war sie nicht so grossartig, nicht wahr? Denn Josef drehte sich zu ihm um und sagte: „Es tut mir leid, Freund, dir sagen zu müssen, dass der König dich in drei Tagen hängen wird und die Vögel werden das Fleisch von deinen Knochen fressen."

Das war keine wunderschöne Auslegung, aber ein gutes Beispiel für einen internen prophetischen Traum. Er bezog sich auf den Weinschenk und den Bäcker aber auch auf ihre Zukunft.

König Nebukadnezars Traum

Ein anderes sehr gutes Beispiel ist König Nebukadnezars Traum, den keiner der weisen Männer auslegen konnte. Natürlich wurde Daniel aufgerufen, um den Traum auszulegen.

Der König sagte zu Daniel: „Höre, ich sah einen wunderschönen Baum mit Zweigen, die weit herausragten, so dass alle Vögel des Himmels kamen und darin nisteten und alle Tiere fanden Schutz darunter. Aber dann wurde der Baum gefällt und es wurde ihm eine Fessel angelegt und eine Stimme aus den Himmeln sagte, dass er Gras essen und für eine Zeit von sieben Jahren wie die Ochsen sein würde."

König Nebukadnezar war verwirrt, bis Daniel ihm die Neuigkeiten überbrachte und sagte: „Du, oh König, bist dieser Baum. Dein Königreich hat sich ausgeweitet, aber du hast dich erhoben und bist stolz geworden und der Herr schneidet dich ab. Und er bringt dich dazu, dass du Gras essen wirst und wie das Vieh auf dem Feld sein wirst für sieben Jahre."

Dann fuhr Daniel fort und sagte: „Bereue vor dem Herrn, damit das nicht passieren wird."

Dies ist ein anderes, sehr gutes Beispiel für einen internen prophetischen Traum.

Identifiziere ihn

Wie also würdest du einen internen Traum von einem internen prophetischen Traum unterscheiden? Zuerst einmal bist du wie im internen Traum der Hauptdarsteller in „der Show". Es ist auch sehr wahrscheinlich, dass du in einem internen prophetischen Traum von Charakteren träumst, die du sehr gut kennst, aber dies ist nicht immer der Fall. Was den internen prophetischen Traum von einem normalen internen Traum unterscheidet ist, dass du im prophetischen Traum von Symbolen träumst, die dir normalerweise nicht so bekannt sind. Der interne prophetische Traum kommt vom Geist Gottes, um dir eine Botschaft zu bringen und deshalb wirst du von Symbolen aus dem Wort Gottes träumen. Nun kennst du diese Symbole vielleicht nicht und somit brauchst du ein gutes Verständnis des Wortes. Wenn du ein gutes Bibelprogramm mit einer Suchfunktion auf deinem Computer hast, wird dir das dabei helfen, die Symbole deines Traumes nachzuschauen.

Hier sind zwei Beispiele: Eines von einem internen Traum und ein anderes von einem internen prophetischen Traum. Beide wurden mir von der gleichen Person, mit der Bitte um Auslegung, gegeben. Diese Beispiele zeigen dir klar auf, was ich dir bis jetzt mitgeteilt habe.

Lass uns die beiden anschauen und dann miteinander vergleichen.

Interner Traum: Second-Hand-Babywiege

„Ich war in meiner alten Wohnung, wo ich aufgewachsen war. Ich war in meinem alten Zimmer, aber ich war erwachsen und hatte zwei Kinder und war schwanger mit einem weiteren. Ich stand in meinem Zimmer mit dem Rücken gegen mein altes Doppelbett, wo ich immer geschlafen hatte. Und mein ältestes Kind schlief jetzt in diesem Bett. Vor mir standen eine weisse Krippe und eine Babywiege. Die Babywiege stand vor der Krippe, näher bei mir. Die Krippe stand dort, wo mein zweites Kind schlief.

Nun, die Babywiege war leer, weil mein Kind noch nicht da war und ich war mit Vorbereitungen für dieses Kind

Prophetische Träume S e i t e | 35

beschäftigt. Aber das Problem war, dass diese Babywiege alt und gelb war, weil sie gebraucht war. An manchen Stellen war sie sogar kaputt. Ich dachte: „Oh, wir können sie reparieren und ein neues, weisses Leintuch kaufen, das wir darüber legen und niemand wird den Unterschied sehen. Sogar während ich das träumte, fragte ich mich, wieso ich nicht einfach eine neue Babywiege kaufen wollte. Die kosten doch nur etwa $30. Wenn ich diesen Traum anschaue, dann mag ich meine Reaktion betreffend dieser Babywiege überhaupt nicht."

Meine Auslegung:

Dies ist ein interner Traum und er bezieht sich auf deine Vergangenheit und deinen momentanen geistlichen Zustand. Die Tatsache, dass diese Babys an einem Ort sind, der deine Vergangenheit repräsentiert, spricht von Diensten, die du in der Vergangenheit geboren und hervorgebracht hast. In deinem Traum sind sie bereits erwachsen. Aber da ist auch ein neues Kind unterwegs! Wenn du auf deine Vergangenheit zurückschaust und auf die Methoden, die du in deinem Dienst angewendet hast, dann versuchst du jetzt diese vergangenen Ideen und voreingenommenen Meinungen dem neuen Dienst aufzudrücken, den der Herr in dir hervorzubringen versucht.

Aber du kannst nicht zurückgehen! Was in der Vergangenheit funktioniert hat, wird in diesem Dienst nicht funktionieren, der gerade dabei ist geboren zu werden! Die Methoden und Strukturen, die du zuvor gebraucht hast, werden nicht auf diesen neuen Dienst zutreffen. Mein Rat an dich ist die Türe zu den vergangenen Ideen und Methoden zu schliessen und zum Herrn aufzuschauen, nach neuen Ideen und Gaben. Deine Gaben werden sich verändern und so wird sich auch dein ganzer Aufbau verändern. Der Herr ist dabei, dir eine neue Vision zu geben und eine neue Art, wie du die Dinge angehen sollst.

Du läufst auf unbekanntes Gebiet zu. Lass deine Komfortzone hinter dir und stich in See!

Interner prophetischer Traum: Der Schlüssel und das Schwert

„Ich hatte zwei Träume in den letzten Nächten. Im ersten hielt ich ein Schwert in meiner linken Hand. Es war zweischneidig und messerscharf. Ich hielt meinen Arm leicht an meiner Seite herunter und obwohl ich nichts fühlte, wenn ich heruntersah, war da ein Schnitt an meinem Bein (nicht tief) so scharf war es!

Im zweiten Traum (nächste Nacht) lief ich in ein Gebäude hinein, das ich nicht kannte, und da waren auch andere in Militärtarnkleidung. Ich kam zu einer Türe, die nicht offen war. Ich schaute meine rechte Hand an und ich hielt einen Sicherheitsschlüssel, einen wie diejenigen, die wir bei der Arbeit gebrauchen. Ich steckte den Schlüssel ins Schloss der Türe und lief hindurch. Ich verstehe die Symbolik dieser zwei Objekte und wundere mich einfach, wo Gott mich hinführt."

Meine Auslegung:

Dieser Traum ist klar ein interner prophetischer Traum. Obwohl du ein aktiver Teilnehmer darin bist, hast du in deinem täglichen Leben nichts mit den Symbolen, die im Traum vorkommen, zu tun. Dieser Traum hat eine Zukunftsausrichtung und zeigt dir auf, mit was du in der nahen Zukunft zu tun haben wirst. Es ist ziemlich klar, wohin dich der Herr führt meine Schwester – er führt dich ins prophetische Amt! Das Schwert spricht vom Wort Gottes – aber es hat dich geschnitten. *„Denn das Wort Gottes ist lebendig und wirksam und schärfer als jedes zweischneidige Schwert und durchdringend bis zur Scheidung von Seele und Geist, sowohl der Gelenke als auch des Markes, und ein Richter der Gedanken und Gesinnungen des Herzens;"* (Hebräer 4,12)

Das Schwert wird in deinem Leben eine Trennung zwischen Mark und Bein bringen. Das heisst, du wirst eine Zeit des Todes und der Tests haben, die dich für die Berufung in deinem Leben vorbereitet. Das bedeutet, dass du das Fleisch ans Kreuz bringen musst.

Der Schlüssel spricht klar vom prophetischen Amt, wohin der Herr dich als Nächstes bringen möchte. Aber bevor Er dir diese Verantwortung anvertraut, wirst du mit einer Zeit des Todes und der Teilung deiner Seele und deines Geistes konfrontiert werden. Mit anderen Worten, die Templates, die du hast, werden herausgefordert und verändert werden, damit sie die neue Salbung und Autorität des Herrn aufnehmen können, die Er in dir vervollständigen will.

Hattest du schon die Möglichkeit, unsere Prophetenschule zu besuchen? Wenn nicht, dann würde ich sagen, dies ist die richtige Zeit, das zu tun. Bleib dran, du bist dabei die Reise deines Lebens anzutreten!

Antwort:

„Vielen Dank. Die prophetische Berufung ist die einzige Sache, bei der ich Gott immer sagte, ich wäre nicht daran interessiert – ich dachte, sie wäre für So-und-So, aber auf keinen Fall für mich. Aber ich wusste jetzt schon seit einigen Wochen, dass eine Veränderung in mir vorging und ich fühle ein Ziehen in diese Richtung. Ich fühle mich so, als ob ich jetzt mit meinem Gott über diese Sache lachen kann. Ich sende euch allen an diesem herrlichen Ort meine Liebe."

Zusammenfassung

Kannst du auf einen Blick die zwei unterschiedlichen Schwerpunkte dieser Träume erkennen? Der erste stellt Bilder der Vergangenheit und Gegenwart dar, der zweite enthält Symbole, die dem Studenten (oder dir) unbekannt sind. Beide Träume sind sehr klar und zeigen dir eine klare Botschaft auf. Ich werde dir noch mehr Beispiele weitergeben, während wir in diesem Buch weitergehen. Ich werde dir auch eine Tabelle mit den Unterschieden zwischen den drei Kategorien der prophetischen Träume geben. Für den Moment setze dich einfach hin und denke über deine Träume nach, die dir in den Sinn kommen und dann schaue, ob du herausfinden kannst, in welche Kategorie sie fallen. Dies ist der erste und wichtigste Schritt in der Traumauslegung. Wenn du deinen Traum in die richtige Kategorie einordnen kannst, wird das Auslegen von Symbolen einfacher für dich sein, so wie du dem Wort und der Offenbarung Gottes erlaubst aus deinem Geist herauszufliessen.

Kapitel 03

Externer prophetischer Traum

29 Dir, o König, stiegen auf deinem Lager Gedanken auf, was nach diesem geschehen werde. Und der die Geheimnisse offenbart, [er] hat dich wissen lassen, was geschehen wird.

30 Mir aber ist nicht durch Weisheit, die in mir mehr als in allen Lebenden wäre, dieses Geheimnis geoffenbart worden, sondern deshalb, damit man den König die Deutung wissen lasse und du die Gedanken deines Herzens erfährst.

~ Daniel 2,29-30

Kapitel 03 – Externer prophetischer Traum

3. Prophetischer Traum: Externer prophetischer Traum

Die dritte Art von prophetischen Träumen ist der externe prophetische Traum. Der externe prophetische Traum liegt vorwiegend im Bereich des Propheten. Es ist nicht sehr wahrscheinlich, dass der durchschnittliche Gläubige, der nicht im Dienst oder Amt des Propheten steht, einen externen prophetischen Traum hat. Wieso? Weil sich der externe prophetische Traum nicht auf den Träumer bezieht. Es ist ein spezifisches Wort des Herrn an den Leib Christi, durch Seinen Diener, den Propheten.

Wenn du nicht im Dienst oder Amt des Propheten stehst, dann wirst du sehr wahrscheinlich keine externen Träume haben. Aber ich werde hier darüber sprechen, damit du den Unterschied zwischen einem internen und einem externen Traum siehst.

Zeichen von externen Träumen

Das erste Zeichen dafür, dass es sich um einen externen Traum handelt, ist, dass du kein aktiver Teilnehmer darin bist. Du stehst ausserhalb und schaust zu, als ob du bei einem Theaterstück zusehen würdest und du siehst, wie das Theaterstück vor dir abläuft. Wenn du oft solche Träume hast, dann kann es gut sein, dass der Herr dich in den prophetischen Dienst ruft und du das noch nicht gemerkt hast. Denn dies ist eine klare Funktion des Propheten – richtungsweisende Worte für den Leib Christi zu erhalten. Der Herr wird Visionen und Träume, Prophetie, Worte der Erkenntnis und Worte der Weisheit dazu gebrauchen.

Einmal mehr, weil diese Art von Träumen prophetisch ist, haben diese eine Zukunftsausrichtung. Auch hier gilt aber: Die Symbole im Traum sind nicht unbedingt die, welche sie im realen Leben sind, sondern eher symbolisch einer spezifischen Gruppe oder einem Archetypen zugehörig. Es sind Symbole von ganz verschiedenen Dingen. Nebukadnezar hatte einen Traum von dieser riesigen Statue, deren Kopf aus Gold und deren Brustteil aus Silber waren. Die Lenden waren aus Bronze und die Füsse aus Lehm. Dies ist ein sehr gutes Beispiel für einen externen, prophetischen Traum, in dem sich der Heilige Geist über dem König bewegte, um ihm Verständnis über die Zukunft zu geben.

Auch wenn der Traum extern und prophetisch war, sprach der Herr nicht über eine tatsächliche Statue. Wenn du also einen externen, prophetischen Traum hast und vielleicht vom Präsidenten, jemand Spezifischem aus der Gemeinde, von Mitgliedern deiner Gemeinde, die du kennst oder auch Familienmitgliedern, die du persönlich kennst, träumst, dann heisst das nicht unbedingt, dass der Traum von dieser spezifischen Person spricht, sondern mehr davon, was sie repräsentiert.

In Nebukadnezars Traum sagte der Herr nicht, dass ein riesiges Götzenbild gebaut werden, ein Stein einen Hügel herunterrollen und das Götzenbild zerstört werden würde. Das Götzenbild repräsentierte die verschiedenen Nationen, die aufstehen würden. Der Stein natürlich, der den Hügel herunterrollen und all die Königreiche in Stücke zerschmettern würde, war der Herr Jesus Christus. Es sprach davon, dass Er Sein Königreich auf die Erde bringen würde, womit wir, Seine herrliche Gemeinde gemeint sind. In externen Träumen sind die Gegenstände also auch nicht das, was sie darstellen. Sondern vielmehr repräsentieren sie das, wofür sie stehen.

Symbole

Wenn du von deinem Pastor träumst, könnte es sein, dass er einen Teil der Gemeinde repräsentiert. Wenn du eine gute Beziehung mit deinem Pastor hast, dann könnte er einen Leiter im Leib Christi repräsentieren. Wenn du eine schlechte Beziehung mit ihm hast, dann kann es gut sein, dass der Heilige Geist ihn als ein Symbol für die Status Quo Kirche nimmt. Es hängt alles davon ab, wie du als Person bist und wie du diese Charaktere wahrnimmst, denn der Heilige Geist wird Charaktere gebrauchen, die dir bekannt sind.

Siehst du, der Herr gebrauchte ein Götzenbild in Nebukadnezars Traum, denn das war für ihn etwas Bekanntes. Damals waren Götzenbilder und Statuen häufig, sie repräsentierten das, woran die Leute glaubten und waren Zeichen von zukünftigen Ereignissen. Sie waren Teil ihrer Kultur. So gebrauchte der Herr das als Hinweis dafür, was in der Zukunft passieren würde.

Der Herr wird dir Symbole zeigen. Sowohl im internen als auch im externen prophetischen Traum wird Er dir Symbole geben, die du als Individuum verstehst. Deshalb variiert Traumauslegung auch so stark, denn jeder Mensch ist anders. Es gibt keine festen Regeln, die besagen: „Dieses Symbol repräsentiert jedes Mal das." Deshalb können wir auch nicht auf die Bücher dieser Welt zurückgreifen. Das einzige Buch, in dem wir nachschlagen können, ist das Wort, die Bibel. Das ist das einzige Buch, in dem wir nachschlagen können, um die Symbole in unseren Träumen zu verstehen, denn es ist das Fundament, auf dem unser Glaube gegründet ist.

Wiederkehrende Träume

Was ist mit den Träumen, die du Nacht für Nacht immer wieder hast? Sie haben immer die gleiche Botschaft und oft auch die gleichen Gefühle, die dabei mitschwingen. Während sich die Umstände im Traum verändern mögen, bleiben die Ereignisse und die Gefühle doch dieselben. Solche Träume sind als wiederkehrende Träume bekannt und jeder von uns hat schon mehr als einmal in seinem Leben einen solchen Traum gehabt. Als ich dieses Thema studierte, realisierte ich, dass wiederkehrende Träume drei verschiedene Umstände aufzeigen. Die erste Art von wiederkehrenden Träumen zeigt innere Ängste und Verletzungen aus der Vergangenheit auf, die noch nicht angegangen wurden. Die zweite Art von wiederkehrenden Träumen zeigt auf, dass dir der Herr eine Botschaft übermitteln möchte und du verstehst nicht, was Er dir sagen möchte. Die dritte Art von wiederkehrenden Träumen sind diejenigen, in denen du deine leidenschaftlichsten, inneren Wünsche auslebst.

Innere Ängste

Lass uns nun anschauen, wie du innere Ängste angehen kannst. Im dritten Kapitel werde ich über Träume sprechen, bei denen du aufwachst und der Geist der Angst dich attackiert. Ich werde dir sagen, dass diese Art von Traum nicht von Gott ist. Aber es gibt Fälle, in welchen du von deinen inneren Ängsten träumst. Das ist nicht das gleiche, wie diese dämonische Angst. Ich spreche hier von einer inneren Angst, die dich schon dein ganzes Leben lang geplagt hat. Vielleicht ist es eine Phobie (krankhafte Angst). Vielleicht hast du Angst vor dem Dunkeln. Vielleicht hast du Angst vor Insekten, Schlangen oder Hunden und in deinem Traum wirst du immer wieder mit dieser Angst konfrontiert. Es ist so, als ob du jedes Mal, wenn du dich zum Schlafen hinlegst, wieder mit dieser Schlange, dieser Spinne oder mit der Dunkelheit konfrontiert wirst, vor der du solche Angst hast.

Vielleicht träumst du von Konfrontationen mit Menschen, vor denen du Angst hast. Hast du schon einmal einen solchen Traum gehabt, in dem du herumläufst und plötzlich an dir herunterschaust um zu erkennen, dass du plötzlich nackt bist? Das sind die schlimmsten Träume. Oder du sitzt auf der Toilette und du schaust dich um und siehst, dass alle dich anstarren und du hast Angst. Das ist ganz einfach ein interner

Traum. Er ist klar intern und dein Geist zeigt dir sehr klar auf, dass dies ein Bereich in deinem Leben ist, der behandelt werden muss. Es ist etwas, das dem Herrn übergeben werden muss. Du kannst es Ihm in einer Bitte übergeben und sagen: „Herr, bitte reinige mich davon." Dann kann Er Heilung in diese Templates bringen, mit welchen die Angst angefangen hat.

Die Vergangenheit angehen

Was geschieht genau, wenn du als Erwachsener plötzlich anfängst von Dingen zu träumen, die in deiner Vergangenheit passiert sind? Dein Geist sagt: „Hier ist ein Bereich, der noch nicht angegangen wurde."

Als mein kleiner Bruder etwa 3 Jahre alt war, fiel er mitten im Winter in den Swimmingpool und mein Vater tauchte hinein, packte ihn am Nacken und zog ihn heraus. Aber nach diesem Erlebnis hatte er schreckliche Angst vor Wasser. Nach einer Weile liess das nach und als er acht wurde, fing er wirklich an das Schwimmen zu geniessen. Er liebte es mit den anderen Kindern schwimmen zu gehen. Aber er wachte immer noch auf in der Nacht und sagte: „Ich habe dauernd diese Träume, dass ich ertrinke."

Er hatte einfach wieder angefangen zu schwimmen und dies löste die Angst aus der Vergangenheit aus. Er kann sich nicht einmal mehr an den Vorfall erinnern. Er kann sich nicht an diese Zeit erinnern und doch wurde diese Erinnerung in ihm ausgelöst und sein Geist sagt sehr klar: „Da ist etwas, das Heilung benötigt. Da ist etwas, das in deinem Leben angegangen werden muss."

Das ist nicht die Angst des Feindes. Das ist eine innere Angst, die schon lange Zeit in dir ist, die der Herr aufdeckt. Und meistens sind diese Träume wiederkehrend. Meistens wird eine innere Angst immer wieder auftauchen.

Es gibt noch eine andere Art, wie du herausfinden kannst, ob der Traum vom Feind ist oder ob es einfach der Herr ist, der dir aufzeigen möchte: „Dies ist ein Bereich, den du angehen musst." Und zwar träumst du den genau gleichen Traum immer und immer wieder oder du träumst von der gleichen Angst in verschiedenen Umständen. Aber es ist immer die gleiche Hauptaussage, die gleiche innere Angst, die hervorkommt.

Heilung von Ängsten

Dann wird eine Zeit kommen, in der der Heilungstraum auftritt. Das heisst, wenn die innere Angst in deinem Traum hochkommt, wirst du diese Angst konfrontieren. Ich erinnere mich daran, dass ich immer wieder einen Traum hatte, in dem ich vor etwas davonlief. Ich war nicht sicher, vor was ich eigentlich davon lief, aber in diesem Traum rannte ich in Panik von dieser Person davon. Nacht für Nacht hatte ich denselben Traum. Dann eines Nachts drehte ich mich in meinem Traum um und konfrontierte diese Person. Sie verschwand und das Wegrennen hörte auf.

Manchmal musst du deine Ängste im Traum konfrontieren. Das kannst du tun. Du kannst deine Angst konfrontieren und du kannst einen Heilungstraum erleben, indem der Heilige Geist dir die benötigte Ruhe in diesem Bereich deines Lebens, der dich schon so lange geplagt hat, geben kann. Es ist wirklich ganz einfach. Du musst keine komplexe, innere Heilungssitzung mit dem Herrn haben, um dieser vergangenen Angst oder diesem Template Heilung zu bringen. Unterwirf dich dem Herrn einfach ganz neu und steh auf gegen diese Angst und Er wird dir Stärke und Weisheit geben.

Erkenne die Botschaft

Die zweite Art von wiederkehrenden Träumen sind die Träume, in denen der Herr versucht, dir eine Botschaft zu vermitteln und du verstehst nicht, worum es geht. Ein gutes Beispiel dafür ist, als der König von Ägypten von den sieben Kühen und den sieben Kornähren träumte. Als Josef den Traum auslegte, sagte er, der Herr habe dem König diesen Traum wiederkehren lassen, um damit die Wichtigkeit der Botschaft anzudeuten und die Sicherheit, mit der sie eintreffen wird.

Ich habe das praktisch miterlebt, als eine Frau, die bereits zwei schmerzvolle Schwangerschaften hinter sich hatte, wieder schwanger war und dieses Mal noch mehr Komplikationen hatte. Ihre Plazenta war tiefliegend, was ihr Leben und das des Kindes gefährdete. Während ich mit ihr im Gespräch war, erwähnte sie so nebenbei, dass sie immer wieder von einer vergangenen Beziehung träume, auf die sie sich in ihren Tagen der Rebellion eingelassen hatte. Sie empfand diese Träume als sehr aufwirbelnd, da sie diese Vergangenheit schon vor langer Zeit hinter sich gelassen hatte. Und doch träumte sie über Monate hinweg jede Nacht von dieser Person.

Ich erhielt eine so klare Offenbarung, als sie mir das mitteilte. Diese Beziehung war genau der Grund dafür, wieso sie in ihren Schwangerschaften solche Probleme hatte!

Als wir diesen Bereich angingen und die Verbindung trennten, kam der Herr mit Seiner Salbung, um zu heilen. Es kam dabei heraus, dass die Person, mit der diese Frau eine Beziehung hatte, im Okkulten verstrickt war und weil sie sich mit dieser Person eingelassen hatte, hatte sie sich selbst unter einen Fluch gebracht. Die Ursache des wiederkehrenden Traumes war, dass der Herr ihr eine Botschaft übermitteln wollte.

Innere Wünsche

Die letzte Art von wiederkehrenden Träumen sind diejenigen, die ein Spiegelbild deiner inneren Wünsche sind. Ich erinnere mich, wie mir eine Frau einmal erzählte, dass sie in ihren Träumen wie ein Engel singen konnte, aber in der Realität hatte sie überhaupt keine gute Stimme. Aber in ihren Träumen konnte sie so wunderschön singen und sie wachte immer so ermutigt auf! Ein anderes Beispiel war eine Person, die den innigen Wunsch hatte tanzen zu können, aber im echten Leben hatte sie einfach zwei linke Füsse. Aber in ihren Träumen flog sie auf eleganteste Art und Weise über die Tanzfläche. Sie drehte sich, sprang und schritt umher, als ob sie schon ihr ganzes Leben lang tanzen würde!

Diese Art von Traum würde ich unter der Kategorie Anbetung einordnen! Solche Träume gibt uns der Herr, um uns zu ermutigen und uns zu segnen. In einem solchen Traum kannst du die Dinge ausleben, zu denen du im realen Leben nie fähig wärst. Ich sehe diese Träume als Segen des Herrn an, um uns zu zeigen, dass mit Ihm alle Dinge möglich sind!

Der Heilige Geist legt aus

Jede Person ist einzigartig und das ist der Grund dafür, wieso ich dieses Kapitel so benannt habe – Traumauslegung durch den Geist – denn der Geist Gottes ist die einzige Person, die deine Träume korrekt auslegen kann. Nicht jeder, nicht einmal die weisen Männer in den Tagen von König Nebukadnezar konnten seine Träume auslegen. Wieso? Weil die Träume durch den Geist Gottes gegeben wurden und nur jemand, der den Geist Gottes sucht, ist fähig, diese Träume auszulegen.

Deshalb wuchsen Daniel und seine drei Freunde zusammen mit den weisen Männern Babylons am Hof des Königs auf. Denn der Herr gab ihnen übernatürliche Weisheit, die Träume des Königs zu verstehen und auszulegen. Es ist sehr wichtig, dass du das verstehst. Du bist ein Individuum und der Herr wird die Dinge auswählen, die dir naheliegen und dadurch zu dir sprechen.

Zweck von Träumen

Was ist der Zweck davon, Träume zu haben? Ist es einfach eine Art, wie du die Zukunft voraussagen kannst oder sind sie vielleicht einfach dafür da, um dir Richtungsweisung zu geben? Vielleicht ist der Zweck einfach, dass du weisst, was in deinem Leben vor sich geht.

Wende sie an

Das Ziel, wenn du eine Auslegung für einen Traum erhältst, ist, dass du sie anwendest. Wenn du als Prophet eine Auslegung einer Vision empfängst oder eine Offenbarung aus dem Wort, dann möchte der Herr, dass du das aus einem Grund weitergibst; damit der Leib Christi erbaut wird, damit die Heiligen reif werden. Der Herr gibt dir nicht einfach so zum Spass einen prophetischen Traum. Er händigt diese Träume nicht einfach wie Süssigkeiten aus. Es ist nicht etwas, das wir in unserer Freizeit machen, wenn wir nichts anderes zu tun haben. Es ist nicht etwas Abgehobenes. Es ist einfach eine Art, wie der Herr Seinen Dienern Seinen Willen mitteilt, damit diese Seinen Willen nehmen und in ihren Leben anwenden können.

Eine Traumauslegung ist leer, solange du sie nicht in deinem Leben anwendest. Sie ist nicht zu deiner Unterhaltung da. Sie ist nicht dazu da deine Ohren zu kitzeln. Sie ist nicht nur dazu da, dass du dich innerlich gut fühlst. Sie ist dazu da, dass sie angewendet wird, um die Heiligen aufzubauen – indem sie in Glaube, Hoffnung und Liebe angewendet wird. Diese Traumauslegung muss praktisch angewendet werden, wenn der Traum intern ist und auf dein eigenes Leben zutrifft. Wenn es ein externer Traum ist, muss er für die Person, für die er zutrifft angewendet werden.

KAPITEL 04

5 P's in der Traumauslegung

9 So gib denn deinem Knecht ein hörendes Herz, dein Volk zu richten, zu unterscheiden zwischen Gut und Böse. Denn wer vermag dieses dein gewaltiges Volk zu richten?

10 Und das Wort war gut in den Augen des HERRN, daß Salomo um diese Sache gebeten hatte.

~ 1. Könige 3,9-10

Kapitel 04 – 5 P's in der Traumauslegung

Wenn der Herr dir einen Traum gibt, egal ob es ein interner, prophetischer oder externer ist, dann kannst du diesen in eine dieser fünf Kategorien einordnen. Und wenn ich dir hier aufzeige, was diese Kategorien beinhalten, wirst du klar sehen wieso. Diese 5 P's sind: Bitte (Petition), Busse (Penitence), Lobpreis und Anbetung (Praise), prophetische Proklamation (Proclamation) und Warnung und Erhaltung (Preservation).

1. Bitte

Ich habe das Beispiel von Salomo genommen, wo der Herr zu ihm kam, nachdem er zum König ernannt worden war. Der Herr sagte: „Salomo, was möchtest du von mir?"

Was hat Salomo gemacht? Er sagte: „Herr, ich bin noch ein Kind und dein Volk ist gross. Ich brauche deine Weisheit, um solch ein grosses Volk richten zu können. Du hast mich auf den Thron gesetzt mitten unter dein Volk, das ich nicht einmal zählen kann. Vater, ich brauche deine Weisheit."

Dies war ein Gebet der Bitte. Der Herr erschien ihm in einem Traum und sagte: „Salomo, bitte von mir, was du willst."

Sofort kam Salomo mit einer Bitte vor den Herrn und bat Ihn um Weisheit und seine Bitte wurde gewährt. Der Herr kann dir in deinem Traum sehr wohl klar machen, dass du erkennst und zu dir sagst: „Ich muss einmal darüber beten. Ich muss deswegen in die Fürbitte gehen."

Vielleicht hast du den Herrn um etwas Spezifisches gebeten. Vielleicht hast du Ihn um Heilung gebeten. Vielleicht hast du Ihn um finanzielle Versorgung gebeten. Was auch immer dein Bedürfnis ist, der Herr kann sehr gut zu dir kommen und sagen: „Du hast mich auf die falsche Art gebeten. Du betest falsch. Hier, lass mich dir Richtungsweisung geben." So kann dir dein Traum tatsächlich einen Hinweis darauf geben, an was es dir mangelt.

Vielleicht mangelt es dir an Glauben. Vielleicht mangelt es dir an Hoffnung. Der Herr gibt dir vielleicht in deinem Traum eine Auslegung, die sagt: „Es ist etwas falsch mit deiner Hoffnung", in welchem Fall du sofort ins Gebet gehst, es dem Herrn abgibst und sagst: „Herr, gib mir Hoffnung." Der Herr wird dir einen Traum geben, der dich aufwecken und dich erkennen lassen wird, dass du im Gebet vor Ihn kommen und deine Antworten bekommen musst.

2. *Busse*

Dann kommt Busse. Ich liebe dieses Beispiel von Abimelech im 1. Mose 20,3. Es heisst dort:

„Und Gott kam zu Abimelech im Traum der Nacht und sprach zu ihm: Siehe, du bist des Todes wegen der Frau, die du genommen hast; denn sie ist eine verheiratete Frau."

Dies war, als Abraham entschied, wirklich schlau zu sein und vorzugeben, dass Sara seine Schwester war, anstatt seine Frau. Sie war so schön, dass Abimelech dachte, sie würde eine gute Ergänzung für seinen Harem sein.

Der Herr kam zu ihm in einem Traum und sagte: „Abimelech, du bist ein toter Mann. Du vergreifst dich an meiner Gesalbten" und Abimelech bekam den Schock fürs Leben. Das Erste, was er tat, war, er fiel auf seine Knie und sagte: „Herr, ich bin ein gerechter Mann. Vergib mir diese Sünde. Ich habe sie nicht berührt."

Der Herr kann in deinem Traum eine Auslegung hervorbringen, die von dir erfordert, dass du Busse tust. Er kann aufzeigen, dass du in deinem Herzen Bitterkeit hast aufkommen lassen. Er kann Ereignisse und Umstände in deinem Traum hervorbringen, die dir aufzeigen, dass du Bitterkeit oder Stolz angesammelt hast oder dass du in sündhafte Handlungen involviert bist, die nicht von Gott sind. In diesem Fall ist die Traumauslegung eindeutig. Geh auf deine Knie, bitte Ihn um Vergebung und reinige dein Herz vor Ihm.

Wende die Auslegung an

Siehst du, wie wichtig es ist, dass du nicht nur eine Auslegung empfängst, sondern dass du sie auch in deinem Leben anwendest? Denn wie jede andere

Offenbarung, sogar wie das Wort Gottes, wenn dieses Wort nicht genommen und praktisch in deinem Leben angewendet wird, ist es nichts als nur Worte und nichts als nur Bilder. Es ist nicht gut genug, einfach Träume auszulegen. Du musst diese Offenbarung nehmen und sie in deinem Leben anwenden. Wenn du das tust, wird das Schwert, welches das Wort Gottes ist, trennen und die Dinge, die weggenommen werden müssen, wegschneiden.

Wenn du die Offenbarung, die du von deinem Geist empfängst, anwendest, wirst du mehr und mehr empfangen. So wirst du immer besser vom Herrn empfangen können. Dann wird Er dir mehr von Seiner Offenbarung anvertrauen. Wenn du nicht die einfache Offenbarung und Auslegung eines Traumes nehmen und in deinem Leben anwenden kannst, wird der Herr dir sicherlich nicht andere Gaben anvertrauen, wie zum Beispiel die Gabe der Geisterunterscheidung und Prophetie, die du gebrauchst, wenn du aufstehst und öffentlich sprichst.

Wenn du doch einfach in dem Mass funktionieren könntest, das Er dir gegeben hat, auch wenn es nur etwas Kleines ist. Wenn du das in deinem Leben anwenden kannst, wirst du einen Prozess auslösen und anfangen in den Gaben des Geistes zu laufen. Bald schon wird der Herr sehr real für dich werden und du wirst Seine Stimme klar hören. Du wirst dem gegenüber, was du hörst, viel aufmerksamer sein. Die dunklen Schatten werden plötzlich klarer und es wird für dich nicht mehr alles in Symbolen versteckt sein, weil du anfängst deine Auslegungen anzuwenden.

Es ist wie alles auf dieser Welt. Du musst es nehmen und es praktizieren. Es ist nicht gut genug, jedes Buch, das es über Gewichtsverlust und Aerobic gibt, zu lesen, wenn du nicht wirklich auf die Beine springst und einige Übungen machst! Also halte nicht nur Ausschau nach der Auslegung, die dein Ohr kitzelt. Nimm die Auslegung und wende sie in deinem Leben an.

Wenn du als Leiter im Leib Christi für jemand anderen etwas auslegst, dann nimm diese Auslegung und zeige ihm praktisch, wie er es in seinem Leben anwenden kann. Der Herr hat dir die Gabe der Auslegung nicht gegeben, damit Menschen dich einfach lieben oder damit du bekannt wirst. Er hat dir diese Gabe gegeben, damit du sie nehmen und dann Menschen lehren kannst, wie sie die Auslegung in ihren eigenen Leben anwenden können, damit sie im Sieg und im Segen und im Licht, die uns gehören, den christlichen Lauf, laufen können.

3. Lobpreis und Anbetung

Der Herr liebt es manchmal, uns mit Träumen zu segnen, die uns ermutigen. Er liebt es, Seinen Kindern Geschenke zu machen. Wie ich schon zuvor gesagt habe, wissen wir, dass sogar wir, die wir sündhaft sind, in unserer menschlichen, ungerechten Liebe es lieben, unsere Kinder voller Freude zu sehen, wenn wir ihnen Geschenke geben. Und genauso wird der Herr dir einfach einen Traum geben, damit du ermutigt bist. Einfach um dir zu sagen: „Weisst du was? Du bist auf dem richtigen Weg. Bleib dran. Ich freue mich über dich. Du bist ein Segen für mich." Er wird dir Träume geben, die dir sagen, dass du dich auf dem richtigen Weg befindest.

Eine schöne Illustration dafür ist, als Jakob vor seinem Bruder Esau floh, um sich unter dem Volk seines Vaters eine Frau zu suchen. Auf dem Weg nahm er einen Stein und legte seinen Kopf darauf und schlief ein. Wir kennen alle die Geschichte. Als er einschlief, sah er eine Treppe mit Engeln, die hinauf- und herunterstiegen und den Herrn lobten. Und der Herr bestätigte Seinen Bund durch Abraham, Isaak und Jakob.

Der Herr bestätigte Seinen Bund mit ihm und sagte: „Du wirst ein grosses Volk werden." Als Jakob aufwachte, freute er sich, baute dem Herrn einen Altar und sagte: „Herr, wenn du deinen Segen und deine Hand auf mich legen wirst, wenn du es mir gewährst, dass ich zu diesem Ort zurückkehre, dann werde ich dir den Zehnten von allem, was ich erschaffe, geben." Dann fing er an zu preisen und segnete den Herrn und gab dem Herrn sein Opfer.

Manchmal hast du einen Traum, der nur dazu da ist, um dich zu segnen. Er ist einfach nur da, um dir zu sagen: „Mein Kind, ich habe Freude an dir. Du bist auf dem richtigen Weg. Du hast alles gemacht, was ich von dir erbeten habe. Ich liebe dich, ich sorge mich um dich." Das erfreut einfach dein Herz und du wachst auf mit

Jubel in deinem Herzen. Dann nimm diese Freude, die der Herr in dich gelegt hat, und lass sie im Lobpreis und in der Anbetung herausfliessen. Denn wenn du im Lobpreis und in der Anbetung herausgibst, dann wird Er dir wieder zurückgeben und du empfängst die wunderbare Liebe und den Segen, den Er dir schenken möchte.

4. Prophetische Proklamation

Der Grund eines Traumes kann auch prophetische Proklamation sein. Das ist ausschliesslich das Gebiet des Propheten. Während Bitte, Busse und Lobpreis und Anbetung etwas sind, das jeder Christ in seinem Leben erfährt, ist prophetische Proklamation im Gegensatz dazu nur der Bereich des Propheten. Wieso? Weil der Prophet und auch der Apostel auf der Erde gesetzt sind, um das Wort des Herrn auszusprechen, damit Sein Wort in den natürlichen Umständen das hervorbringen kann, wozu es gesandt worden ist.

Du musst fähig sein, die Autorität des Propheten oder des Apostels tragen zu können, um fähig zu sein, Gottes Wort auf der Erde freizusetzen, damit dieses Wort einen Einfluss auf das Natürliche haben kann. Du musst den prophetischen oder apostolischen Mantel empfangen haben, bevor du diese Auslegung nehmen und proklamieren und sie in Existenz sprechen kannst.

Ein sehr gutes Beispiel dafür ist Daniel. Wenn du durch das Buch Daniel liest, dann wirst du sehen, wie er betreffend den Ereignissen von Israel prophezeite, der aktuellen Zeit und den Nationen, die ihn umgaben und natürlich auch die berühmten 70 Wochen. Weisst du, dass Daniel das alles in einem Traum empfangen hat? Er empfing das alles in Visionen auf seinem Bett, sagte er. Aber er nahm diese Offenbarungen und er schrieb sie auf.

Als er sie aufschrieb, proklamierte er auf der Erde die Botschaft, die der Herr ihm gegeben hatte. Als er diese Worte auf dem Papier versiegelte, nahm er nicht nur einfach einen Traum und gab eine grosse Voraussage. Er nahm diese Worte und er sagte: „Lass es geschehen!" Als er diese Worte aufschrieb, gingen sie in die Erde hinaus und die Umstände wurden wegen diesen Worten verändert. Diese Worte brachten im Natürlichen etwas hervor und formten das Natürliche gemäss dem Wort, das der Herr ausgesprochen hatte.

Anwenden und aussprechen

Ich habe eine schöne Bibelstelle gefunden in Jeremia 23,28-29, die das so gut erklärt. Es heisst dort:

> *„Der Prophet, der einen Traum hat, erzähle den Traum! Wer aber mein Wort hat, rede mein Wort in Wahrheit! Was hat das Stroh mit dem Korn gemeinsam?" spricht der HERR. „Ist mein Wort nicht brennend wie Feuer, spricht der HERR, und wie ein Hammer, der Felsen zerschmettert?"*

Der Herr sagt, es ist nicht gut genug einfach nur zu träumen und ein Wort zu bekommen. Du musst diese Worte nehmen und sie auf der Erde aussprechen. Das wird sehr wahrscheinlich durch diese externen, prophetischen Träume passieren, in denen der Herr sagt: „So spricht der Herr …" und in welchen du eine sehr klare Richtungsweisung vom Herrn empfängst, was du aussprechen musst und die Handlungen, die du vollziehen sollst. Wenn du diese Worte aussprichst und diese Handlungen vollziehst, dann sendest du das Wort Gottes auf die Erde hinaus wie ein Feuer, das wirklich all das Stroh verbrennt und das Korn stehen lässt.

Siehst du, wie kraftvoll Traumauslegung sein kann, wenn du sie in deinem Leben anwendest? Sie ist wie jede andere Offenbarung, aber wenn du sie für dich behältst, dann bringt sie keine Frucht. Wenn du sie nicht mitteilst und in deinem Leben anwendest, dann sind die Worte leer. Dann wirst du sagen: „Aber der Herr hat mir in ‚diesem und jenem' Traum gesagt, dass dies in meinem Leben passieren würde." Aber wenn du die Offenbarung nie mitgeteilt hast oder wenn du die Auslegung nie in deinem Leben angewendet hast, dann kannst du auch nicht erwarten, dass diese Umstände in deinem Leben Wirklichkeit werden. Denn nur wenn du die Offenbarung angewendet hast, kann die Offenbarung zustande kommen.

Wenn du durch alle Bücher von Jesaja und Jeremia des Alten Testaments gehst, dann wirst du sehen, dass sie deklarieren: *Es wird eine Jungfrau gebären. Ein Sohn wird geboren werden und sein Name wird Immanuel sein, der grosse Ich bin.* Sie sprachen in Existenz was kommen würde. Sie sagten: „Es wird sein. Es wird passieren. Lass es hervorkommen!" und sie setzten es auf der Erde frei. Es passierte. Das Wort Gottes brütete über der Erde genauso, wie es das am Anfang in der Schöpfung im 1. Mose tat und es brachte den Willen Gottes in der ganzen Umgebung zur Manifestation.

5. Warnung und Erhaltung

Der fünfte Grund für Offenbarung durch Träume ist Warnung. Es gibt Warnträume oder direktive Träume, in welchen der Herr zu dir kommt und sagt: „Da gibt es einen Stolperstein in deinem Leben, den du vermeiden solltest." Das sind interne prophetische Träume, in denen der Herr dir klar aufzeigt, was passieren wird. Warnung ist auch sehr geläufig in externen prophetischen Träumen, in denen der Prophet eine Warnung für den Leib Christi oder für eine spezielle Versammlung, eine Lokalgemeinde oder die weltweite Gemeinde empfängt.

Ein sehr gutes Beispiel für einen internen prophetischen Warntraum ist derjenige von Josef und Maria, als der Engel zu Josef kam und sagte: „Du nimmst besser all deine Habe zusammen und gehst weg von hier, denn Herodes will das Kind umbringen." Dieselbe Warnung bekamen die weisen Männer in einem Traum. Die Schrift sagt uns, dass die weisen Männer aus dem Morgenland in einem Traum gewarnt wurden, Herodes nichts von dem Kind zu erzählen und so kehrten sie auf einem anderen Weg nach Hause zurück.

Sie wendeten die Auslegung dieses Warntraumes an und gingen auf einem anderen Weg nach Hause. Wenn sie einfach nur den Traum empfangen und seine Warnung nicht ernst genommen hätten, dann wäre für das Christentum alles ein bisschen anders verlaufen, meinst du nicht auch? Die Dinge wären ganz anders gekommen. Du siehst, wie wichtig es ist, dass wir als Diener des höchsten Gottes, die Offenbarung, die der Herr gibt, anwenden.

Josef empfing diese Warnung und er nahm Maria und Jesus und machte sich auf und davon nach Ägypten. Aber er empfing auch wieder einen Traum, als der König in Jerusalem gestorben war und der Engel sagte: „Es ist sicher für dich an den Ort zurückzukehren", also kehrten sie zurück nach Nazareth. Das waren Warnträume, die gegeben wurden.

Pharao und Josef

Du siehst Warnträume durch die ganze Bibel hindurch. Eine weitere schöne Illustration ist diese von den Tagen Josefs, als Pharao einen Traum hatte von den sieben fetten Kühen und dann den die sieben mageren Kühe, die aus dem Fluss herauskamen. Die mageren Kühe verschlangen die fetten, aber sie waren immer noch mager. Dann hatte er noch einmal einen Traum, in welchem er sieben Weizenären sah, die reif waren und dann sieben Dürre, die die Reifen verschlangen. Er verstand nicht, was damit gemeint war.

Dann gab Josef natürlich die Auslegung, als er sagte: „Oh König, dies ist eine Warnung von dem, was in der Zukunft passieren wird. Du wirst sieben Jahre des Überflusses haben, aber dann kommen sieben Jahre der Hungersnot. Und diese sieben Hungersjahre werden die

Jahre der Fülle so schlimm verschlingen, dass die sieben Jahre der Fülle vergessen sein werden."

Dann sagte Josef zum König: „König, wenn ich dir einen Rat geben darf ..." (er wendete diese Auslegung an)

„Wähle dir jemand Weises aus, damit er in den sieben Jahren der Fülle einen Fünftel aller Ernte einbringt und es in Lagerhäusern lagert, damit du nie zu wenig Essen hast, wenn die Jahre der Dürre kommen."

Josef vervollständigte nicht nur diese Anwendung, sondern in der Hungersnot kam Pharao sogar dazu, dass ihm all das herumliegende Land zu eigen wurde und er dadurch sehr, sehr reich wurde. Was aussah, als würde es eine zerstörerische Zeit für die Nation Ägypten werden, wurde schlussendlich eine der erfolgreichsten Zeiten, die sie je in der Geschichte sah. Weil die Ägypter zu der Zeit die Finanzen und das Essen hatten, kamen zu ihnen die Finanzen und Ressourcen von allen umliegenden Nationen.

Es gibt keinen einzigen Vorfall in der Bibel, in dem der Herr Seinem Diener eine Nachtvision gab und diese nicht angewendet worden wäre. Schau dir Paulus an, als er vom Mazedonier träumte, der zu ihm kam und sagte: „Bitte kommt zu uns." Paulus hätte den Traum einfach links liegen lassen können und dann wäre nichts passiert. Aber er erhob sich und sagte zu den anderen: „Ich hatte einen Traum und ich glaube der Herr möchte, dass wir nach Mazedonien gehen." Also brachen sie auf und wendeten die Auslegung an. Er beliess es nicht einfach dabei. Siehst du wie wichtig das ist?

Kapitel 05

Traumbeispiele

9 Der Herr aber sprach durch eine Erscheinung in der Nacht zu Paulus: Fürchte dich nicht, sondern rede, und schweige nicht!

10 Denn ich bin mit dir, und niemand soll dich angreifen, dir Böses zu tun; denn ich habe ein großes Volk in dieser Stadt.

~ Apostelgeschichte 18,9-10

Kapitel 05 – Traumbeispiele

Hier ist ein praktisches Beispiel eines Traumes, der uns geschickt wurde:

Traum:

„Ich kam an einer bevorstehenden Konferenz an und da waren viele Menschen von überall auf der Welt, die ich noch nie zuvor getroffen hatte. Bevor ich eintreten und das Team kennen lernen konnte und all die Menschen sah, die ich bereits kannte, erschien ein Mann vor mir, der draussen vor der Türe stand. Er stand dort und blockierte mir den Weg zum Gebäude. Also sagte ich ihm, er solle sich auf die Seite bewegen. Aber das tat er nicht, also fing ich an in der geistlichen Kampfführung auf ihn einzuschlagen und dann verfärbte sich sein Gesicht grün und seine Zunge sah aus wie die einer Echse. Ich erinnere mich nicht mehr wirklich daran, was danach geschah, aber nachdem ich ihm einige Male sagte, er solle sich geschlagen geben und sich davon machen, endete der Traum (woran ich mich erinnern kann) und ich wachte an diesem Morgen mit einem starken Gefühl auf zu kämpfen und Fürbitte zu tun."

Meine Auslegung:

Ja, ich glaube, dass dieser Traum ein interner prophetischer Traum ist. Es scheint, als ob der Feind versucht dich zurückzuhalten. Es ist ein gutes Beispiel von einem Warntraum – er enthält keine Angst sondern er hat dich zur Handlung motiviert. Der Feind will dich hindern in die Richtung zu gehen, die der Herr für dich hat.

Das könnte sich auf die bevorstehende Konferenz oder auf deine momentane Situation beziehen. Es scheint so, als ob der Feind versucht deine Gemeinschaft mit uns zu blockieren. Bleib dran und widerstehe ihm. Der Herr hat dir seine Pläne gezeigt! Und behalte auch ein Auge offen für irgendwelche offenen Türen in deinem Leben, o.k.? Der Feind kann dich nur dann angreifen, wenn du ihm Lizenz dazu gegeben hast.

Grund für Offenbarung

Traumdeutung ist zur Erbauung der Heiligen gegeben, so wie jede andere Offenbarung. Paulus misst die Reife der Gemeinden an drei Kriterien – Glaube, Hoffnung und Liebe. In allen Auslegungen, die du für dich selbst oder für andere bekommst, sollte es sich immer um diese drei Kriterien drehen. Es muss Glaube aufgebaut werden, es muss Hoffnung aufgebaut werden und es muss Liebe aufgebaut werden. Sogar ein Warntraum kann Hoffnung und Richtungsweisung geben. Jeder Traum, der Angst, Schuld und Verdammnis produziert, ist nicht von Gott. Aber ich werde jetzt nicht weiter darauf eingehen, denn im dritten Kapitel werden wir zusammen Verführung anschauen. Wir werden dann auch im Detail anschauen, was du in der Traumdeutung tun und was du nicht tun solltest. Also werde ich hier nur kurz über Glauben, Hoffnung und Liebe reden.

Glaube

Glaube ist dazu bestimmt Richtungsweisung zu bringen und positiven Glauben im Herzen der Person zu bewirken, welche die Auslegung empfängt. Als Paulus in Korinth war, heisst es in der Apostelgeschichte 18,9:

> *„Der Herr aber sprach durch eine Erscheinung in der Nacht zu Paulus: Fürchte dich nicht, sondern rede, und schweige nicht! Denn ich bin mit dir, und niemand soll dich angreifen, dir Böses zu tun; denn ich habe ein großes Volk in dieser Stadt."*

Diese Nachtvision oder dieser Traum gab Paulus Hoffnung. Dieser interne prophetische Traum gab Paulus Hoffnung und Glauben, indem der Traum aussagte: „Mach dich auf, Paulus. Hör auf dich zu verstecken. Steh auf und sprich, es wird dir nichts Böses passieren. Ich habe ein grosses Volk hier." Paulus' Glaube war aufgebaut und er erhob sich und ging nach Korinth und diente in der Kraft Gottes, veränderte Leben und baute die Gemeinde in Korinth auf. Dieser Traum baute Hoffnung in seinem Herz.

Ein anderes gutes Beispiel ist Jakob, als er für Laban arbeitete und er um all seinen Lohn betrogen wurde. Ein Engel kam in einem Traum zu ihm und zeigte ihm all die gescheckten Schafe und Ziegen. Und er sagte: „Ich werde dich segnen." Das löste in Jakob Glauben aus, dass er nicht noch für den Rest seines Lebens in dieser Knechtschaft verweilen würde, sondern dass der Herr ihn erheben würde. Genau das passierte dann. Er ging zu Laban und bat um die gescheckten Schafe und Ziegenböcke, und wir wissen, was danach geschah. Der Herr segnete seine Handlung des Glaubens und er war ermutigt vorwärtszugehen und das zu tun, was der Herr ihm gesagt hatte, dass er es tun solle.

Hoffnung

Die Offenbarung sollte Hoffnung im Herzen des Zuhörers auslösen. Sie wird eine Bestätigung sein. Wenn du mit dem Herrn über etwas gesprochen hast, wenn du Ihn um etwas gebeten hast, dann wirst du sehr oft einen Traum haben, der dir Bestätigung geben wird.

Ich habe ein gutes Beispiel gefunden und zwar das von Gideon, als er die Männer um sich herum sammelte und die Hälfte von ihnen bereits nach Hause geschickt hatte. Nun waren nur noch 400 Männer übrig. Er sagte: „Herr, willst du mir sagen, dass ich mit 400 Männern das ganze Lager der Midianiter und Amoriter zerstören soll?"

Der Herr sprach zu Gideon: „Tue mir einen Gefallen und geh hinunter ins Lager. Ich habe eine Botschaft für dich."

Gideon ging und hörte, wie zwei Männer im midianitischen Lager miteinander redeten. Sie erzählten sich einen Traum von einem Busch, der ins Lager gekommen war und alle Zelte zerstörte. Der eine Mann sagte zum anderen: „Das ist Gideon. Er wird uns überwinden." Das löste Hoffnung im Herzen von Gideon aus. Er kehrte zurück und er wusste, was er tun würde. Er würde erfolgreich sein. Es gab ihm eine Vision und er ging dieser Vision nach.

Hier ist ein praktisches Beispiel eines Traumes, der Hoffnung gab:

Traum: Schwimmbad / Süssigkeit

„Ich hatte einen sehr kurzen Traum. Ich träumte, dass ich in einem Schwimmbad am schwimmen war und ich es sehr genoss. Das Bad war voller Süssigkeiten und sehr schönen Farben. Es sah aus wie Bonbons, um die farbiges Papier gewickelt ist."

Auslegung:

Dein Traum ist ein interner prophetischer Traum. Das bedeutet, er bezieht sich auf dich und der Herr spricht zu dir von Dingen, die kommen werden.

Im Schwimmbad schwimmen hat damit zu tun, dass du auf einen neuen Level im Geist kommst und in der Salbung fliesst. Die Süssigkeiten sind ein wunderbares Bild davon, dass der Herr deine Wünsche erfüllt. Er ist nicht nur an deinen Bedürfnissen interessiert – sondern auch an deinen Wünschen! Er will dich beschenken und dir die Dinge geben, die dein Herz erfreuen!

Ich sehe hier einen geistlichen und physischen Segen auf dich zukommen. Vielleicht hast du dich zum Herrn ausgestreckt, dass du dich in seiner Salbung bewegen kannst oder bist in eine engere Beziehung mit Ihm gekommen. Was auch immer der Fall ist, Er bestätigt dir, dass dein Gebet gehört wurde und dass Er dir diese beiden Wünsche erfüllen wird!

Liebe

Eine Offenbarung vom Herrn sollte immer Liebe auslösen. Ein gutes Beispiel ist das von Petrus, als er in Trance fiel und der Engel Cornelius sagte, dass er Petrus kommen lassen sollte, damit dieser ihm eine Botschaft bringen konnte. Petrus gehorchte der Richtungsweisung, die der Herr ihm gab und das öffnete die Gemeinde für die gesamten Heidennationen. Zum ersten Mal waren der Geist und die Liebe Gottes für die Heiden verfügbar und sie wurden in den Leib Christi aufgenommen. Es umfasste jetzt auch sie und diese Liebe ist jetzt frei verfügbar für jede Person, die den Namen des Herrn anruft.

Dies sollten unsere Motivationen sein, wenn wir eine Offenbarung empfangen und wenn wir eine Auslegung weitergeben.

Du kannst es haben

Zusammenfassend ist jeder Gläubige, der von neuem geboren wurde, fähig eine Traumauslegung zu geben. Da gibt es keine Ausnahmen. Wenn du den Heiligen Geist in dir wohnen hast und du durch den Geist von neuem geboren worden bist, dann kannst du Offenbarung durch Träume empfangen. Du hast auch die Weisheit und die Gaben in dir, um diese Träume auszulegen. Der Herr wird dir nicht etwas geben und dir dann nicht zeigen, wie du es anwenden und gebrauchen kannst.

Er ist ein treuer und gnädiger Gott. Wenn du den Wunsch in deinem Herzen hast, von Ihm zu hören, wenn es in dir brennt von Ihm zu hören, wenn du einfach gerne Seine Stimme hören und Seine Richtungsweisung in deinem Leben empfangen möchtest, anstatt dauernd zu anderen Menschen rennen zu müssen, um Richtungsweisung zu bekommen, dann sollst du heute wissen, dass das für dich verfügbar ist. Du musst nicht die ganze Zeit zu deinem Lokalpastoren, Propheten oder Lehrer rennen, um für dich Offenbarung zu empfangen. Du kannst sie direkt vom Herrn empfangen, denn Er wohnt in dir. Du hast die Weisheit in dir und Er spricht in dir die ganze Zeit.

Glaube nicht, dass du Seiner Stimme gegenüber taub bist und dass du nicht die Fähigkeit hast, Ihn zu hören. Sein Gesetz ist in uns geschrieben, in unsere Herzen und in unsere Gedanken. Er spricht immer zu dir. Wenn du dich einfach nur mit einem leidenschaftlichen Begehren und im Glauben ausstreckst, dann wird dir der Herr nicht nur prophetische Träume und Offenbarung geben, sondern auch die Weisheit, die Auslegung zu empfangen und sie dann praktisch in deinem Leben anzuwenden.

Kapitel 06

Visionen: Deine geheime Unterhaltung mit Gott

17 Daß der Gott unseres Herrn Jesus Christus, der Vater der Herrlichkeit, euch gebe [den] Geist der Weisheit und Offenbarung in der Erkenntnis seiner selbst.

18 Er erleuchte die Augen eures Herzens, damit ihr wißt, was die Hoffnung seiner Berufung, was der Reichtum der Herrlichkeit seines Erbes in den Heiligen.

~ Epheser 1,17-18

Kapitel 06 - Visionen: Deine geheime Unterhaltung mit Gott

Gottes Willen kennen

Bist du schon einmal an einer Kreuzung gestanden, an der du verzweifelt wissen musstest: „Ist dies der Wille Gottes? Soll ich nach links oder soll ich nach rechts gehen? Soll ich diese Arbeitsstelle annehmen oder nicht? Sollen wir ein weiteres Kind haben oder sollen wir kein weiteres Kind haben?" Diese Fragen mögen vielleicht sehr weltlich sein, aber hast du dir in deinem persönlichen Leben nicht auch schon gewünscht, dass du den Willen Gottes für dein Leben kennst – für dich ganz persönlich, heute und gerade jetzt, für die einfachen Entscheidungen, die du Tag für Tag treffen musst?

Vielleicht hast du dir die grossen Männer und Frauen des Glaubens angeschaut, die hinter dem Predigerpult vor grossen Mengen stehen und sie erscheinen so unglaublich. Sie erzählen von diesen herrlichen Visionen und grossartigen Prophetien und Offenbarungen, die sie vom Herrn empfangen haben und du stehst da und sagst zu dir selbst: „Wow! Ich wünschte mir, dass ich so wichtig oder so geistlich wäre, dass ich irgendwie genauso von Gott hören könnte. Ich wünschte mir auf ihrem geistlichen Flieger sein zu können, dass Gott auch zu mir durch solch gewaltige Visionen und Offenbarungen sprechen könnte."

Nun, ich habe heute Neuigkeiten für dich. Wenn du Teil des Leibes Christi bist, dann spielt es keine Rolle, welcher Teil des Körpers du bist. Egal, was für ein kleines Glied du auch sein magst, du, Fritz Keller und Hans Schmid kannst Gott zu dir sprechen hören. Du, in deinem jetzigen Zustand, errettet durch den Heiligen Geist, von Neuem geboren, weil du Jesus Christus in deinem Herzen aufgenommen hast, kannst Visionen und Offenbarungen empfangen. Du kannst wissen, was der Wille Gottes für dein Leben heute ist. Du kannst den Herrn zu dir sprechen hören. Du kannst Seine Stimme hören und du kannst sehen, was Er für dich geplant hat.

Dieses ganze Kapitel handelt davon, wie du als Kind Gottes den Herrn zu dir sprechen hören kannst. Du wirst ermutigt werden in eine Beziehung mit Gott einzutreten, in der ihr beide eine geheime Unterhaltung habt. In der du und Er in etwas so Intimes zusammen eintretet, dass es nicht nur dein geistliches Leben verändern und revolutionieren wird, sondern auch die Art, wie du dein natürliches Leben lebst.

Als ich den Herrn um eine Stelle bat, mit der ich anfangen könnte, gab Er mir Epheser 1:17 und 18. Ich werde jetzt ein bisschen Zeit damit verbringen, diese Bibelstelle in ihrer griechischen Urform im Detail anzuschauen, damit du ein klareres Verständnis davon bekommst, was Gottes Wille und Zweck für dich ist, wenn es darum geht Seine Stimme zu hören.

„Dass der Gott unseres Herrn Jesus Christus, der Vater der Herrlichkeit, euch gebe [den] Geist der Weisheit und Offenbarung in der Erkenntnis seiner selbst. Er erleuchte die Augen eures Herzens, damit ihr wißt, was die Hoffnung seiner Berufung, was der Reichtum der Herrlichkeit seines Erbes in den Heiligen."

Geist der Weisheit und der Offenbarung

Ich möchte zuerst anschauen, worum es denn beim Geist der Weisheit genau geht. Was ist dieser Geist der Weisheit? Ich war fasziniert, als ich das griechische Wort für Weisheit in der „Thayer's Griechisch-Englisch Definition" nachschaute. Das habe ich gefunden: „Die Kunst, Träume auszulegen und immer den weisesten Rat zu geben; das Verständnis des Erforschens der Bedeutung von einer mysteriösen Anzahl von Visionen."

Dann schaute ich nach, für was Offenbarung stand. Strongs Definition davon ist: „Enthüllung der Wahrheit". Also ist der Geist der Weisheit und der Offenbarung die Fähigkeit, durch den Geist Gottes Träume und Visionen zu kennen, zu verstehen und für dich selbst zu empfangen, das Verständnis des geistlichen Bereiches. Diese Bibelstelle war an die Gemeinde in Ephesus gerichtet. Es war ein Schreiben, das nicht nur an die adressiert war, die in Dienstämtern standen. Es war an den gesamten Leib Christi, den gesamten Leib mit allen Gliedern, bis hinunter zum kleinsten Glied gerichtet.

Paulus wählte keine auserwählten Individuen aus und sagte: „Nun, ich bete, dass du, Johannes …, Ich bete, dass du, Jakob …, Ich bete, dass du, Therese, den Geist der Weisheit hast." Er adressierte das an die gesamte Gemeinde. Er richtete diese Botschaft nicht nur an Individuen. Er sagte, dass sie alle den Geist der Weisheit und der Offenbarung haben würden. Wenn du ein wiedergeborener Gläubiger bist, dann hast du in dir den Geist der Weisheit und Offenbarung.

Danach heisst es: „… in der Erkenntnis ‚seiner' selbst". Seiner ist Jesus Christus. „… in der Erkenntnis Christi". Ich habe Erkenntnis nachgeschaut und Strongs gab mir als Definition: „Völlig bekannt werden mit". Also in der Erkenntnis von Ihm zu sein, bedeutet, völlig bekannt mit Ihm zu werden. Du hast also nicht nur die Fähigkeit in dir, Weisheit und Offenbarung vom Geist zu empfangen, sondern es wurde dir auch die göttliche Gabe gegeben, den Herr der Heerscharen, den König der Könige, Ihre Majestät persönlich kennenzulernen. Du, kleiner Niemand, hast die Gabe, den Herrn der Herren persönlich kennenzulernen, Schulter an Schulter mit Ihm zu sein und mit Ihm vertraut zu sein.

Du kannst keine besseren Verbindungen haben auf der Welt als diese! Nicht jeder kann hinstehen und sagen: „He, ich kenne Gott persönlich. Wir reden miteinander. Ich werde Ihm deine Nummer geben." Bist du so kühn als Kind Gottes, um das zu sagen? Ich bin es. Und ich sage dir etwas, Menschen sind so erstaunt darüber, dass sie zuhören.

„Ich kenne Gott. Wenn du dich mit mir anlegst, dann legst du dich mit Ihm an. Ich möchte, dass du das einfach weisst, bevor wir diesen Vertrag miteinander unterschreiben." Es ist besser, du stellst sicher, dass sie das Kleingedruckte gelesen haben, denn sie werden keine Probleme haben wollen. Denn sogar Ungläubige denken: „Nun was ist, wenn ... er Gott wirklich kennt? Ich passe besser auf bei diesen Leuten." Es wirkt. Bist du kühn genug, um das zu sagen? Du solltest kühn genug sein, um das zu sagen, denn gemäss dem Wort, hast du in dir die Fähigkeit, den lebendigen Gott, der die ganze Schöpfung gemacht hat, persönlich kennenzulernen.

Visionen – die Sicht deines Verstandes

Epheser 1,18 geht folgendermassen weiter:

„Er erleuchte die Augen eures Herzens..."

Was sind die Augen deines Herzens (oder anders übersetzt, deines Verständnisses)? Ich habe Augen nachgeschaut und die sprichwörtliche Übersetzung ist Sicht. Es war faszinierend zu sehen, für was Verständnis steht. Es bedeutet bildlich gesprochen, die Gedanken oder Gefühle deines Verstandes oder deines Herzens. Hast du schon einmal in der Bibel gelesen, wo die Rede ist vom Herzen und den Gefühlen des Herzens? Dort geht es eigentlich um deinen Verstand. Die Augen deines Herzens (deines Verständnisses) bedeutet die Sicht deines Verstandes.

Das klingt ein bisschen wie eine Vision für mich. Das klingt für mich, wie wenn du in den geistlichen Bereich sehen und mit deinem Verstand wissen kannst, was vor sich geht. Die „Sicht deines Verstandes" bedeutet, fähig zu sein, den Geist der Weisheit und Offenbarung in deinem Verstand zu empfangen und dass dein Verstand erleuchtet wird, damit du weisst, was der Herr gerade jetzt zu dir spricht.

Der Herr hat einen Willen und ein Ziel für dich. Der Herr der Heerscharen, der König der Könige wünscht sich leidenschaftlich eine Beziehung mit dir. Gemäss Seinem Wort ist dies nicht nur deine freie Gabe der Errettung sondern auch dein Recht als Christ, seit du in den Leib Christi hineingeboren wurdest. Du kannst Seinen Willen für deine jetzigen Umstände kennen und du kannst den lebendigen Gott persönlich kennenlernen. Dann kannst du auch mit einem Akt der Erkenntnis Seines Willens durchbrechen und Tag für Tag Erfolg in deinem Leben haben.

In diesem Kapitel werde ich nur Visionen anschauen. Aber es gibt viele verschiedene Arten, wie du Offenbarung aus dem geistlichen Bereich und von deinem Geist empfangen kannst. Ich nehme mir hier nur einen Bereich vor, denn wenn ich sie alle ansprechen würde, dann würde das viel zu lange dauern.

Jeder Gläubige kann empfangen

Um es also zusammenzufassen: Wer kann eine Vision haben? Nur diese grossartigen Männer und Frauen Gottes, die hinter dem Pult stehen und auf TBN (Trinity Broadcasting Network, amerikanischer christlicher TV-

Sender) gezeigt werden? Sind sie die Einzigen, die eine Vision haben können? Musst du supergeistlich sein, in einen Trancezustand gehen und vielleicht in ein anderes Land befördert werden, so wie Johannes, als er auf die Insel Patmos kam, damit du genug gut bist für den Herrn und Er dir eine Vision geben kann?

Nein. Du musst einfach nur durch den Geist Christi von Neuem geboren sein, um Offenbarung vom Geist Gottes zu empfangen. Du hast den Heiligen Geist in dir drin, die Quelle des lebendigen Wassers, das ewig heraussprudelt, ewiges Leben gibt und konstant in deinem Bauch blubbert.

Wenn du lernst, wie du diese Quelle anzapfen kannst, dann liegt da ein Reichtum von Offenbarung und Weisheit für dich bereit, den du einfach jederzeit, in jeder Situation und für jedes Bedürfnis, jeden Wunsch, jeden Schmerz, jede Einsamkeit oder jede Richtungsweisung anzapfen kannst. Es ist alles für dich da, damit du es hier und jetzt empfangen kannst. Wenn ich jetzt Schritt für Schritt mit dir durchgehe, wie du diese innere Ressource anzapfen kannst, möchte ich, dass du dich öffnest und im Glauben diesen Geist der Offenbarung empfängst. Denn gemäss dem Wort Gottes gehört er dir. Wenn du dein Herz dem gegenüber öffnest, dann wirst du am Schluss dieses Kapitels wirklich diese Gaben der Offenbarung empfangen haben und du wirst fähig sein, für dich selbst vom Herrn zu hören.

Der Zweck einer Vision

Was ist der Zweck einer Vision? Abgesehen davon, dass du Richtungsweisung über den Willen Gottes in deinem Leben empfängst, was ist wirklich der Grund dafür, dass es die Gaben gibt? Es ist ganz einfach – um die Heiligen auszurüsten und zu ermutigen. Um die Heiligen in Glaube, Hoffnung und Liebe reifen zu lassen. Du hast das schon vorher einmal gehört. Wenn du irgendeines unserer Bücher liest und irgendeine unserer Lehren anhörst, dann solltest du mittlerweile wissen, dass die Frucht des Geistes, das Reifen der Heiligen und alles, was im geistlichen Bereich produziert wird, durch die Kräfte Glaube, Hoffnung und Liebe geschieht.

Deshalb werden dem Leib Christi Visionen gegeben, damit wir reifen, damit wir Frucht hervorbringen können. Wir sollen als ein Vorbild in dieser Welt stehen, als ein scheinendes Vorbild von Erfolg, Kühnheit, Leiterschaft und Fähigkeit. Wir sollen diese Weisheit von Gott empfangen, der alle Weisheit und alles Wissen hat und der in allem ist und in dem alles ist. Wir sollten mit dieser Kraft hinter uns dastehen, damit die Welt zuhört, wenn wir sprechen. Wenn du deinen Mund öffnest, um Rat weiterzugeben, dann gibst du „Jesus" weiter. Du sprichst nicht von „dir".

Dafür wird Offenbarung gegeben, um die Erweiterung von Jesus zu sein, dass diese Welt das Licht sieht, so wie damals zur Zeit Jesu. So wie die Schrift sagt: „Und sie sahen ein grosses Licht in Galiläa." Wir sollten immer noch dieses grosse Licht in dieser Welt sein. Dafür sind die Gaben gegeben.

Nimm das hervor, was der Herr dir seit dem Tag deiner Errettung gegeben hat. Es ist jetzt in dir, es ist schon immer in dir gewesen und es wird weiterhin in dir sein. Wie viel davon du anzapfst und wie viel davon du gebrauchst, liegt an dir. Hast du, was es braucht? Brennt es genug in dir? Denn wenn ja, dann gehört es dir. Gerade hier, gerade jetzt.

Was sind Visionen?

Die biblische Definition von Visionen ist, einfach gesagt, die Sprache der Schattenbilder. Visionen zeigen sich als Symbole, Typen und Schatten. So spricht der Herr zu uns. Wir haben davon im Kapitel über Träume viel gesprochen, wie der Herr in Symbolen und Schattenbildern zu uns spricht. Er gibt uns Symbole, damit wir sie zu unserem Verständnis auslegen können. Weshalb ist das so? Wieso spricht der Herr immer in Typen und Schatten und Symbolen?

Wieso sagt er nicht einfach gerade heraus, was er meint? Weil der Feind keine Symbole, Typen und Schatten versteht. Der Herr spricht zu uns in unseren Gedanken und Er gibt uns diese Symbole und der Feind kann sie nicht lesen. Der Feind kann deine Gedanken nicht lesen. Das hat dich wahrscheinlich geschockt, aber der Feind kann deine Gedanken nicht lesen. Deshalb sind Visionen so kraftvoll. Er kann die Offenbarung nicht blockieren, die dir durch den Heiligen Geist gegeben wurde und die durch deinen Geist in deinen Verstand gelangt. Sicher kann er externen Druck auf dich bringen und auch Verführung, die von aussen auf deine Gedanken einwirkt. Aber er kann die Visionen, die der Herr dir gibt, nicht lesen. Er kann die Offenbarung, die der Herr dir gibt, nicht erkennen, ausser wenn sie ausgesprochen oder in die Tat umgesetzt wird.

Deshalb ist es deine geheime Unterhaltung mit dem Herrn. Denn kein Mensch, kein Engel und kein Dämon kann wissen, was der Herr dir sagt. Es ist eine sehr intime Kommunikation zwischen dir und dem Herrn und es ist eine Kommunikation, die jeder Gläubige jeden Tag seines Lebens haben sollte. Jeder sollte die ganze Zeit vom Herrn hören. Du solltest hören, was Er für dich bereithält, hören, wie speziell du für Ihn bist. Wenn du deinen Geist Ihm gegenüber öffnest, dann wird Er dir das volle Mass geben, das du dir wünschst.

Offenbarung in Visionen empfangen

Wie empfängst du Offenbarung in Visionen? Musst du dafür in einen Trancezustand zu gehen? Musst du eine offene Vision sehen? Fangen Dinge an zu passieren und die Erde beginnt zu beben? Wirst du plötzlich ausser Kraft gesetzt und ein Bild erscheint vor deinen Augen und, bum, da ist es?

Nein, das ist nicht die herkömmliche Art, wie wir Visionen empfangen. Vielleicht passierte es im Alten Testament so, als der Heilige Geist noch nicht in den Menschen wohnte. Damals konnte ihr menschlicher

Verstand die Salbung und die Kraft oder die Offenbarung, die von Gott kommt, überhaupt noch nicht verstehen. Aber heute wohnt der Heilige Geist in uns.

Obwohl einige Leute Trancezustände und offene Visionen haben, ist das doch noch lange nicht die Norm. Wenn du also denkst, dass eine Vision etwas Super-Fantastisches ist, das deine ganze Welt erschüttern muss, dann liegst du falsch, denn Visionen sind in Tat und Wahrheit sehr einfach. Es sind einfach Impulse aus deinem Geist, die sich auf deinen Verstand legen. Es ist wirklich so einfach. Es sind die Bilder, die du in deinen Gedanken die ganze Zeit siehst.

Nun, wenn du sehr künstlerisch begabt bist und malst, Gedichte oder Lieder schreibst, dann sollte das etwas Einfaches für dich sein. Du solltest die ganze Zeit in Bildern denken. Tatsächlich ist es die Art, wie uns der Herr als menschliche Wesen geschaffen hat. Wenn wir reden und anderen Leuten Dinge beschreiben, dann gebrauchen wir Illustrationen. Mit unseren Worten malen wir die ganze Zeit Bilder, damit Menschen verstehen, wovon wir reden.

Der Herr tut dasselbe. Wenn Er dir eine Botschaft geben möchte, was ist dann der stärkste Sinn, den Er dazu benutzen wird, um dir die Botschaft zu übermitteln? Denk einmal darüber nach. Welcher der fünf Sinne ist der Stärkste: Berühren, Schmecken, Riechen, Hören und Sehen? Das Sehen! Das Sehen ist der stärkste Sinn von allen. Wenn du also zum ersten Mal Offenbarung vom Herrn bekommst und du anfängst dem geistlichen Raum gegenüber sensibler zu werden, dann wird das Erste, was du erleben wirst, Visionen sein. Du wirst das schneller erleben, weil du es dir gewohnt bist in Illustrationen zu denken und weil du es dir gewohnt bist TV zu schauen. Schon von klein auf hast du die Geschichten von Noah und der Arche gehört und du hast sie in deinen Gedanken vor dir gesehen. Du hast die Arche gesehen, du hast die Tiere gesehen und du sahst die Regenwolken. Du wurdest schon von klein auf trainiert in Bildern zu denken. Wenn also der Herr zu dir spricht, dann wird Er in Bildern zu dir sprechen. Das ist alles, was eine Vision ist – ein Bild aus deinem Geist.

KAPITEL 07

Drei Funktionen des Geistes

Davon reden wir auch, nicht in Worten, gelehrt durch menschliche Weisheit, sondern in Worten, gelehrt durch den Geist, indem wir Geistliches durch Geistliches deuten.

~ *1. Korinther 2,13*

Kapitel 07 – Drei Funktionen des Geistes

Es gibt drei Funktionen des menschlichen Geistes. Das ist der ganz normale Standard in der menschlichen Psychologie. Diese drei Funktionen operieren in jedem Menschen, ob er nun errettet ist oder nicht. Die Erste ist Intuition, die zweite ist geistliche Weisheit und die dritte ist Gemeinschaft. Ich habe dieses Thema im Detail in unserer Pastor Teacher School behandelt. Ich werde hier darum die Definitionen nur kurz anschauen.

1. Funktion: Intuition

Intuition ist etwas, das dir bekannt sein sollte. Offensichtlich sind wir Frauen am besten darin. Ich weiss nicht wieso, vielleicht weil wir die Kinder erziehen und einfach „sagen" können, wenn sie etwas im Schilde führen. Vielleicht ist das mit der weiblichen Intuition gemeint. Aber Intuition ist ein inneres Wissen. Du weisst etwas einfach. Du weisst nicht, wieso du es weisst, du kannst nicht erklären, wieso du etwas weisst, aber du weisst es einfach. Es ist ein inneres Gefühl im Bauch. Das ist Intuition.

2. Funktion: Geistliche Weisheit

Die zweite Funktion ist geistliche Weisheit. Geistliche Weisheit hat eine Zukunftsausrichtung. Es ist ein inneres Wissen mit einer Zukunftsorientierung. Ungläubige nennen es ein „Déjà-vu". Du hast dieses Gefühl, wenn etwas gleich passieren wird. Du spürst dieses Gefühl in deinem Baum, dass jemand dir anrufen wird, dass dieses Auto vor dir wenden wird oder du weisst einfach, dass diese Person nach rechts oder nach links gehen wird. Es ist ein inneres Wissen, aber es hat immer eine Zukunftsausrichtung.

3. *Funktion: Gemeinschaft*

Die dritte Funktion ist Gemeinschaft. Das ist die Fähigkeit von uns Menschen, den Geist eines anderen wahrzunehmen. Du kannst sehr einfach sagen, wenn jemand niedergeschlagen oder deprimiert ist, ohne dass er irgendetwas sagen muss. Nun, einige Menschen sind darin ziemlich gut, während andere schlecht darin sind. Aber du kannst sagen, wenn jemand sich nicht gut fühlt, ohne dass er etwas sagen muss. Hast du dir schon einmal Gedanken darüber gemacht? Hast du gewusst, dass dies eine natürliche Funktion des menschlichen Geistes ist? Du kannst sagen, wenn jemand wütend auf dich ist, obwohl er das schönste Lächeln aufsetzt und er so nett und freundlich zu dir ist und doch „weisst" du einfach, dass er dich nicht ausstehen kann!

Wie weisst du das? Du schaust diese Person an und sie sieht so freundlich aus. Du hörst ihre Worte und sie sagt so gute Dinge. Aber du weisst, dass alles nur aufgesetzt ist. Wie weisst du das? Das ist der geistliche Sinn der Gemeinschaft. Du kannst den Geist der Menschen um dich herum wahrnehmen. Sogar Ungläubige können das tun. Das sind natürliche Qualitäten. Sogar Ungläubige können feststellen, wenn du ihnen etwas „vormachst". Es ist eine natürliche Funktion des menschlichen Geistes.

Zunahme des geistlichen Bewusstseins

Nun wenn du errettet bist, werden diese drei Funktionen verbessert. Bevor du errettet wurdest, war dein Geist tot. Er war Gott gegenüber tot. Du hast überhaupt nicht mit einer Ausrichtung auf Gott hin funktioniert. Du hast Gott nicht gekannt, du hast nicht über Gott nachgedacht. Dein Geist war Ihm gegenüber tot. Er war dem geistlichen Bereich gegenüber tot. Du hattest keinen Hunger und keine Leidenschaft. Dein Geist war tot.

Aber an dem Tag, an dem du den Heiligen Geist zu dir einlädst, passiert etwas. Es kommt Leben in dich. Der Heilige Geist kommt in dich und plötzlich findet da ein Erwachen Gott gegenüber statt. Zuvor war eine Barriere da und jetzt brichst du plötzlich durch diese Barriere hindurch in einen Bereich, den du noch nie zuvor erlebt hast. Wenn du an dein Errettungserlebnis zurückdenkst, dann weisst du, wovon ich hier spreche. Die Salbung, die durchbrach, der Friede, den du verspürt hast oder wie auch immer du das erlebt hast. In dir drin ist etwas passiert und du hast zum ersten Mal in deinem Leben Gott berührt. Zum ersten Mal hat Er sich nach dir ausgestreckt und ist durch diese Schale hindurchgebrochen und hat Zugang bekommen zu einem Ort, an dem zuvor noch nie jemand gewesen war.

Das ist der Ort, von dem ich rede. Er ist tief unten in deinem Geist und dort wurde ein neues Leben geformt. Als dieses neue Leben geformt wurde, wurde eine Aufmerksamkeit für den Herrn entwickelt. Je mehr du ins Wort gingst und je mehr du mit anderen Gläubigen Gemeinschaft hattest, wuchs das Bewusstsein. Bis du schliesslich fähig wurdest, die Salbung wahrzunehmen. Du fingst an Offenbarung aus Seinem Wort für dich zu empfangen.

Als du errettet wurdest, geschah etwas. Aber dort muss es nicht aufhören! Der Herr berührte einfach einen Teil deines Lebens, als du errettet wurdest, aber du kannst das ausweiten. Du kannst dich darauf konzentrieren und du kannst konstant in diesem Zustand der Errettung leben, jeden Tag deines Lebens. Das Feuer muss nie sterben. Seine Gegenwart in deinem Leben muss nie abnehmen. Sie war vorher da und sie kann auch hier und jetzt da sein. Das ist Gottes Wille für dich gerade jetzt. Das möchte Er dir kommunizieren und davon möchte Er dir erzählen. Er möchte über dich und Ihn reden und Er möchte dir Seine Geheimnisse anvertrauen, weil du sehr speziell für Ihn bist.

Geistliche Frucht

Wenn dein Geist Gott unterordnet ist, dann geschieht Folgendes mit den drei Funktionen des Geistes.

Intuition motiviert Glauben

Intuition, wenn sie durch den Geist Gottes motiviert ist, produziert Glaube. Fängst du an die Früchte und das

Reifen der Heiligen zu sehen? Glaube ist ein inneres Wissen. Wenn du dem Geist Gottes erlaubst, die Kontrolle über dein Leben zu übernehmen und dich Seinem Willen unterordnest und anfängst Offenbarung aus deinem Geist zu empfangen, dann ist das Erste, was passieren wird, dass dein Glaube entfacht wird. Dein Glaube wird motiviert werden, weil du anfängst Gottes Willen in deinem Leben zu sehen. Du schaust nicht mehr auf den physischen Bereich. Deine Augen sind erhoben zum geistlichen Bereich.

Die Bibel sagt, dass wir im Glauben und nicht im Schauen wandeln sollen. Was bedeutet das? Es bedeutet, dass du nicht auf die natürlichen Umstände schaust. Fixiere deine Augen auf den geistlichen Bereich, denn wenn du deine Augen auf den geistlichen Bereich fixierst, überwindest du die Hindernisse im natürlichen Bereich.

Ich erinnere mich an eine Zeit, als wir finanziell wirklich zu kämpfen hatten. Wenn ich die Dinge im Natürlichen anschaute, dann schien es so, als ob dieser riesige Berg vor uns stand. Die Miete war fällig, die Telefonrechnung war fällig und auch die Elektrizitätsrechnung war fällig. Ich bin sicher, dass viele ihre eigene Geschichte erzählen können. Es war frustrierend. Es kam kein Geld herein. Nichts passierte. Jeden Morgen, wenn ich aufwachte, sah ich vor mir diesen Berg auftauchen. Dieser Berg war riesig und ich konnte nicht an ihm vorbei. Ich konnte nicht einmal beten. Es war einfach so entmutigend.

Schliesslich ging ich zum Herrn und schloss meine Augen und sagte: „Herr, du musst mir zeigen, was hier vorgeht.

Ich kann nicht mehr!" Er hob mich empor und zeigte mir, wie es im geistlichen Bereich aussah. Weisst du, von Gottes Perspektive sieht die Erde wie eine Murmel aus. Kannst du dir vorstellen, wie winzig mein Berg für Ihn aussehen musste?

Er sagte: „Oh, ist das der Berg, der dir Probleme bereitet?" Er nieste kurz und sagte: „Da! Weg ist er!" Es war wirklich so einfach für Ihn. Es war so unbedeutend. Er musste nur einmal niesen und weg war er. Was im Natürlichen so gross erschien, war so unbedeutend im Geistlichen. Dies baute meinen Glauben auf dranzubleiben und nicht lange nach dieser Vision versorgte uns der Herr und all unsere Bedürfnisse waren gedeckt! Aber wir, in unserer menschlichen Natur, haben unsere Augen die ganze Zeit auf den natürlichen Bereich gerichtet und so vermasseln wir es.

Wenn du deine Augen vom Natürlichen weg und auf das Geistliche richten kannst und diesen Visionen erlaubst kontinuierlich aus deinem Geist in deinen Verstand zu fliessen, dann werden deine Berge zu Maulwurfshügeln. Was vorher noch unmöglich war, wird plötzlich sehr wohl möglich. Es wird dir helfen, am nächsten Morgen aufzustehen und wenn du diesen Berg anschaust, dann wirst du ihn verspotten, denn du weisst es besser. Du weisst etwas, das andere nicht wissen. Du siehst etwas, das andere nicht sehen.

Wenn deine Gläubiger dich anrufen und sagen: „Bezahle oder sonst passiert etwas!", dann kannst du es auf die leichte Schulter nehmen, denn du weisst etwas, das sie nicht wissen. Sie mögen vielleicht denken, dass du ein Versager bist und sie denken vielleicht, dass du deinen Verpflichtungen nicht nachkommst, aber du weisst es besser, denn der Herr hat dir etwas gezeigt. Du hast gesehen, wie es wirklich aussieht.

Der Feind kann dir alles Mögliche anwerfen, aber wenn du weisst, dass du weisst, dass du weisst, dass Gott grösser ist, dann kann dir nichts den Weg versperren. Es gibt auch nichts, das der Feind dir anwerfen könnte, was du als Kind des Herrn nicht überwinden könntest. Anstatt alle fünf Minuten zur Welt zu rennen, um eine Lösung für deine Probleme zu bekommen, kannst du als Gläubiger dastehen und sagen: „Das bringt mich nicht aus der Ruhe, denn Gott hat mir gezeigt, dass ... und Gott hat gesagt ... und Er ist grösser als meine Umstände. Ich habe es selbst gesehen."

Du musst nicht zum nächsten Propheten oder Wahrsager rennen und ihn fragen: „Was muss ich tun? Was wird passieren?", denn du hast bereits selbst vom Herrn gehört, was du in deiner Situation tun sollst. Das ist jetzt gerade für dich verfügbar. Empfange es im Glauben, denn es gehört dir! Du musst deine Situation mit Gottes Augen sehen und du musst es durch eine Sicht im himmlischen Bereich sehen. Wenn du das tust, dann wird das die Art verändern, wie du alles um dich herum siehst. Es wird deine Sicht verändern, wie du deinen Ehemann siehst. Es wird deine Sicht verändern, wie du deine Kinder siehst. Es wird deine Sicht verändern, wie du deine Arbeitsstelle und deine

Verantwortungen und deine Probleme siehst. Es wird dein Leben revolutionieren.

Geistliche Weisheit produziert Hoffnung

Die nächste Funktion des menschlichen Geistes ist geistliche Weisheit. Rate mal, was geistliche Weisheit produziert? Sie hat eine Zukunftsausrichtung und produziert deshalb Hoffnung. Was wäre das Leben ohne Hoffnung? Wahrscheinlich hoffnungslos. Das wäre das Leben ohne Hoffnung!

Geistliche Weisheit produziert Hoffnung, denn wenn du eine Vision für die Zukunft hast, dann kannst du jeden Berg erklimmen. Wenn du das Ziel vor dir sehen könntest oder wenn du das Endresultat immer schon zu Beginn des Laufes sehen könntest, dann wüsstest du, dass der Lauf das Rennen wert ist. Aber das Problem von vielen Christen heute ist, dass sie nicht wissen, dass ein Ziel am Ende des Laufes auf sie wartet. Alles, was sie sehen, ist ein Hindernis nach dem anderen. Sie wissen nicht, dass es ein Ziel gibt. Sie wissen nicht, dass es Sieger gibt.

Ich habe heute Neuigkeiten für dich. Du bist siegreich durch Jesus Christus, der dich errettet hat und kontinuierlich errettet und dich immer wieder aus jedem Problem retten wird, mit dem du konfrontiert bist. Es gehört dir, gerade jetzt. Du kannst das Ende von Anfang an kennen.

Hast du dir schon einmal gewünscht, dass du in der Zeit zurückgehen könntest mit dem Wissen, das du heute hast und dein Leben nochmals leben könntest? Nun, du kannst, aber einfach jetzt an diesem heutigen Tag. Du kannst von Gott wissen, was deine Zukunft anbelangt und welche Richtung du einschlagen sollst und das dann in deinem Leben anwenden. Du kannst das Ende schon von Anfang an sehen, denn der Herr ist das Alpha und das Omega. Er ist der Anfang und das Ende. Er ist zur selben Zeit am Anfang und auch am Ende des Laufes.

Wenn du von Ihm empfangen würdest, dann wüsstest du, was dein Ziel ist. Du wüsstest, was das Ergebnis sein wird und du wüsstest, dass es sich lohnt, durchzuhalten. Dann kannst du siegreich und selbstsicher sein in der Art, wie du dich der Welt gegenüber präsentierst. Du kannst Seinen Willen kennen und du kannst jeden Tag darin leben.

Während ich diesen Abschnitt bearbeitete, erinnerte mich der Herr daran, wie dieser ganze Dienst anfing und wie am Anfang alles auseinander fiel. Wir waren in Mexiko gestrandet, wir hatten keine Freunde und keine Familienmitglieder irgendwo in unserer Nähe. Da waren wir also und unser Einkommen war vor einem Monat auf den anderen abgeschnitten worden. Die Person, die uns unterstützt hatte, wollte nichts mehr mit uns zu tun haben. Hier sassen wir also in Mexiko. Wir kannten die Sprache nicht, also verstanden uns die Leute nicht. Wir hatten keine Familienmitglieder in der Nähe, nicht einmal auf dem gleichen Kontinent. Und wir hatten kein Geld. Das klingt nach einer ziemlich düsteren Situation.

Nun, es war eine ziemlich düstere Situation! Wenn wir nicht in den geistlichen Bereich geschaut und nur im Natürlichen gelebt hätten, dann hätten wir gesehen, in was für einer düsteren Situation wir uns wirklich befanden. Aber ... wir richteten unsere Augen auf den geistlichen Bereich und der Herr zeigte uns ein Ziel. Er zeigte uns einen internationalen Dienst, der sich ausstreckt und Millionen von Menschen befähigt und zurüstet. Er zeigte uns einen internationalen Dienst, der den Leib Christi neu beleben würde. Einen Dienst, der den Leib verändern würde, der Dinge tun würde, die den Kern der Status-Quo-Kirche erschüttern würde und die noch nie zuvor gesehen wurden.

Das klingt jetzt vielleicht stolz und wie eine Vision, die grösser ist als das, was du erfassen kannst, aber das ist das Ziel, das der Herr uns gab. Hier sassen wir also hilflos. Wir konnten nicht einmal die nächste Monatsmiete zahlen. Wir kannten keine lebendige Seele in unserer Nähe und der Herr zeigte uns einen internationalen Dienst, der sich über den ganzen Globus in verschiedene Stämme und Nationen ausstrecken würde, von denen wir noch nie gehört hatten und der ihre Leben verändern würde.

Aber ich sage dir etwas – es gab uns Hoffnung. Als wir am Strand hin- und herliefen und der Herr anfing diese Vision in unsere Herzen zu brennen, fanden wir Gefallen an der verrückten Idee, zu predigen und davon Kassetten zu produzieren. Es war eine verrückte Idee. Wer ahnte es? Alles, was wir hatten, war eine Videokamera und uns selbst.

Wer würde schon dumm genug sein und sich Kassetten von einer Gruppe von Menschen anhören, die in Mexiko festsass und mit einer Videokamera Predigten aufnahm? Wer hätte gedacht, dass genau diese Vision der Start von etwas Gewaltigem werden würde? Wer hätte gedacht, dass dieser kleine Anfang, der Start der Arbeit Gottes in unseren Leben war, den wir sicher zu der Zeit nicht verstehen konnten! Aber weil wir das Ende schon von Anfang an sahen, wussten wir, dass der Lauf das Rennen wert war. Wir wussten, dass wir jeden Meilenstein abrennen würden, weil wir das Ende bereits von Anfang an kannten.

Also werden wir weiterhin dieses Rennen laufen und wir werden nicht aufhören diesen Lauf zu laufen, bis wir die Ziellinie erreicht haben. Und ich sage dir noch etwas. Wenn wir einmal diesen Bestimmungsort erreicht haben, dann wird wieder ein neues Ziel auf uns warten und wir werden auch das erreichen. Das lässt uns jeden Morgen aufstehen – dieses Ziel vor unseren Augen. Das ist auch das, was du von Gott für dein Leben brauchst. Du brauchst ein Ziel, dass dich am Morgen aus den Federn holt, das dich jeden Morgen dazu bringt aufzustehen, für das du es nicht erwarten kannst jeden Morgen aufzustehen. Es gehört dir in Christus und es gehört gerade jetzt dir, wenn du es aus Seiner Hand empfängst.

Gemeinschaft produziert Liebe

Die dritte Funktion des Geistes und die, welche mir am meisten am Herzen liegt, ist Gemeinschaft. Du darfst dreimal raten, was Gemeinschaft produziert! Bis jetzt haben wir Glaube und Hoffnung abgedeckt. Sogar meine vierjährige Tochter könnte hier eine richtige Antwort geben! Gemeinschaft produziert Liebe. Wenn du mit dem Heiligen Geist und mit dem Herrn Jesus Christus Gemeinschaft hast und du in Seine Augen blickst, dann sagt Er zu dir: „Weisst du was? Ich starb nur für dich. Weisst du wieso? Weil du so besonders bist für mich. Du bist es wert. Ich bin so stolz auf dich. Ich liebe dich so sehr."

Es gibt nichts, das du nicht für eine Person tun würdest, die das immer und immer wieder zu dir sagt. Mit jedem Nagel, den sie in Seine Hände schlugen und mit jedem Dorn, den sie in Seinen Kopf drückten, waren das die Worte, die Er die ganze Zeit hindurch zu dir sprach. Sie hallen immer noch durch die Zeitgeschichte zu dir und werden weiterhin bis ans Ende des Zeitalters widerhallen.

Es ist Kraft in der Gemeinschaft mit dem Heiligen Geist, unserem wunderbaren Gott und unserem Herrn Jesus Christus, der Sein Leben für uns gab. Seinen Willen für unsere Leben zu kennen ist kraftvoll, aber Seine Liebe zu kennen ist revolutionär. Es wird dein Leben verändern. Es wird dein Herz verändern. Es wird deine Ansichten verändern. Du wirst für Ihn sterben. Du würdest für Ihn sterben wollen.

Hast du gewusst, dass du Gott wie einen intimen Liebhaber kennen kannst? Du kannst das. Hast du auch gewusst, dass der allmächtige Gott dich als intimen

Liebhaber kennen möchte? Er möchte vierundzwanzig Stunden am Tag eine geheime Unterhaltung mit dir führen, jede Minute, in der du wach bist. Jedes Mal, wenn du deine Augen schliesst, ist Er da. Er möchte für dich da sein. Er möchte, dass du hörst, was Er dir zu sagen hat. Du kannst das haben. Es gehört dir. Du kannst vierundzwanzig Stunden am Tag mit Jesus reden und dich jeden Tag neu und tiefer in Ihn verlieben. Er kann auch jedes Bedürfnis in deinem Herzen ausfüllen, wenn du dich dem Geist der Offenbarung und der Weisheit gegenüber öffnest.

Nimm Ihn mit dir

Als ich durch die Schrift ging und nach Beispielen suchte, bemerkte ich etwas Interessantes. Wann immer Jesus Seinen Mund öffnete, um zu sprechen, sprach Er in Gleichnissen. Was sind Gleichnisse? Sind Gleichnisse nicht Symbole, Typen und Schatten? Geht es dabei nicht darum mit Worten Bilder zu malen? Wenn du mit Jesus reden willst, dann wird Er immer noch in Gleichnissen zu dir reden. Das ist Seine Art zu sprechen. Das ist die geheime Sprache von Gott. Sogar auf dieser Erde sprach Jesus in Bildern, Symbolen und Schatten. Er malte kontinuierlich Bilder für die Massen. Er öffnete Seinen Mund nicht ohne dabei Bilder zu malen und das tut Er heute noch. Wenn du deinen Geist genug beruhigst, um Ihn zu hören, dann merkst du, wie Er immer noch in Gleichnissen zu dir spricht.

Jesus sagte oft zu Seinen Jüngern: „Ich tue nur, was ich meinen Vater tun sehe." Wenn sie versuchten, Ihn in etwas hineinzudrängen, dann sagte Er: „Nein, mir wurde noch kein ‚grünes Licht' vom Vater gegeben." Jesus lebte vierundzwanzig Stunden in Visionen. Er schaute bei jedem Schritt, den Er machte, zum Vater auf. Er bewegte sich nicht vorwärts, solange Er nicht sah, wie der Vater sich bewegte. Jesus ist das Beispiel, wie wir unser christliches Leben führen sollen. Du solltest dich nicht bewegen, ohne dass du weisst, was der Herr möchte. Du solltest sagen: „He, Herr, was denkst du? Soll ich das Blaue oder das Rote nehmen?"

Klingt das verrückt? Klingt es verrückt, den Herrn Jesus mitzunehmen, wenn du Kleider einkaufen gehst? Ich denke nicht, dass das so verrückt ist, denn wo auch immer Jesus hinging, nahm Er den Vater mit sich. Was immer Er den Vater tun sah, das tat auch Er. Er bewegte sich keinen Schritt vorwärts, ohne dass Er zuerst gesehen hätte, was der Vater tat. Er sprach die ganze Zeit mit dem Vater und sah andauernd, was dieser tat. Das müssen wir auch tun – sehen was Er tut, kontinuierlich im Geist sehen. Das ist die Kraft der Visionen – kontinuierlich im Geist den Plan sehen, den Gott für dein Leben hat.

„Gott, möchtest du diese Person heilen? Herr, hast du ein Wort für diese Person? Herr, ich wünschte, du würdest mir etwas zu sagen geben, das diese Person wieder aufrichtet, denn sie ist so niedergeschlagen. Gib mir die richtigen Worte."

KAPITEL 08

Visionen empfangen

Darauf wurde dem Daniel in einem Nachtgesicht das Geheimnis geoffenbart. Da pries Daniel den Gott des Himmels.

~ *Daniel 2,19*

Kapitel 08 – Visionen empfangen

Es ist alles in deinem Geist. Du hast es bereits. Es gehört dir. Also lass uns zu einigen praktischen Anwendungen übergehen. Wie empfängst du Visionen? Wir haben bereits darüber geredet, wie sie aus deinem Geist herauskommen und einen Abdruck in deinem Verstand hinterlassen. Es ist wirklich ganz einfach. Du empfängst die ganze Zeit Eindrücke aus deinem Geist. Wir haben bereits im Kapitel über Träume zusammen angeschaut, wie diese Eindrücke, wenn du schlafen gehst, aus deinem Geist herauskommen und du sie dann träumst. Aber das passiert auch während des Tages. Der einzige Unterschied dabei ist, dass in der Nacht alle deine anderen Sinne ausgeschaltet sind und du so die Visionen viel klarer wahrnehmen kannst. Du bekommst vierundzwanzig Stunden lang Eindrücke aus deinem Geist. Du hältst einfach nicht genug lange inne, um ihnen Gehör zu schenken.

Bringe all deine Sinne zur Ruhe. Geh und finde einen ruhigen Ort, wo dich nichts ablenken kann. Dann schliesse deine Augen. Welche Bilder kommen dir in den Sinn? Ich erwarte nicht, dass du irgendetwas Supergeistliches siehst, aber was für Bilder hast du im Kopf? Schreibe sie auf. Du wirst einige haben. Soeben hattest du eine Vision. So einfach ist das. Es sind Eindrücke aus deinem Geist. Je mehr du sie einfach heraufkommen lässt und dem Heiligen Geist erlaubst zu dir zu sprechen, umso mehr von diesen Eindrücken wirst du empfangen. Bald schon wirst du an den Punkt kommen, dass du diese Eindrücke aus deinem Geist empfängst, wo immer du herumläufst und was auch immer du sagst und tust.

Ich lebe andauernd in Visionen. Ich habe gerade kürzlich zu unserem Team gesagt, dass ich mich nicht einmal für einen administrativen Brief hinsetzen kann ohne dabei eine Vision zu sehen. Das ist, weil ich sage: „Herr, was soll ich zu dieser Person sagen?" und Er gibt mir eine Vision und so gebe ich das dieser Person weiter. Ich kann nicht einmal irgendein Geschäft tätigen, ohne Visionen zu empfangen. Ich sage: „Herr, soll ich diese Entscheidung treffen oder jene?" und Er gibt mir eine Vision. Ich lebe kontinuierlich darin. Es gibt nicht irgendeine Sache, die ich tue, nicht irgendeine Konversation, dich ich führe, in der ich keine Illustrationen gebrauchen würde. Ich empfange diese Illustrationen aus Visionen, die kontinuierlich in meinen Gedanken aufkommen. Je mehr du dich darauf achtest, umso mehr davon wirst du sehen.

So sollten wir leben. Wir sollten den ganzen Tag lang Impulse aus unserem Geist empfangen. Unser Geist sollte wacher sein als unser menschlicher Appetit nach Essen. Wir sollten mehr von Gott hören als von unserem Magen. Der Leib Christi sollte so funktionieren und du kannst es auch. Dazu brauchst du nicht in einem supergeistlichen Flugzeug zu sitzen. Du kannst das gerade hier und jetzt haben.

Deine Fähigkeit zu empfangen steigern

Ich möchte jetzt gerne mit dir anschauen, wie du deine Fähigkeit, Visionen zu empfangen steigern kannst. Es gibt zwei Arten, wie du das tun kannst. Die erste Art ist, indem du dich mit dem Wort füllst und die zweite Art ist, indem du aus dem Geist herausfliesst.

Das Wort

Wenn du Visionen vom Geist Gottes empfangen möchtest, dann ist es eine gute Idee, wenn du zuerst anfängst Sein Handbuch zu lesen, wie du Visionen empfangen kannst. Nimm dir selbst 1. Mose bis Offenbarung vor. Das wird dir einen guten Hintergrund geben, um Visionen zu empfangen und durch deinen Geist auslegen zu können.

Fülle deinen Geist mit dem Wort Gottes. Ich spreche hier nicht davon einfach die ganze Bibel durchzulesen. Es gibt Männer und Frauen, die die Bibel vom Anfang bis zum Ende gelesen haben und sie immer noch nicht verstehen und immer noch wie der Teufel selbst leben. Es ist also nicht genug die Bibel einfach durchzulesen.

Ich will hier nicht gegen das Wort Gottes sprechen, auf keine Art und Weise. Verstehe mich nicht falsch. Aber es ist möglich, dass du einfach die Worte liest und sie dennoch nicht in deinen Geist sinken. Es ist möglich, die Bibel immer und immer wieder zu lesen und dein Leben wird dennoch nicht verändert. Wieso? Weil es nicht tiefer geht als dein Verstand. Das Wort Gottes muss tiefer gehen als nur in deinen Verstand, es muss aus deinem Geist herauskommen. Du musst deinen Geist mit dem Wort füllen.

Gebrauche Bilder

Wie füllst du deinem Geist mit dem Wort? Nun, denk einmal darüber nach, wie Offenbarung kommt? Sie kommt in Visionen aus deinem Geist heraus, nicht wahr? Also fülle auch Visionen hinein. Wie machst du das? Nimm dir eine Bibelstelle, irgendeine Bibelstelle, es spielt keine Rolle welche. Du kannst auch deine Lieblingsbibelstelle nehmen. Nun, wenn du sie liest, dann sieh nicht nur einfach die Worte vor dir: „Wenn ihr in mir bleibt und meine Worte in euch bleiben …", sondern anstatt nur die Worte zu sehen, sieh Bilder hinter den Worten hervorkommen.

Was siehst du, wenn du diese Bibelstelle liest? „Wenn ihr in mir bleibt und meine Worte in euch bleiben, dann könnt ihr bitten um was ihr wollt, es soll euch werden." Was kommt dir für ein Bild in den Sinn, wenn ich diese Bibelstelle für dich zitiere? Ich sehe, wie der Herr Jesus mich wie ein kleines Kind hält. Er ist mein Papi und ich sitze auf Seinem Schoss. Ich bleibe in Ihm (Er hält mich) und Er bleibt in mir. Dann sehe ich, wie Er ein Geschenk hervornimmt. Er hat hinter Seinem Stuhl eine Überraschung für mich bereit. Er nimmt sie hervor, gibt mir das Geschenk und ich bin so begeistert darüber. Ich bitte ihn, worum auch immer ich möchte und Er gibt es mir.

Das sehe ich, wenn ich diese Bibelstelle zitiere. Ich sehe mich auf dem Schoss meines himmlischen Vaters und Er gibt mir Geschenke, denn Er kennt die Wünsche meines Herzens. Dieses Bild wird für immer bei mir bleiben. Nun, vielleicht erinnerst du dich nicht mehr an die Worte dieses Verses. Tatsächlich hast du sie vielleicht bereits vergessen. Aber ich sage dir etwas, dieses Bild wird dich begleiten, bis du stirbst. Du wirst es nie mehr vergessen!

Nun, das nächste Mal, wenn du im Gebet bist oder jemand durch eine schwierige Zeit geht und du ihm helfen möchtest, sage ich dir, was aus deinem Geist herauskommen wird. Genau dieses Bild! So wirst du zu dieser Person in Not sagen: „Weisst du, da gibt es ein Bild, das sagt, wenn du dem Herrn erlaubst, dich zu halten und wenn du einfach mit Ihm bist, dann wird Er dir durch alles hindurchhelfen und dir deinen Herzenswunsch erfüllen." Du kannst vielleicht den Bibelvers nicht Wort für Wort zitieren, aber du wirst wissen, was er bedeutet und du weisst, dass es ihn gibt und er wird für immer mit dir sein.

Wann auch immer der Herr dir diese Bibelstelle in Erinnerung ruft oder wann auch immer Er sagen möchte: „He, ich halte dich in dieser jetzigen Situation drin", wird dir dieses Bild in den Sinn kommen. So werden Jesus und du diese kleine, geheime Unterhaltung miteinander haben, denn nur ihr zwei wisst, wovon ihr redet. Er wird dir dieses Bild in Erinnerung rufen und Er wird sagen: „Das ist es, was ich meine" und du wirst verstehen, was Er sagt, denn du hast dieses Bild von Anfang an in deinen Geist hineingetan. So wirst du anfangen eine geheime

Unterhaltung mit dem Herrn Jesus zu führen und darum geht es doch, nicht wahr? – diese intime, geheime Unterhaltung mit dem Herrn zu haben.

Viel träumen

Wenn du anfängst, das Wort zu „essen", wie wir das schon im Kapitel über Träume angeschaut haben, dann wird allerhand Müll herauskommen. Nun, dieser Müll wird sich in deinen Träumen zeigen. Bleibe einfach dran. Nimm deine Lieblingsbibelstelle, visualisiere sie und füttere sie deinem Geist. Zitiere sie. Bring sie in deinen Geist hinein und nimm sie tief in deinem Verstand auf. Es geht nicht nur darum, dass du sie einfach verstehst. Sieh sie, schmecke sie, fühle sie, rieche sie. Mache sie zu etwas Realem in deinem Leben. Lass es nicht nur ein paar Worte auf einem Papier bleiben. Lass es nicht nur ein paar Worte sein, die dein Pastor dir von der Kanzel herunter predigt. Lass diese Worte dir etwas bedeuten. Mache sie zu deinem Eigenen!

Nimm die Bibelstelle und sage: „Das ist mein spezielles Geheimnis von Gott, nur für mich", denn wenn es zu deinem Eigenen wird, dann wird es dir etwas bedeuten. Wenn es dir etwas bedeutet, dann wird es deinen Glauben aufbauen, es wird deine Hoffnung aufbauen und es wird deine Liebe wiederherstellen.

Lass den Geist fliessen

Die andere Art, wie du das Erhalten von Offenbarung steigern kannst, ist, indem du aus dem Geist herausfliesst. Wie kannst du das machen? Wie kannst du den Strom, der in deinem Innern ist nehmen und ihn herausfliessen lassen? Indem du in Zungen, der Sprache des Geistes sprichst, und indem du journalst. Wenn du in Zungen sprichst, spricht dein Geist kontinuierlich mit Gott. Während du das tust, werden die Ströme von lebendigem Wasser, die in dir drin für so lange Zeit blockiert und verstopft waren, plötzlich wieder freigelegt.

Es findet eine kleine Erschütterung in dir statt. All das Wort, mit dem du dich jetzt eine Zeit lang gefüllt hast, wird wieder anfangen herauszukommen. Wenn du anfängst immer und immer wieder in Zungen zu reden und freizusetzen, wird etwas zu passieren anfangen. Du wirst so etwas wie Schmetterlinge in deinem Bauch spüren. Es wird sich anfühlen wie ein Blubbern, das anfängt und dieses Blubbern wird aus deinem Mund herauskommen.

Wenn es anfängt aus deinem Mund herauszukommen und du weiter dranbleibst, werden Visionen aufkommen. Wenn du sie beachtest und lange genug inne hältst, um zu realisieren, dass du tatsächlich Visionen hast, dann wirst du überrascht sein, wie schnell sie kommen. Je länger du in Zungen betest, umso mehr Visionen wirst du empfangen. Sie werden wahrscheinlich schneller kommen, als dir lieb ist.

Journaling zapft den gleichen Strom an. Setze dich an einen ruhigen Ort, nimm Schreiber und Papier und halte deine geheime Unterhaltung mit dem Herrn auf dem

Papier. Fange einfach an mit Ihm zu reden und Ihm dein Herz mitzuteilen. Wenn dann die Bilder anfangen aufzusteigen, schreib sie auf und lass die Worte aus deinem Inneren heraus frei fliessen. Tue das täglich und du wirst erstaunt sein, was für Richtungsweisung und Offenbarung du vom Herrn jeden Tag empfangen wirst.

Am geheimen Ort

Wenn du nun damit weitermachst, dann werden der Herr und du lernen, euch an diesem geheimen Ort zu verstecken. Er wird dir Dinge erzählen, die dir den Atem rauben. Er wird dir Geheimnisse erzählen. Er wird dir spezielle Dinge erzählen, nur zwischen dir und ihm. Er wird dich an einen geheimen Ort mitnehmen, wo nur ihr zwei seid. Er wird dich zu einem Fluss führen. Das Gras ist grün und es ist ein wunderbarer Tag. Die Äste eines riesigen Baumes hängen über den Fluss. Er wird sich dort mit dir hinsetzen und anfangen mit dir zu reden. Du wirst Ihn hören und Ihm antworten können und dann wird Er dir wieder Antwort geben. Schon bald wirst du dich Hals über Kopf in den Herrn Jesus verliebt haben.

Möchtest du das? Als ich dir dieses Bild erzählt habe, hast du es da vor dir gesehen? Konntest du das Wasser plätschern hören? Hast du diese frische Luft gerochen? Willst du das? Du kannst es haben! Das ist es, was Jesus für dich bereithält. Er möchte dich dorthin mitnehmen. Er möchte dich an diesen geheimen Ort mitnehmen, wo du die Welt hinter dir lassen kannst, wo du dein Kopfweh zurücklassen kannst, wo du den Schmerz, die Frustration und den Ärger und alles, was du jeden Tag erlebst, hinter dir lassen kannst. Er möchte dich an einen Ort mitnehmen, wo es keine Schatten und keine Sorgen gibt. Dorthin möchte Er dich mitnehmen und Er möchte dich gerade jetzt dorthin mitnehmen, wenn du es Ihm erlaubst.

Löse die Blockaden

Zum Schluss werde ich mit einer Bibelstelle aus Matthäus 13,14-16 anschauen:

> *„ Und es wird an ihnen die Weissagung Jesajas erfüllt, die lautet:"Mit Gehör werdet ihr hören und doch nicht verstehen, und sehend werdet ihr sehen und doch nicht wahrnehmen;*
>
> *Denn das Herz dieses Volkes ist dick geworden, und mit den Ohren haben sie schwer gehört, und ihre Augen haben sie geschlossen, damit sie nicht etwa mit den Augen sehen und mit den Ohren hören und mit dem Herzen verstehen und sich bekehren und ich sie heile."*
>
> *Glückselig aber eure Augen, daß sie sehen, und eure Ohren, daß sie hören."*

Vielleicht ist dein Herz wie ein Stein geworden. Vielleicht ist es so kalt geworden, dass du die Gegenwart des Herrn nicht mehr wahrnehmen kannst. Du hast vergessen, wie Seine Stimme klingt, du hast vergessen, wie sich die feine Brise anfühlt, wenn Er wie ein Wind über deine Haut streicht. Du hast vergessen, wie es sich anfühlt, von neuem geboren zu sein. Du hast das Feuer und die Leidenschaft vergessen und du hattest so viele schwierige Zeiten, dass du hart geworden bist und dein Herz zu Stein wurde, deine Ohren nicht mehr hören und deine Augen nicht mehr sehen.

Der Heilige Geist ist gerade jetzt bei dir und Er möchte da bei dir durchbrechen, wenn du dich Ihm gegenüber öffnest. Wenn du das tust, dann erwartet dich eine Beziehung von Angesicht zu Angesicht, in der Er dir Seinen Willen für dein Leben zeigen kann und in der Er dir die Geheimnisse Seines Königreiches und des geistlichen Bereiches offenbaren kann.

Das ist die Kraft im Empfangen von Visionen vom Geist Gottes. Ich möchte, dass du jetzt deine Augen schliesst und deinen Geist öffnest und vom Herrn empfängst. Ich setze die Salbung über dir frei und ich möchte, dass du sie jetzt empfängst, denn der Heilige Geist ist jetzt gerade hier mit dir. Er bewegt sich über deinem Herzen, genauso wie Er damals über dem Wasser geschwebt ist, am Tag der Schöpfung.

Kannst du schon die Regung in deinem Inneren spüren? Kannst du den Aufwind in dir drin spüren, der sagt: „Gott, ich will mehr von dir. Das ist nicht genug. Das ist nicht mehr genug. Ich möchte dich sehen, nicht durch ein dunkles Glas, sondern klar. Ich möchte dein Angesicht im Tageslicht sehen. Ich möchte dich so kennenlernen, wie ich meinen Ehepartner und meine Kinder kenne. Ich möchte dich besser kennenlernen als meinen eigenen Atem." Brennt das in dir? Denn wenn es das tut, dann ist er jetzt gerade bei dir, um dir deinen Herzenswunsch zu erfüllen.

„Vater, ich bete, dass du dein Volk berührst, dass du die Augen ihres Verständnisses erleuchtest, dass du ihre Ohren öffnest, damit sie hören. Heiliger Geist sei über deinem Volk freigesetzt. Lass sie deine Stimme gerade jetzt hören, wenn du anfängst in ihre Ohren zu flüstern. Öffne ihre Herzen, dass sie die Visionen sehen, die du für sie hast, die Visionen der Zukunft, die Visionen der Hoffnung und des Glaubens. Mögen sie deine Liebe erkennen und sehen, wie du sie in deinen Armen aufblühen lässt.

Vater, ich bete, dass du jetzt gerade dein Volk überschattest. Damit diese Seele, die sich so sehr danach sehnt dich kennenzulernen, dich auf eine spezielle Art offenbart bekommt. Trete ein in ihr Herz und in ihr Leben und gib ihnen Offenbarung darüber, dass sie speziell für dich sind. Dass du eine Aufgabe für sie bereit hältst, dass du einen Platz für sie hast im Leib Christi. Sie stehen nicht alleine da, sondern sie sind Teil von vielen verschiedenen Gliedern und von einem prächtigen und herrlichen Leib. Erhebe dein Volk, Vater. Erhebe sie, so dass sie im Sieg und in deiner Herrlichkeit dastehen können, als Vorbild für diese Welt.

Ich schicke jetzt dein Licht aus und lasse es scheinen. Lass es scheinen in all Seiner Herrlichkeit. Danke, dass du gerade jetzt dieses Herz aufweichst, in Jesu Namen. Vom Kopf bis zu deinen Füssen wirst du jetzt gerade verändert. Dein Herz wird umgestellt und du wirst nie mehr dieselbe Person sein, denn der Geist Gottes hat dich gesalbt und ist auf dir und Er wird dich erheben. Denn Er wird dich ganz sicher erheben und du wirst gewiss Sein Wort an die Nationen aussprechen! Ich danke dir, Vater!"

Kapitel 09

Albträume, Verführung und dämonische Träume

15 Und ein Hauch fuhr an meinem Gesicht vorbei, das Haar an meinem Leib sträubte sich.

16 Da stand jemand, und ich erkannte sein Aussehen nicht, eine Gestalt war vor meinen Augen, ein leises Wehen und eine Stimme hörte ich:

17 Sollte ein Mensch gerechter sein als Gott oder ein Mann reiner als sein Schöpfer?

18 Siehe, [selbst] seinen Knechten vertraut er nicht, und seinen Engeln legt er Irrtum zur Last:

19 wieviel mehr denen, die in Lehmhäusern wohnen [und] deren Grund im Staub ist! Wie Motten werden sie zertreten.

~ Hiob 4,15-19

Kapitel 09 - Albträume, Verführung und dämonische Träume

Verführung identifizieren

In diesem Kapitel werden wir die nicht „so schöne" Seite der Traum- und Visionenauslegung anschauen. Meine Hoffnung ist, dass dich dies nicht entmutigt, sondern eher ermutigt, nach dem Wort des Herrn in deinem Leben Ausschau zu halten und dass du die Worte und negativen Eindrücke, die nicht vom Geist Gottes sind, ablehnen kannst. Dies wird dich in die Reife, in Stärke und Glaube, Hoffnung und Liebe im Herrn führen.

Ich möchte mit Hiob 4,15-19 beginnen:

> *„ Und ein Hauch fuhr an meinem Gesicht vorbei, das Haar an meinem Leib sträubte sich.*
>
> *Da stand jemand, und ich erkannte sein Aussehen nicht, eine Gestalt war vor meinen Augen, ein leises Wehen und eine Stimme hörte ich:*
>
> *Sollte ein Mensch gerechter sein als Gott oder ein Mann reiner als sein Schöpfer?*
>
> *Siehe, selbst seinen Knechten vertraut er nicht, und seinen Engeln legt er Irrtum zur Last:*

Wieviel mehr denen, die in Lehmhäusern wohnen und deren Grund im Staub ist! Wie Motten werden sie zertreten."

Ich habe diese Bibelstelle als eine Schlüsselbibelstelle ausgewählt, weil sie ganz klar alle Elemente der Verführung aufzeigt. Sie zeigt Angst auf, sie zeigt Verdammnis auf und sie stellt das Wort Gottes in Frage. Das sind alles klare Zeichen der Verführung.

3 Kategorien von Verführungsträumen

Ich werde damit beginnen Verführung in drei Hauptkategorien aufzuteilen. Diese sind: Träume, die du hast, von denen die Ereignisse dann auch wirklich eintreffen; Träume und Visionen, die du empfängst, bei welchen die Offenbarung falsch ist; und schliesslich wenn der Herr wirklich ein Wort gibt, aber die Offenbarung falsch ausgelegt wird. Wie ich schon im ersten Kapitel gesagt habe, auch wenn Träume etwas sind, das du während dem Schlafen hast, so sind sie doch jeder anderen Gabe des Geistes sehr ähnlich. Es sind einfach Nachtvisionen.

Was ich in diesem Kapitel weitergeben möchte, bezieht sich nicht nur auf die Traumauslegung, sondern es bezieht sich auf jede Offenbarung, die du vom Herrn bekommst. Wenn du damit anfängst, ist die Wahrscheinlichkeit gross, dass der Herr anfangen wird durch Symbole in Träumen zu dir zu sprechen. Wenn du anfängst diese Prinzipien an den Symbolen anzuwenden und dann ein klareres Verständnis von Seiner Stimme in Visionen und direkten Worten der Erkenntnis, der

Weisheit und der Prophetie bekommst, dann kannst du diese Prinzipien weiterhin zu deiner Stärkung, Reifung und deinem Wachstum im Herrn anwenden.

1. Kategorie: Ereignisse, die wirklich eintreffen

Die erste Kategorie von Verführung tritt auf, wenn eine Person von schrecklichen Ereignissen träumt, die dann wirklich eintreffen. Diese fallen normalerweise in die Kategorie von externen Träumen, bei welchen du einem Ereignis von aussen zusiehst und alles sieht sehr nach einem externen prophetischen Traum aus, der sich auf jemand anderen bezieht. Eine typische Situation wäre, wenn du vom Tod von jemandem träumst; wenn du träumst, dass diese Person eine Herzattacke oder einen Herzschlag erleidet; wenn du träumst, dass ein Kind stirbt. Das gehört alles in diese Kategorie.

Ich habe eine gute Bibelstelle gefunden in Jeremia 29,8-9, wo Folgendes steht:

> *„Denn so spricht der HERR der Heerscharen, der Gott Israels: Lasst euch von euren Propheten, die in eurer Mitte sind, und von euren Wahrsagern nicht täuschen! Und hört nicht auf eure Träume, die ihr euch träumen lasst!*
>
> *Denn Lüge weissagen sie euch in meinem Namen; ich habe sie nicht gesandt, spricht der HERR."*

Ich habe schon viele Erfahrungen mit Propheten gemacht, insbesondere mit solchen, die mir Träume mit Ereignissen darin geschickt haben, die dann wirklich eintrafen. Ein solches Ereignis war ein Traum von einem gewissen Kind, das bei einem Autounfall verstümmelt wurde. Die Frau, die den „Traum" hatte, erwachte, nachdem sie geträumt hatte, dass ein Junge von einem Lastwagen getroffen wurde und sie träumte, was von ihm noch übrig blieb. Sie wachte auf und sah weiterhin die Ereignisse in einer Vision ablaufen. Sie sah dann aus ihrem Fenster und „sah" dieses Kind verstümmelt und konnte immer noch die Schreie des Kindes in ihren Ohren hallen hören. Sie beschrieb den Jungen bis auf die Kleider, die er trug. Der Teil, der mir Sorgen bereitete, war derjenige, dass sie gleich am nächsten Tag ins Spital gerufen wurde, weil der Sohn ihrer Schwester in einen ernsthaften Unfall verwickelt worden war. Als sie hinging, um das Kind zu sehen, trug er die gleiche Kleidung, die sie auch in ihrem Traum an dem Jungen gesehen hatte. Das Kind starb.

Nun, ich denke, du brauchst nicht einmal die Gabe der Geisterunterscheidung zu haben und dir stehen alle Haare zu Berg und du weisst, dass dies nicht vom Herrn ist.

Wahrsagerei

Solche Träume und Offenbarungen sind in der Bibel als „Wahrsagerei" bekannt. Wenn du das Wort Wahrsagerei im Hebräischen anschaust, dann wirst du sehen, dass die Worte, die damit in Zusammenhang gebracht werden, „vorhersagen und voraussagen" sind. Keines der beiden kommt vom Geist Gottes. Gott sagt nichts durch Wahrsagerei vorher. Er deklariert Seinen Willen Seinen Propheten und Seinem Volk, damit diese Sein Wort auf der Erde aussprechen können und sich Sein Wille so im Natürlichen manifestiert. Der Herr ist nicht im Wahrsagegeschäft für deine Neugier und dein generelles Interesse. Er ist nicht im Geschäft des Voraussagens um der Selbstverherrlichung und des finanziellen Gewinns willen. So arbeitet der Herr nicht. Leider ist dies aber heutzutage sehr geläufig, wenn Menschen anfangen in den Gaben des Geistes zu fliessen.

Wir haben viele Bewerbungen erhalten, seit wir unsere AMI-Prophetenschule gegründet haben, in denen der Bewerber sehr klar zum Ausdruck bringt: „Ich bin ein Prophet, weil ich von Dingen träume, bevor sie passieren. Ich habe diese Gabe von Gott erhalten, denn schon bevor ich gläubig war, habe ich Offenbarung und persönliche Informationen über Menschen empfangen. Ich weiss, was mit ihnen passiert, bevor es passiert. Ich habe davon geträumt, dass mein Bruder stirbt, meine Tante stirbt, mein bester Freund stirbt. Ich habe davon geträumt, bevor sie starben."

Diese Offenbarung ist NICHT vom Geist Gottes. Wenn du diese Art von Offenbarung erhältst, dann möchte ich, dass du gerade jetzt weisst, dass das ein Geist der Wahrsagerei ist. Es ist ein Geist der Zauberei, der von Satan kommt und du hast dem Feind irgendwo einen Halt in deinem Leben gegeben, dass er hereinkommen und dich verführen konnte, indem er in der Gestalt einer Offenbarung des Herrn daherkam.

Der Herr hebt nie den Tod oder Angst, Zweifel und Verdammnis hervor. Dies sind alles Elemente, die die

Wahrsagerei hervorhebt. Du musst das ganz klar sehen, insbesondere wenn du diese Methode benutzt, um Träume von anderen auszulegen. Wenn jemand zu dir kommt und sagt: „Diese Träume sind wirklich eingetroffen", insbesondere wenn die Träume negativ sind oder von Tod und negativen Umständen handeln und dann passieren, dann musst du sehr vorsichtig sein. Denn so arbeitet der Herr nicht. Er arbeitet nicht mit Wahrsagerei und Vohersagung. Er wirkt durch den Aufbau der Heiligen in Glauben, Hoffnung und Liebe. Er führt Sein Volk an einen Ort der Reife und in eine Beziehung mit Ihm.

Ein gutes Beispiel für Wahrsagerei im Wort findest du in der Apostelgeschichte 16,16, wo diese Frau mit dem Geist der Wahrsagerei Paulus nachlief. In diesem Geist deklarierte sie: „Das sind Diener des Herrn. Folgt ihnen und sie werden euch einen Weg zum Königreich des Himmels zeigen." Es klang so, als ob sie die Wahrheit sagen würde, nicht wahr? Ich war immer frustriert, wenn ich diese Bibelstelle gelesen habe, denn ich dachte: „Wie kann diese Frau eine falsche Prophetin gewesen sein, wenn sie eigentlich die Wahrheit sagte? Sie waren ja wirklich Diener des höchsten Gottes. Sagte sie das nicht?"

Aber wenn du zwischen den Zeilen liest, dann sagte sie: „Sie proklamieren einen Weg zum Königreich der Himmel." In all dieser Wahrheit, war also ein Wort, das den Schwerpunkt der Menschen von dem einen wahren Gott wegführte. Du kennst die Geschichte, wie Paulus sich umdrehte und diesem Geist der Wahrsagerei im

Namen Jesu befahl, aus ihr herauszukommen. Er verursachte deswegen einen gewaltigen Wirbel in dieser Stadt und wurde dann sogar noch festgenommen.

Aber du siehst, wie Verführung daherkommt. Satan kommt als ein Engel des Lichts. Es sieht so sehr wie eine Offenbarung des Herrn aus. Es sieht so sehr aus, als ob es die Wahrheit sein könnte. Tatsächlich, wenn du einen Traum hattest, in dem jemand starb und es dann nachher so passierte, ist das nicht schon offensichtlich genug, dass das vom Herrn sein muss? Genau wie diese Frau sagte: „Sie sind Diener des höchsten Gottes". Sagte sie nicht die Wahrheit?

Satan kommt als ein Engel des Lichts daher und du musst eine Beziehung zum Herrn Jesus haben, durch die du wahrnehmen kannst, was vom Licht und was von der Dunkelheit kommt. Nur jemand, der zum prophetischen Dienst berufen ist, kann im Amt eines Propheten stehen und das Wort des Herrn für die Zukunft deklarieren. Nur ein reifer Prophet ist dazu berufen, aufzustehen und dieses Wort für die Zukunft auszusprechen. Der Herr wird es dir nicht offenbaren, wenn du nicht in diesem Amt stehst. Wenn du dich nicht einmal in den prophetischen Dienst hineinbewegt hast und diese komischen und schrecklichen Träume von Dingen hast, die wirklich passieren, dann würde ich mich, wenn ich dich wäre, hinsetzen und aufmerken, denn das kommt nicht vom Geist Gottes.

2. Kategorie: Falsche Offenbarung

Die nächste Form von Verführung kommt als falsche Offenbarung daher. Dies ist ein bisschen anders als Wahrsagerei, denn hier ist die Offenbarung offensichtlich falsch. Es ist ganz einfach eine Lüge, eine Verführung, eine Anklage, die in den Verstand des Empfängers gesetzt wird. Es ist aber auch möglich einen Traum zu haben, von dem die Auslegung total daneben und falsch ist.

Ein gutes Beispiel dafür sehen wir in Sacharia 10,2:

> *„Denn die Hausgötzen haben Trügerisches geredet, und die Wahrsager haben Lüge geschaut; und sie erzählen nichtige Träume, trösten mit Dunst. Darum mußten sie fortziehen wie Schafe, die elend sind, weil kein Hirte da ist."*

Falsche Auslegung zerstreut die Herde. Sie bringt Verwirrung, Zweifel und Entmutigung in die Herzen der Zuhörer. Sie gibt ihnen keine klare Richtung an, der sie folgen können. Die Menschen werden auf den falschen Pfad geleitet. Wenn du zum Herrn kommst und Offenbarung als klare Richtungsweisung über einen Traum oder eine Vision möchtest, dann schaue immer zuerst dich selbst an. Sieh zuerst, ob du die Offenbarung bei dir selbst anwenden kannst, bevor du aufstehst und proklamierst, dass sie für alle anderen ist. Du bist immer noch auf sicherem Boden, wenn du dich selbst anschaust und sagst: „Hat das mit mir zu tun?" Aber wenn du anfängst es über anderen auszusprechen und es ist nicht von Gott, dann findest du dich in einer

Situation wieder, in der das Wort, das du ausgesprochen hast, nicht eintrifft. Es ist eine Verführung und du wirst Menschen in die Irre führen.

Menschen denken, weil der Herr ihnen die Gabe gegeben hat, Seine Offenbarung auszusprechen, könnten sie einfach aufstehen und diese deklarieren, ohne dass sie einen Moment abwarten, um zu prüfen, ob diese Offenbarung vielleicht mit dem Wort und dem Geist Gottes übereinstimmt. Stelle immer sicher, dass alles, was du im Geist empfängst, mit dem Wort des Herrn und Seinem Geist übereinstimmt. Denn der Herr Jesus wird sich selbst nicht widersprechen. Während wir weiterfahren, werde ich dir einige klare Zeichen zeigen, auf die du bei Träumen achten musst. Diese werden dir aufzeigen, ob eine Offenbarung falsch und eine Verführung ist.

3. Kategorie: Offenbarung falsch auslegen

Die dritte Art von Verführung, liegt in der falschen Auslegung von Träumen und Visionen. Falsche Auslegung bedeutet, dass der Herr dir eine Offenbarung gibt, die wirklich eine echte Offenbarung des Heiligen Geistes ist. Aber diese Offenbarung wird dann falsch ausgelegt. Vielleicht hat der Herr wirklich gesprochen und dich berührt, vielleicht hat Er dir ein Symbol gezeigt, ein Bild, eine Situation, über die du nachsinnen sollst, die eine wahre Offenbarung ist. Folgendes geschieht jedoch: Die Person, um die es geht, nimmt diese Offenbarung und verdreht sie, damit sie in ihr Verständnis und ihre logische Auffassung des menschlichen Verstandes hineinpasst. Wenn du anfängst dich mit der Offenbarung, die der Herr dir gegeben hat, anzulegen und deine eigene Logik und das Allgemeinwissen der Welt anzuwenden, dann wirst du Schwierigkeiten bekommen.

Der grösste Fehler, den ich in diesem Bereich gesehen habe, ist, wenn eine Person einen Traum bekommt, der ganz klar intern ist und sie ihn extern auslegt. Denn wenn sie die Auslegung des Traumes anschaut, dann denkt sie: „Das kann unmöglich für mich sein. Dieses Wort kann unmöglich bedeuten, dass ich mich ausserhalb der Ordnung Gottes befinde. Dieses Wort muss für die Gemeinde sein." Also steht diese Person auf und proklamiert diesen gewaltigen Traum, der ganz klar für sie selbst ist und wendet ihn auf den Leib Christi oder ihre Gemeinde an. Sie gebraucht die Auslegung dabei als eine Rute.

Du musst gut unterscheiden. Wenn du der Hauptdarsteller im Traum bist, dann ist er intern. Nimm keinen internen Traum und lege ihn extern aus, nur um die Begierden deines eigenen Herzens und Fleisches zu stillen und zu sagen: „So spricht der Herr ..." Du solltest besonders vorsichtig sein, wenn du das erste Mal in Offenbarung fliesst und erst gerade angefangen hast Offenbarung aus deinem Geist zu empfangen. Dies ist eine sehr klare Richtlinie, der du folgen solltest.

Ich erinnere mich an ein Ereignis, als ein Traum oder eine Auslegung an uns geschickt wurde und die Person, die es betraf, hatte ihre externe „grossartige" Auslegung dazu gegeben. Nun, diese Person war sehr gegen die Erweckungsbewegung. Sie war nicht gerade im Einverständnis mit Manifestationen und der Konzentration und dem Rummel, der um die ganze Erweckungsbewegung gemacht wurde und der überall in verschiedenen Nationen stattfand.

Also nahm sie diesen Traum, der ziemlich klar intern war, und legte ihn extern aus. In ihrem Traum kam sie zu einer Bar und da sass eine Person, die das Wort Gottes las. Die klare, interne Auslegung davon war, dass der Geist Gottes ihr sagen wollte: „Du musst von meiner Freude und meinem Geist empfangen." Der Traum hatte eine positive Bedeutung. Der Herr sagte: „Du musst in diese Erweckungssalbung eintauchen. Du musst dorthin gehen, wo mein Geist fliesst, damit du davon schmecken kannst und siehst, wie gut es ist; damit du Freude in deinem Herzen bekommst und auf die nächste Stufe in deinem Dienst gelangst."

Aber weil sie in ihrem Kopf voreingenommene Ideen hatte, Dinge, gegen die sie sich stellte, legte sie den Traum so aus, dass die Gemeinde dieser Erweckung hinterherrennt, als ob es eine weltliche Sache wäre; als ob dies etwas Sündhaftes wäre und die Gemeinde nach den Gelüsten des Fleisches Ausschau halten würde. Sie legte den Traum total extern aus und gebrauchte die Auslegung als Rute gegen die Erweckungsbewegung, gegen die sie sich stellte.

Nimm nie die Offenbarungen, die der Herr dir gibt, und füge deine eigenen, dogmatischen Ideen und voreingenommen Meinungen hinzu, ohne sie zuerst am Wort Gottes und dem Zeugnis des Heiligen Geistes gemessen zu haben. Bleibe belehrbar. Behalte dein Herz offen, damit der Heilige Geist dich verändern kann. Denn solange dein Herz Ihm gegenüber in Reue und Demut offen bleibt, wird Er nicht aufhören, Seinen Geist auf dich auszugiessen dich zu ermutigen und dich in die Richtung zu lenken, die Er für dich hat.

Es heisst im Jeremia 23,36:

> *„Aber das Wort "Last des HERRN" sollt ihr nicht mehr erwähnen, denn die Last wird für jeden sein [eigenes] Wort sein. Denn ihr verdreht die Worte des lebendigen Gottes, des HERRN der Heerscharen, unseres Gottes."*

Nimm nicht die Worte, die der Herr dir gegeben hat, und verdrehe sie mit deinen eigenen Worten und dogmatischen Ideen und Doktrinen.

Kapitel 10

Die Zeichen von Verführung

Denn wir sollen nicht mehr Unmündige sein, hin- und hergeworfen und umhergetrieben von jedem Wind der Lehre durch die Betrügerei der Menschen, durch ihre Verschlagenheit zu listig ersonnenem Irrtum.

~ Epheser 4,14

Kapitel 10 – Die Zeichen von Verführung

Es gibt sehr klare Zeichen der Verführung und du kannst sie abhaken, wenn du das „Arbeitsbuch – Der Weg der Träume und Visionen" hast. Schreibe jeden Traum, den du bekommst, und jede Auslegung, die du gibst, auf und vergleiche sie mit diesen Punkten. Wenn irgendeiner der folgenden Punkte darauf zutrifft, dann will ich, dass du sehr vorsichtig bist mit diesem Traum, denn es ist sehr wohl möglich, dass er nicht vom Geist Gottes kommt, sondern vom Feind, um dich zu entmutigen und dich in die Irre zu führen.

Gegen das Wort

Das erste Zeichen, dass ein Traum und eine Offenbarung nicht vom Herrn sind, ist, wenn sie nicht mit dem Wort Gottes übereinstimmt. Das ist ziemlich klar. Alles, was gegen das Wort Gottes und das Evangelium unseres Zeugnisses geht oder das die Aufmerksamkeit der Menschen vom Herrn wegnimmt, ist nicht vom Geist Gottes. Jeremia wurde damals ein Wort an die Propheten gegeben, in dem er sagte: „Ihr dreht die Augen der Menschen vom lebendigen Gott weg zu den Dingen, die ihr möchtet, dass sie sie sehen und glauben. Ihr macht, dass sie euch und Menschen nachfolgen, anstatt dem Herrn."

Die Zeichen von Verführung

Sei sehr vorsichtig bei allem, das deine Aufmerksamkeit vom Herrn und Seinem Werk abwendet, denn das Wort sagt: „Ich werde alle Menschen zu mir ziehen", nicht sie wegjagen.

Uns wurde einmal eine Offenbarung gesandt, in der die betroffene Person sich selbst in einer Vision sah. Sie war angebunden und musste in der Sonne hart arbeiten. Sie musste hart arbeiten und wurde dazu gezwungen. Es kostete sie beinahe das Leben und ihre Muskeln schmerzten. Die Auslegung, die zusammen mit dieser Vision gegeben wurde, erstaunte mich sehr. Sie besagte, dass der Herr diese Person für eine gewisse Zeit in Gefangenschaft brachte, zum Wohl und guten Zweck für sie. Die Auslegung war, dass der Herr diese Person für ihr Wohl gefangenlegen musste, damit sie vom Herrn gebraucht werden konnte. Obwohl die Arbeit, die sie verrichtete, sie beinahe umbrachte, so war das doch der Wohlgefallen des Herrn!

Du brauchst nur ein bisschen durch das Wort Gottes zu blättern, um herauszufinden, dass der Herr derjenige ist, der uns von den Ketten befreit – und uns nicht mit ihnen bindet! Das Wort sagt, dass Sein Joch leicht und Seine Last sanft ist. Er arbeitet uns nicht zu Tode! Wenn diese Person sich einfach die Zeit dazu genommen hätte, ihre Auslegung am Wort Gottes zu messen, dann hätte sie gesehen, wie sie durch die falsche Auslegung in Verführung geraten war.

Angst

Ein sehr grosser Hinweis ist alles, was Angst produziert. Jeder Traum, bei dem du aufwachst und Angst dein Herz unkontrollierbar ergreift, ist nicht vom Geist Gottes. Wieso? Weil der Geist Gottes Liebe ist. Gott ist Liebe und das Gegenteil davon ist Angst. Wie weiss ich das? Weil die Bibel sagt, dass „die perfekte Liebe alle Angst austreibt." Jeder Traum, der den Geschmack von Angst mit sich trägt, so dass dir, wenn du aufstehst, immer noch die Haare zu Berge stehen, wie wir in der obigen Bibelstelle von Hiob gelesen haben, kommt nicht vom Geist Gottes. Es ist eine Verführung. Es ist eine Lüge des Feindes und du kannst diesen Traum wegwerfen. Sage Satan, dass er seine Lügen nehmen und verschwinden soll und lehne im Namen Jesu alles gleich ab.

Gott fördert keine Angst. Es gibt so etwas, wie die ehrerbietende Furcht des Herrn. Aber die Art von Angst, von der wir hier reden, ist nicht diese Furcht des Herrn. Diese Angst lässt deine Nackenhaare aufstehen, sie lässt dich erschaudern und wie gelähmt dastehen, sie bringt dich dazu, dass du um dich schaust und siehst, ob jemand bei dir im Zimmer ist. Du kennst die Art von Angst, von der ich hier spreche. Ich bin sicher, dass jeder auf dieser Welt schon zumindest einmal einen Albtraum hatte. Ein Traum, aus dem du aufwachst und dir die Haare zu Berge stehen und du dieses schreckliche Gefühl um dich herum spürst, wie wenn der Raum dich einschliessen würde. Das ist nicht vom Geist Gottes.

Ich habe erlebt, dass Menschen Träume eingeschickt haben und sagten: „Ich habe geträumt, dass meine Mutter gestorben ist. Ich habe geträumt, dass meine Schwester einen Autounfall hatte. Ich habe geträumt, dass mein Kind ertrunken ist. Als ich aufwachte, hatte ich solche Angst in mir. Was soll ich tun? Warnt mich der Herr?"

Nein. Der Herr warnt dich nicht! Satan versucht dein Herz, deinen Verstand und deinen Geist mit Angst einzunehmen. Er weiss auch, dass er in dem Moment, in dem du ihm diese Türe der Angst öffnest, Zutritt zu deinem Leben gibst. Deshalb attackiert er dich mit Angst, denn Angst ist genau das Gegenteil der Natur Gottes. Er weiss, dass er einen Zutritt zu deinem Leben hat, wenn du dein Herz Angst gegenüber öffnest.

Wenn du einen Fluch in deinem Leben hast, wenn du Diebstahl, Streit, Zerstörung und Angst erlebst, dann hat Satan einen Halt in deinem Leben. Neun von zehn Mal, war es Angst, die ihm die Türe geöffnet hat. Wenn du zurückverfolgen kannst, wann dein Herz von Angst ergriffen wurde, wenn dein Herz einen Schlag höher schlug – dann siehst du, dass dies genau der Moment war, in dem du dem Feind die Türe geöffnet hast und er Lizenz bekommen hat, indem du diesen Gedanken auch nur eine Sekunde lang Raum gegeben hast. Schliesse diese Türe wieder und sage Satan, dass er dahin zurückgehen soll, wo er hergekommen ist und dann weihe dich neu dem Herrn. Du willst nichts akzeptieren, das nicht vom Geist Gottes kommt, denn der Geist

Gottes baut auf, bringt Reife, ermutigt und setzt dich auf den richtigen Pfad.

Es gibt Zeiten, in denen Botschaften in deinen Träumen enthalten sind und wenn du diese als interne Träume identifizierst, dann bekommst du ein besseres Verständnis davon, was in deinem Leben vor sich geht. Ich werde dir hier ein Beispiel eines Traumes mit einem Tod darin zeigen, der eine komplett andere Auslegung hatte, als die Person, um die es ging, dachte.

Beispieltraum:

„Meine Tochter rief mich heute an. Sie ist sehr aufgewühlt wegen eines Traumes, den sie letzte Nacht hatte. Sie sagte, der Traum sei sehr einfach und echt gewesen. Ihr Bruder, der 22 Jahre alt ist und die wilde Seite des Lebens auskostet, kam in diesem Traum vor. Sie sagte, dass sie mit ihm zusammen war und er wurde in den Kopf und in den Bauch geschossen. Sie sagte, dass sie zu ihm hinging und seinen Kopf in ihren Schoss legte. Sein Gesicht sah sehr fahl aus und überall war viel Blut. Er sagte ihr, dass alles in Ordnung sein werde. Sie beobachtete sein Gesicht, das sich veränderte und komplett weiss wurde und dann starb er. Als sie aufwachte, weinte sie zwei Stunden lang unkontrollierbar. Was soll ich meiner Tochter sagen?"

Die Zeichen von Verführung

Meine Auslegung:

Zuerst einmal sage ihr, dass dieser Traum ganz klar ein interner Traum ist und von ihr selbst spricht. Ihr Bruder spricht vom Fleisch in ihrem Traum. Da ist ein Teil ihres Fleisches, das zu Tode gebracht wird. Die Brutalität des Traumes zeigt auf, dass dies eine schmutzige Angelegenheit werden wird.

Tatsächlich wird es wahrscheinlich ein beinbrechendes Erlebnis für sie sein, weil sie eine Richtungsweisung bekommen hat, gegen die sie sich gewehrt hat. Ist sie durch Drucksituationen gegangen und hat sie nicht losgelassen? Wenn das der Fall ist, dann lasse sie wissen, dass es da einen Bereich in ihrem Leben gibt, den der Herr jetzt angeht und dass sie Ihm das abgeben muss. Dieser Traum ist wirklich ein Warntraum – aber für sie, nicht für ihren Bruder!

Der Herr macht es sehr klar, dass sie ein beinbrechendes Erlebnis haben wird, solange sie nicht loslässt und sich dem Kreuz in ihrem Leben hingibt. Es wird dann nicht sehr einfach für sie sein. Lehre sie „schnell zu sterben", o.k.? Ich möchte auch vorschlagen, dass sie jegliche Türen zu der Angst schliesst, die sie wahrscheinlich geöffnet hat, weil sie die Bedeutung dieses Traumes missverstanden hat. Wir wollen auf keinen Fall, dass Satan einen Halt in ihrem Leben hat!

Ich vertraue darauf, dass dies geholfen hat deine Ängste abzubauen und dir Richtungsweisung gegeben hat.

Angstträume versus Warnträume

Wenn der Herr dir einen Warntraum gibt, insbesondere wenn du im prophetischen Dienst bist, dann enthält dieser keine Angst. Tatsächlich wirst du innehalten und dich wundern, ob der Traum vielleicht symbolisch und intern ist. Ich weiss, dass dies der Fall war, als mein Vater einen Traum hatte, dass sein Vater starb. Er wachte ziemlich verwirrt auf, denn er spürte keine Angst und doch konnte er diesem Traum kein Symbol hinzufügen. Er dachte sofort, dass dies ein interner Traum sei und war verwirrt und wunderte sich, was der Traum wohl bedeuten könnte, weil er keine Symbole zu den Charakteren setzen konnte.

Wie sich herausstellte, starb sein Vater eine Weile später, um beim Herrn zu sein. Der Herr gab ihm Einsicht davon, was passieren würde, aber er erwachte nicht mit dieser Angst, die einen ergreift. Er wachte nicht auf mit dieser Angst und der schweren Bedrückung. Kannst du den Unterschied sehen?

Wenn es eine Gabe gibt, für die ich zum Herrn beten würde, dass sie jeder Gläubige haben sollte, dann ist es die Gabe der Geisterunterscheidung. Denn wenn jeder Gläubige wahrnehmen könnte, was vom Herrn und was vom Feind ist, dann würde jeder konstant im Sieg laufen. Niemand würde das, was der Feind ihm vorsetzt, einfach essen. Aber das ist es, was jetzt passiert. Der Feind hat dir eine Platte voll mit Lügen serviert und weil du die Wahrheit nicht kennst und die Wahrheit dich nicht freigemacht hat, hast du davon gegessen und es in dir aufgenommen. Du hast der Lüge erlaubt in dein Herz zu kommen. Sie hat einen Halt in dir bekommen und jetzt wirst du nicht frei davon.

Das Licht wird die Dunkelheit vertreiben und das Schwert des Wortes wird diese Bedrückung zerteilen, die der Feind auf dich gelegt hat. Wenn es das ist, womit du gerade gekämpft hast, Angst, dann möchte ich, dass du innehältst und dir jeden Eingangspunkt anschaust, wo du dem Feind Anrecht gegeben hast. Ich möchte auch, dass du diese Türe schliesst und dem Geist Gottes erlaubst, zu kommen und Seine Liebe, die jede Angst überwindet, zu bringen.

Schuld und Verdammnis

Das nächste Zeichen, dass ein Traum nicht vom Herrn ist, ist Schuld und Verdammnis. Wer ist der Ankläger der Brüder? Das Wort Gottes sagt uns, dass Satan der Ankläger der Brüder ist. Sogar Jesus sagte, dass der Feind keine Anklage in Ihm finden konnte. Es gibt keine Verdammnis in Jesus Christus. Er kam, um zu geben. Er kam, um zu sterben. Er kam, um Sein eigenes Fleisch und Blut für dich zu geben. Wieso sollte Er aufstehen und dich anklagen und dich in den Dreck ziehen?

Es ist wie im Traum von Hiob, den wir zuvor gelesen haben, in dem diese Gestalt auftaucht und sagt: „Wieso denkst du, dass du so speziell bist, wenn Gott nicht einmal Seinen Engeln Gnade gibt und sich nicht um Seine Diener kümmert? Wer denkst du, bist du, dass du zu Gott beten könntest?"

Klingt das bekannt? „Hat Gott gesagt?" Wurde das nicht schon im 1. Mose von einer gewissen Schlange gesagt, die Eva verführte? „Hat Gott gesagt?" Das war das Wort Gottes hinterfragen und Anklage hineinbringen; Anklage gegen das Wort Gottes und gegen dich zu bringen.

Lass mich dir sagen, wenn der Heilige Geist dich überführt, dann wirst du es wissen, denn du wirst auf deine Knie fallen und vor Gott weinen. Du wirst auch sagen: „Herr, ich bin deiner Gnade, deiner Ehre und deiner Barmherzigkeit so unwürdig" und dein Herz wird verändert sein.

„Denn die Betrübnis nach Gottes [Sinn] bewirkt eine nie zu bereuende Buße zum Heil; die Betrübnis der Welt aber bewirkt den Tod."

~ 2. Korinther 7,10

Weltliche Betrübnis bewirkt den Tod. Sie zerstört dich. Sie entmutigt dich und lässt dich im Dreck liegen. Jede Offenbarung, die Tod auf dich bringt, egal ob du sie extern empfängst oder intern aus Träumen oder irgendeiner anderen Gabe der Offenbarung, ist nicht vom Geist Gottes. Denn göttliche Betrübnis produziert Überführung zum Heil, die du nie bereuen wirst! Du musst sie nie bereuen, weil du vor den Herrn kommst mit Seinem Blut und sagst: „Ich bin gereinigt durch Golgatha. Ich bin durch das Lamm gereinigt worden." Du bist gereinigt und Busse kommt in dein Herz. Wenn du das dem Herrn abgibst, dann macht Er dich weiss wie Schnee und du musst nichts bereuen. Da ist Freude und

Jubel, denn dieses Gewand der Schwere, das du so lange getragen hast, wurde dir jetzt abgestreift.

Ein gutes Beispiel dafür im Wort Gottes ist König Abimelech, wie wir bereits im ersten Kapitel zusammen angeschaut haben. Es ging um die Begebenheit, bei der er sich schuldig machte, weil er Sara, Abrahams Frau, in seinen Harem aufnahm. Er fiel auf seine Knie und sagte: „Herr, hilf mir hier, das wollte ich wirklich nicht tun." Er war überführt. Was passierte dann? Der Herr sandte Abraham, um Abimelech und sein Volk zu heilen. Es war eine Busse, die ihn nicht gereute, denn der Herr brachte ihm Seine Heilung. Es war wahre Überführung. Sie bewegte ihn zur Handlung.

Satan der Ankläger

Jede Anklage und Verdammnis, die dich demotiviert und dich zu einem Stillstand bringt, ist nicht vom Geist Gottes. Wenn der Geist Gottes dir Offenbarung gibt, dann wird er dir diese so geben, dass du sie aktiv in deinem Leben anwenden kannst. Wenn du also bis zu dem Punkt demotiviert bist, an dem du in deinem geistlichen Lauf zu einem Stillstand gekommen bist, dann musst du genau da stoppen. Ich möchte auch klarstellen, dass es keine Rolle spielt, ob du gesündigt hast, Satan hat trotzdem kein Recht, dich anzuklagen. Der Herr wird dich richten.

Ich liebe es, die Geschichte von Mose zu lesen, denn weisst du, er machte ein paar schreckliche Fehler. Aber ist dir aufgefallen, dass Gott ihn immer verteidigt hat, selbst wenn Mose falsch lag? Gott hat ihn immer verteidigt, weil er auf der Seite des Herrn stand. Nur weil du wirklich versagt hast in deinem Leben und gesündigt hast, heisst das noch lange nicht, dass Satan ein Recht dazu hat dich anzuklagen und es heisst auch nicht, dass du diese Anklage akzeptieren musst. In dem Moment, in dem dir deine Sünde bewusst wird, gehst du hin und legst sie unter das Blut und das Blut des Lammes wird dich reinigen. Wenn etwas wieder hervorgebracht wird, das du schon einmal zum Kreuz gebracht hast, dann lass es am Kreuz. Du musst diese Last nicht mehr aufnehmen.

Satan kommt oft mit seinen Anklagen. Was er vielleicht tun wird, ist, dir Träume von deiner Sünde und einem vergangenen Ereignis zu geben, in dem du den Herrn oder deine Familie hängengelassen hast und er wird dir diese Situation immer und immer wieder in Erinnerung rufen. Das ist nicht der Geist des Herrn. Das ist Satan, der dazu gesandt ist dich anzuklagen, zu verdammen, dich niederzumachen und dich zu entmutigen. Im Namen Jesu lehnst du das einfach ab und sagst dem Ankläger der Brüder, wo er hingehen kann, denn du wirst seinen Lügen nicht mehr länger zuhören.

Zwingend und aufdringlich

Ein weiteres Zeichen dafür, dass ein Traum oder eine Offenbarung eine Verführung ist, ist, dass sie mit Zwang daherkommt. Sie zwingt dich zu etwas und schubst dich in etwas hinein. Der Herr Jesus sagte, dass er der Hirte ist. Seine Schafe kennen Seine Stimme und Er kennt jedes Einzelne von ihnen. Ein Hirte läuft den Schafen voraus und die Schafe kennen und lieben seine Stimme und sie folgen ihm. Der Hirte steht nicht hinter den Schafen und schlägt sie mit einem Stock. Alles, was dich nicht lockt und umwirbt, sondern verdammt und dazu drängt eine Handlung durchzuführen, ist nicht der Geist Gottes.

Jede Offenbarung, die darauf besteht, dass du „jetzt aufstehst und das tun musst" und die dir ihren Willen aufzwingt, ist nicht vom Herrn, denn der Herr Jesus ist ein Gentleman. Er wird dir Seinen Willen nicht aufzwingen und Er wird sich dir nicht aufdrängen. Also ist alles, was deinen Willen übergeht, insbesondere dann, wenn du zuvor bereits ein Wort erhalten hast und das, was du jetzt empfindest, diesem Wort entgegensteht, verdächtig. Sei sehr vorsichtig, bevor du einfach loslegst und auf dieses Wort reagierst. Bei allem, was dich zu sofortiger Handlung zwingt, halte zuerst inne, denn wenn es nicht vom Herrn ist, dann wird dieser Impuls schliesslich wegfallen.

Gottes Geist ist sanft

Wenn es aber der Geist Gottes ist, dann wird Er dich kontinuierlich fein schubsen und dich umwerben und in die richtige Richtung lenken. Wenn du mit einer schlechten Gewohnheit oder sonst irgendwas zu kämpfen hattest, dann wird der Herr nicht laut werden und sagen: „Ich fordere von dir, dass du das jetzt gerade aufgibst! Ich will, dass du sofort damit aufhörst in deinem Leben! Ich fordere von dir ..." Nein. Der Herr wird dich immer in Liebe umwerben. Und wenn du in jemanden verliebt bist, dann gibst du alles hin für diese Person.

Er wird wahrscheinlich sagen: „Weisst du was? Wenn du das tust, das verletzt mich wirklich. Weisst du was? Es würde mich so segnen und ermutigen, wenn du diese Sache für mich aufgeben würdest."

Das ist die Stimme von unserem Retter. Das ist die Stimme des Heiligen Geistes. Er wird mit einer Taube verglichen. Seit wann fliegt eine Taube auf den Kopf von jemandem und pickt ihn zu Tode? Eine Taube ist sanft und wenn du zu grob mit ihr umgehst, dann fliegt sie davon. Der Heilige Geist ist eine Taube und Er wird dich zur Handlung umwerben. Er wird nicht von dir fordern und dir etwas aufzwingen, insistieren und an dir herumpicken und picken und picken. So arbeitet der Herr nicht und das ist nicht der Geist, in dem Er wirkt. Das sind also die verschiedenen Punkte, nach denen du betreffend Verführung Ausschau halten solltest.

KAPITEL 11

Eine Attacke Satans in Träumen

Keiner Waffe, die gegen dich geschmiedet wird, soll es gelingen; und jede Zunge, die vor Gericht gegen dich aufsteht, wirst du schuldig sprechen. Das ist das Erbteil der Knechte des HERRN und ihre Gerechtigkeit von mir her, spricht der HERR.

~ Jesaja 54,17

Kapitel 11 – Eine Attacke Satans in Träumen

Ich möchte jetzt fortfahren und im Speziellen mit dir anschauen, wie Satan uns in unseren Träumen attackiert. Diese Art von Träumen hat überhaupt keine Auslegung. Sie sind eine klare Attacke des Feindes in deinem Schlaf. Sie sind einfach nur Albträume, in welchen Dämonen in deinen Träumen vorkommen; in denen du mit Dämonen kämpfst und Dämonen dich bekämpfen oder du stirbst, du ertrinkst oder so etwas Ähnliches. Das sind die Art von Träumen, bei denen du aufwachst und dir die Haare zu Berge stehen und du diese unangenehme Präsenz in deinem Raum spürst; diese bekannte Präsenz von Angst. Du weisst, dass Satan dich in deinem Schlaf attackiert hat.

Ich lehre im Buch *Prophetic Warrior* und in der Botschaft *Stain of Sin - Overcoming Curses* darüber, wie du die Angriffe des Feindes überwinden kannst. Ich schlage dir vor, dass du dir diese Materialien anhörst oder liest. Dies ist ein fundamentales Prinzip davon, was wir in unseren Lehren weitergeben. Satan hat wirklich überhaupt kein Anrecht an dir, denn du stehst unter dem Schutz des Blutes Christi. Er findet keinen Halt an dir. Satan kann nicht einfach jederzeit, wenn es ihm passt, zu dir kommen und auf dir herumhacken. So funktioniert das nicht. Wenn Satan diese Lizenz hätte, dann hätte er schon lange jeden Gläubigen ausgelöscht. Aber das kann er nicht, denn er kommt mit dem Blut in Berührung und dann fängt er an zu zittern.

Nein, du hast ihm Lizenz gegeben, wenn Satan dich attackiert. Wenn der Feind dich in deinem Schlaf attackiert, dann hast du eine offene Türe in deinem Leben und du sagst ihm: „Hier Teufel, bitte komm nur herein. Möchtest du gerne Platz nehmen? Tee, Kaffee, Saft?" Er hat Zugang erhalten. Wenn er dich direkt in deinem Schlaf attackiert hat, dann bist du kein Opfer, du hast ihn eingeladen. Du musst herausfinden, wie du ihn eingeladen hast und deshalb möchte ich dich ermutigen, dir dieses Kapitel anzuhören oder es zu lesen. Denn es geht zu lange, wenn ich hier nochmals alles im Detail anschauen müsste. Ich werde nur ein paar einzelne Punkte anschauen.

Verunreinigte Objekte

Es könnte sein, dass du etwas, vielleicht ein verunreinigtes Objekt, in dein Zuhause gebracht hast, genau wie Achan in den Tagen Josuas, als sie Jericho einnahmen und er diese Objekte in die Zelte Israels brachte. Danach wurde Israel plötzlich von seinen Feinden geschlagen. Sie schrien zum Herrn und sagten: „Herr, wieso?" und der Herr zeigte ihnen, dass sie verfluchte Objekte in ihr Lager gebracht hatten und das gab Satan Anrecht sie zu schlagen. Genauso kann es sein, dass du ein Objekt in dein Zuhause gebracht hast, das dem Feind eine Türe geöffnet hat.

Ein Beispiel dafür ist dieses Paar, das zu mir kam und deren Kind kontinuierlich Albträume hatte. Sie hatten mit dem Mädchen gebetet und sich eins gemacht mit ihr, aber nichts von dem, was sie taten, stoppte diese Albträume, bis sie jemanden baten mit ihnen zu beten. Sie sahen über dem Bett des Kindes eine Art Mobile an der Decke hängen. Die Person, die mit ihnen betete, wurde von diesem Mobile wie angezogen.

Sie fragte die Eltern: „Woher habt ihr das bekommen?"

Es stellte sich heraus, dass sie dieses Mobile von einem fremden Ehepaar erhalten hatten, die es dem Kind als Geschenk gegeben hatten. Wenn ich mich richtig erinnere, dann war es ein chinesisches Mobile. Aber der Punkt war, dass es verunreinigt war. Es war satanisch über ihm gebetet worden und die Eltern hatten jetzt dieses Objekt in das Zimmer ihres Kindes gebracht und es über sein Bett gehängt. Das arme Kind konnte nun nicht mehr schlafen. Das war der Grund für die kontinuierlichen Albträume des Mädchens. Natürlich hatte es dauernd Albträume! Sie hatten Satan direkt in ihr Kinderzimmer eingeladen und ihn über sein Bett gehängt! Sie beteten über dem Mobile und weihten es dem Herrn und die Albträume hörten auf.

Ich hatte sogar Erlebnisse mit meinen eigenen Kindern, bei welchen ich Dinge in ihr Zimmer brachte, manchmal Geschenke von anderen Leuten, manchmal sogar Heftchen oder Zeitschriften, die nicht den Geist Gottes auf sich hatten. Wenn ich solche Dinge in ihr Zimmer brachte, dann merkte ich, wie die Kinder einen unruhigen Geist bekamen und mitten in der Nacht zu uns kamen, weil sie Albträume hatten. Als ich mich dann umsah, wieso Satan einen Halt an ihnen hatte, dann war es meistens deshalb, weil irgendetwas, oft ein verunreinigtes Objekt, im Zimmer, ihm Lizenz gegeben hatte.

Durch Menschen

Verunreinigung und Lizenz geben kann auch durch Assoziation mit anderen Menschen geschehen, die nicht im Segen des Herrn laufen. Sie tragen einen Fluch mit sich herum. Vielleicht sind sie ins Okkulte involviert. Vielleicht sind es auch Gläubige, die sich mit Dingen eingelassen haben, mit denen sie sich nicht hätten einlassen sollen und so tragen sie einen Geist der Verführung und Täuschung auf sich. Wenn du mit solch einer Person Kontakt hast, dann verbindet sich dein Geist mit ihrem Geist und du empfängst eine Verunreinigung, die du mit dir nach Hause nimmst. Du öffnest die Türe und lässt Satan geradewegs hinein. In dieser Nacht wirst du immer und immer wieder attackiert werden, während du schläfst.

Ich weiss, wovon ich rede, denn ich habe das schon viele Male erlebt, wenn ich in Kontakt kam mit falschen Propheten und eine Konfrontation mit ihnen hatte. Wenn ich sehr verantwortungslos vergessen habe, die Verbindung im Geist zu trennen, dann konnte ich in diesen Nächten nicht schlafen, weil mich Albträume verfolgten. In dem Moment, in dem ich meine Augen schliesse, nutzt Satan die Möglichkeit aus und attackiert mich in meinem Schlaf. Der Feind ist solch ein Feigling. Alles, was ich tun muss, wenn ich aufwache, ist einfach die Verbindung im Geist zu trennen und dann sage ich Satan, dass er verschwinden soll. Es ist wirklich so einfach.

Die Flüche können auch durch die Generationen oder durch Assoziationen weitergegeben werden. Wie ich schon gesagt habe, werde ich hier nicht im Detail darüber reden. Aber wenn du kontinuierlich in deinem Schlaf von Dämonen attackiert wirst, hat Satan einen Zugang in deinem Leben. Es wurde ihm Lizenz gegeben.

Ich empfehle dir, dass du dich in deinem Zimmer umschaust und siehst, was du Neues hereingebracht hast und den Geist des Herrn bittest, dass Er dir deine Augen öffnet, damit du erkennst, wo Satan diesen Halt in deinem Leben bekommen hat.

Praktisches

Zusammenfassend möchte ich gerne, dass du die Träume, die du dir aufgeschrieben hast, nimmst und ich werde jetzt mit dir zusammen, Schritt für Schritt durch deinen Traum gehen und dir dabei helfen, zu identifizieren, ob dieser Traum eine Verführung ist oder nicht. Dann werde ich dir zeigen, wie du identifizieren kannst, ob es sich bei deinem Traum um einen internen Traum, einen Heilungstraum, Reinigungstraum oder einen Abfalltraum handelt. Dies ist der praktische Teil des Kapitels, also kannst du jetzt dein Arbeitsbuch, Stift und Papier hervornehmen und die Punkte abhaken oder herausstreichen, die ich hier aufführe.

Verführungsträume

Zuerst einmal möchte ich, dass du einen Traum als nicht vom Herrn erachtest, wenn er irgendeinen der folgenden Punkte aufweist:

- ✓ Erstens vergiss den Traum, wenn du mit einem Geist der Angst aufwachst, der dich attackiert. Wenn du dich in deinem Zimmer wie eingesperrt fühlst, wenn du wie gelähmt daliegst. Du kannst sicher sein, dieser Traum ist nicht von Gott.

- ✓ Wenn du dich verdammt fühlst, wenn du nicht sofort mit wahrer Überführung bewegt bist und vor dem Herrn weinst und Ihm dieses Problem abgibst, sondern wenn du dich stattdessen einmal mehr in eine Art Lähmung und Depression versetzt fühlst. Das war nicht der Geist Gottes, der dir diesen Traum gegeben hat. Lehne diese Offenbarung ab.

- ✓ Wenn du aufwachst und dich angeklagt fühlst und immer und immer wieder Lügen in deinem Kopf aufkommen, wie zum Beispiel: „Hast du gewusst, dass du das getan hast? Und dann hast du auch noch das getan? Und dann hast du das getan? Und dann hast du diese Person angelogen und die andere Person schlecht behandelt. Du hast diese Sünde begangen und jene Sünde getan." Das ist nicht vom Herrn. Der Geist Gottes bringt Überführung, die dich zur Busse führt und zur Handlung motiviert. Du wirst dabei nicht entmutigt und gelähmt.

- ✓ Wenn du dich stark dazu gezwungen fühlst, sofort auf den Traum zu reagieren. Dieser Traum ist nicht vom Herrn, denn der Geist Gottes drängt nicht. Du fühlst dich so, als ob du von hinten gestossen würdest, von aussen, wie wenn ein Druck auf dich kommt und du das Richtige „machen" musst. Wenn etwas in deinem Traum sagt: „Steh auf und tue das jetzt. Handle jetzt, jetzt, jetzt!" Das ist nicht der Herr und ich würde diese Offenbarung jemandem erzählen, der ein bisschen mehr Erfahrung in der Traumauslegung hat, damit er dir den Geist auf dem Traum bestätigen kann, wenn du dich noch nicht selbst fähig dazu fühlst.

Jetzt hast du herausgefunden, ob der Traum eine Verführung ist oder nicht. Wenn es eine Verführung ist, dann lehne ihn vollständig ab, wirf ihn weg und sage Satan, dass er seine Lügen nehmen und verschwinden soll. Wenn du dem Feind gegenüber eine Türe geöffnet hast, dann schliesse sie wieder, aber denke nicht länger über diese Offenbarung nach. Erlaube ihr nicht diesen Samen des Zweifels, der Angst und der Verdammnis in dich zu säen.

Der folgende Traum ist ein Beispiel dafür. Ich möchte gerne, dass du die Punkte bemerkst, die ich soeben angesprochen habe:

Traum: Frau in Schwarz

„In diesem Traum kam eine Frau vor, die von Kopf bis Fuss in Schwarz gekleidet war, inklusive einem schwarzen Schleier, den sie über ihrem Gesicht trug. Jedes Mal, wenn ich mir selbst dabei zuschaute, wie ich mit meinem Ehemann redete, schien er mich nicht hören zu können. Aber sobald diese Frau in Schwarz zu ihm sprach, musste sie ihm nur in die Ohren flüstern und er antwortete gleich, indem er mit dem Finger auf mich zeigte.

Als Nächstes im Traum befand ich mich in einem Gerichtssaal neben meinem Ehemann. Ich stand vor einem Richter. Dieselbe Frau in Schwarz stand auf der anderen Seite des Richters. Der Richter tat mir kund, dass sie zu einer Übereinstimmung betreffend unsere drei Söhne gekommen seien und dass sie zu meinem Ehemann gehen würden. Mein Ehemann sprach nur, wenn diese Frau in Schwarz ihm in die Ohren flüsterte. Wieder war es so, dass der Richter mich nicht zu hören schien, wenn ich sprach. Und das sagte der Richter zu mir: ‚Du kannst deine Kinder alle vier Tage sehen und jedes vierte Wochenende.' Ich erinnere mich, wie ich einfach nur weinte und weinte. Wir liefen aus dem Gerichtssaal hinaus, während diese Frau in Schwarz weiter an der Seite meines Ehemannes lief.

Plötzlich war ich ausserhalb des Traumes und sah mir selbst zu. Ich war in unserer Stube und sass meiner

Mutter auf dem Sofa gegenüber. Sie fragte mich, wie das passieren konnte, dass mein Ehemann die Kinder bekommen hatte. Dann wiederholte meine Mutter genau den gleichen Satz, den der Richter bereits zu mir gesagt hatte: ‚Vier Tage und jedes vierte Wochenende.' Dann sah ich mir im Traum dabei zu, wie ich zwei Gläser und eine Flasche Wein nahm. Ich platzierte die Flasche neben meinen Füssen am Boden. Genau als ich das tat, kam mein Ehemann ins Zimmer gestürzt mit der gleichen Frau in Schwarz an seiner Seite. Er schrie mich an: ‚Ja, das ist es! Du bist eine Alkoholikerin. Das ist es genau, das bist du.' Dann wachte ich auf ...

In Wirklichkeit bin ich keine Alkoholikerin und bin es auch nie gewesen. Es ist allseits bekannt, dass ich meine Kinder leidenschaftlich liebe. Unsere Ehe ist gut und wir sind überhaupt nicht geschieden."

(Beachte: Deine erste Reaktion hier wäre, die Symbole nachzuschauen und zu versuchen diesen Traum auszulegen. Es sieht wie ein normaler, interner Traum aus. Aber wenn du die Prinzipien anwendest, die ich dir vorher weitergegeben habe, dann siehst du die Verführung in diesem Traum. Wenn du versuchen würdest solch einen Traum auszulegen, würde dich das nur tiefer in die Verführung hineinführen. Also beachte, dass der negative Schwerpunkt in diesem Traum nicht mit der realen Beziehung zusammenpasst, die die Frau mit ihrem Ehemann hat.)

Meine Auslegung:

Als ich deinen Traum durchgelesen habe, hat etwas nicht übereingestimmt in meinem Geist. Als ich ihn genauer betrachtete, ist mir dabei etwas aufgefallen, das ich dir gerne weitergeben möchte, damit du es auch siehst. Bitte beachte die folgenden Prinzipien über Verführung, die ich dir hier weitergebe. Ich möchte, dass du selbst sehen kannst, was ich hier wahrgenommen habe.

Ich habe all diese Elemente in deinem Traum wahrgenommen. Es war Angst drin, viel Anklage und ich habe auch ein „Aufzwingen" gespürt. Dieser Traum ist eine falsche Offenbarung vom Feind und ich schlage dir vor, dass du Satan gegenüber jede Türe schliesst, die du ihm geöffnet hast, durch die er Zutritt in deinem Leben erhalten hat. Es gibt keine Auslegung für diesen Traum, er ist eine klare Verführung, also lehne ihn bitte vollständig ab.

Ihre Antwort bestätigte, was ich wahrgenommen hatte.

Antwort:

Gott segne dich und ich danke dir, Colette, für deine schnelle Antwort. Ich wachte auf und spürte eigentlich Folgendes:

Ich fühlte mich wie gelähmt und konnte nicht vorwärtsgehen, was die Dinge des Herrn anbelangt.

Verdammnis und Zweifel über meine Unwürdigkeit machten sich breit und es war einfacher für mich ruhig zu sein. Denn wenn meine Stimme wahrgenommen wird, dann werde ich in Verruf geraten und beschämt werden.

Ja, ich habe den Druck gespürt, mich anzupassen und eine oberflächliche Beziehung mit dem Herrn zu führen.

Gefühle

Wenn du jetzt deinen Traum durchgelesen hast und sicher bist, dass es sich dabei nicht um eine Verführung handelt, dann schreibe als Erstes deine Gefühle auf, die du im Traum hattest. Wie hast du dich gefühlt? Hast du dich siegreich gefühlt? Hast du dich ängstlich gefühlt? Warst du eifersüchtig? Hast du dich stark gefühlt? Hast du dich unsicher gefühlt? Wenn du einmal die Gefühle im Traum wahrgenommen hast, gibt dir das einen klaren Anhaltspunkt, denn dann kennst du den Schwerpunkt. Du weisst jetzt, ob der Schwerpunkt etwas damit zu tun, dass du Heilung brauchst oder ob der Schwerpunkt des Traumes darauf liegt, dass du bereits siegreich bist und dich in etwas Wundervolles, das der Herr für dich hat, hineinbewegst.

Schaue dir die Gefühle deines Traumes an. War es eine Heilung? Bist du aufgewacht, nachdem du mit einer Situation konfrontiert warst, die du dann überwunden hast? Nicht alle negativen Gefühle kennzeichnen einen negativen Traum, also betrachte Träume, in denen Eifersucht und Ärger drin vorkommen, nicht als etwas spezifisch Negatives. Es könnte sein, dass du eine sehr ruhige Person bist und in deinem Traum erhebst du dich in Ärger und reagierst gegen eine Situation. Das könnte sehr wohl der Geist Gottes sein, der dich dazu ermutigt aufzustehen und dich selbst auszudrücken.

Sogar das Wort sagt, dass Gott ein eifersüchtiger Gott ist. Eifersucht ist keine Sünde. Es ist ein natürliches, menschliches Gefühl. Ärger ist keine Sünde, denn das Wort sagt: „Seid wütend, aber sündigt nicht." Ärger ist genauso wie Eifersucht dazu da, dich zu positiver Handlung zu motivieren.

Betrachte also die Gefühle des Traumes nicht als einen notwendigerweise negativen Einfluss, denn der Herr möchte dir vielleicht dadurch eine Botschaft vermitteln und zwar: „Vielleicht brauchst du mehr von diesem Gefühl in deinem Leben." Oder: „Du brauchst weniger von diesem Gefühl in deinem Leben." Oder sogar: „Da führe ich dich hin. Du musst mehr wütend sein. Du musst wütend für mich sein. Du brauchst diesen gerechten Zorn. Du musst eifersüchtig über mein Volk wachen. Ich möchte, dass du eifersüchtig bist für mein Volk!"

Kannst du sehen, wie dir das klare Richtungsweisung gibt, wenn du die Gefühle in deinem Traum identifizierst? Du musst herausfinden, ob sie negativ oder positiv sind. Deine Gefühle werden dir sehr viel Auskunft darüber geben, um was es bei deinem Traum geht. Frage dich selbst: „Als ich aufwachte, habe ich mich da so gefühlt, als ob etwas in meinem Geist nicht in Ordnung wäre? Da gibt es vielleicht etwas Negatives in meinem Leben, das ich angehen muss."

Ich spreche hier nicht von Verdammnis. Ich spreche von diesem tiefen Aufgewühltsein in dir, das sagt: „Ich muss mich diesem Bereich in meinem Leben annehmen." Oder: „Ich bin vom Weg abgekommen, den der Herr für mich hat. Ich muss wieder zurückgehen."

Wenn du davon träumst, dass du in deinem Auto herumfährst und du plötzlich die Strasse verlässt, dann hat dieser Traum eine negative Bedeutung, es könnte heissen: „Du warst auf dem richtigen Weg, aber dann wurdest du abgelenkt. Du musst wieder auf den richtigen Weg zurückkommen." Oder vielleicht hast du geträumt, dass du mit deinem Auto auf einer Landstrasse gefahren bist und dann plötzlich auf eine Hauptstrasse eingebogen bist. Dieser Traum hat dann eine sehr positive Bedeutung, er sagt: „Du bist vom Weg abgekommen, aber jetzt bist du wieder eingespurt und fährst richtig."

Natürlich beziehe ich mich hier spezifisch auf interne Träume. Finde heraus, ob es etwas Negatives in deinem Leben ist, das angegangen werden muss oder etwas Positives, in das der Herr dich hineinführen möchte.

Welche Art von Traum?

Jetzt finde heraus, ob dein Traum ein Heilungstraum, Reinigungstraum, Abfalltraum oder ein prophetischer Traum ist.

Heilungsträume

Hast du in deinem Traum vielleicht von vergangenen Erlebnissen geträumt, über die du jetzt Sieg hattest? Hast du vielleicht von Charakteren Freunden oder Lehrern, oder vielleicht sogar Gebäuden aus der Vergangenheit geträumt? Gab es da Gerüche, die dir bekannt vorkamen; Farben, die etwas aus der Vergangenheit darstellten? Irgendetwas, das sich vielleicht auf deine Kindheit und Pubertät bezieht, aber im Traum warst du jetzt siegreich.

Vielleicht hattest du eine schlechte Beziehung zu deiner Mutter, aber in deinem Traum umarmt ihr euch und es entsteht ein Band zwischen euch. Das ist ein Heilungstraum. Der Herr nimmt dir die Verletzung und das Leiden weg, das du hattest. Er sagt zu dir: „Ich heile diesen Bereich in deinem Leben. Du brauchst dir darüber keine Sorgen mehr zu machen." Wenn das der Fall ist und du von Umständen träumst, die dir sehr bekannt vorkommen, du aber jetzt einen Sieg darin erfährst, dann ist dieser Traum ein Heilungstraum. In diesem Fall benötigt es keine genaue Auslegung. Der Traum bestätigt einfach das Wirken des Herrn in deinem Leben.

Reinigungsträume

Vielleicht träumst du, dass du einer Verführung nachgibst. Das wäre dann dein Reinigungstraum, in dem du unterbewusst in deinem Verstand all diese Reize herauslässt, die du während des Tages aufgenommen hast. Vielleicht bist du auf deinen Chef wütend geworden und du hättest ihm am liebsten eins geschlagen und in deinem Traum schlägst du ihn jetzt wirklich kräftig. Hierbei handelt es sich einfach um einen Reinigungstraum. Er hat keine andere Auslegung, als dass einfach dein innerer Mensch deine Ängste, Versuchungen und Wünsche in deinem Traum ausdrückt.

Vielleicht träumst du davon, dass du in der Lotterie gewonnen hast oder dass du den Menschen die Hände auflegst und sie einfach unter der Kraft Gottes zu Boden fallen. Das ist nicht unbedingt ein prophetischer Traum. Es kann ganz einfach ein Ausdruck deiner Herzenswünsche sein. Es ist einfach ein Reinigungstraum und dein Unterbewusstsein bringt all diese inneren Wünsche und Konflikte und alles, was du in dir aufgenommen hast, an die Oberfläche.

Viele Menschen haben mir ihre Träume eingeschickt und dabei geschrieben: „Ich stand vor dieser riesigen Menschenmenge und ging durch die Schlange, in welcher die Leute anstanden, damit sie geheilt werden und jede einzelne Person fiel unter der Kraft Gottes zu Boden."

Das ist ein grossartiger Traum und er könnte sogar vom Herrn sein und dir sagen, dass der Herr die Berufung auf deinem Leben bestätigt. Aber es ist nicht unbedingt ein prophetisches Wort, sondern einfach der Ausdruck deines Herzenswunsches. Wenn jemand einen kühnen Wunsch für Evangelisation hat, dann könnte es sein, dass er davon träumt, dass er die Nationen evangelisiert. Das ist nicht unbedingt ein prophetischer Traum. Es kann einfach der innere Wunsch dieser Person sein, der in ihrem Traum zum Ausdruck kommt. So ist es sehr wichtig, dass du die Hintergrundinformationen dieser Person, deren Traum du auslegst, herausfindest, damit du den Traum in den richtigen Kontext bringen kannst.

Abfallträume

Abfallträume sind sehr klar identifizierbar. Es sind die Träume, die wie ein Spielfilm ablaufen. Du sagst dann: „Wenn ich diesen Traum in ein Drehbuch verwandeln könnte, dann wäre dieser Film sicher ein Milliarden-Erfolg geworden." Es sind die Träume, in denen du von Ausserirdischen, Raumschiffen und Filmstars und was es sonst noch so alles gibt träumst. Dieser Traum hat viele verschiedene Szenenwechsel, einen nach dem anderen, mit komplizierten Charakteren darin. Es ist ein sehr komplexer Traum mit vielen Details und Reizen, vielen Gefühle, vielen Veränderungen und viel Aktivität.

Das ist sehr klar ein Abfalltraum. Ich hatte Leute, die mit einem sechsseitigen Traum zu mir kamen und sagten: „Ich habe dir diesen Traum im Detail aufgeschrieben. Was ist seine Auslegung? Der Traum war so klar, er muss eine Auslegung haben."

Solch ein Traum hat eine Veränderung nach der anderen. Sie gingen in die Stadt, dann waren sie wieder zuhause, dann waren sie im unteren Stock und dann plötzlich im Dachstock oben. Dann kam diese Person zu ihnen und sagte das und dann kam die andere Person und sagte: „Nein, was diese Person gesagt hat, stimmt nicht." Dann gingen sie und redeten mit dieser Person und ... vergiss es – das ist ein Abfalltraum.

Der Geist Gottes ist kein Geist der Verwirrung und wenn Er dir eine Offenbarung gibt, dann wird Er Seine Worte nicht auf die Waagschale legen und sich selbst nicht widersprechen. Er wird dir ein sehr klares und einfaches Wort geben. Ein Traum mit vielen Szenenwechseln, der überkompliziert ist und der meistens die ganze Nacht lang anhält, ist einfach dein Verstand, der all diesen Müll, den du von dem Tag an, als du geboren wurdest, in dir aufgenommen hast, wieder herauslässt.

Prophetische Träume

Wie du weisst, gibt es drei Arten von prophetischen Träumen. Warst du in diesem Traum der Hauptdarsteller? Wenn du „ja" sagen kannst, dann hake das ab, dies ist ein interner Traum. Wenn „nein", wenn du am Rand gestanden bist und wie von aussen zugesehen hast, dann war das ein externer prophetischer Traum.

War der Traum sehr einfach? Ein Traum, der vom Heiligen Geist kommt, ist sehr einfach. Es ist auch möglich, dass du drei kurze Träume nacheinander hast. Alle mit der gleichen Botschaft, genau wie in den Tagen Josefs als der Pharao von den sieben Kühen träumte und dann von den sieben Weizenähren. Das waren zwei kurze Träume, mit dem gleichen Schwerpunkt und der gleichen Botschaft. Wenn der Herr dir also wirklich etwas mitteilen möchte, meistens prophetisch, dann wird er dir einige Träume oder Visionen geben, einen nach dem anderen, die alle den gleichen Schwerpunkt haben, die gleichen Gefühle auslösen und manchmal sogar die gleichen Farben aufweisen. Vielleicht fällt dir etwas Spezifisches am Traum auf. Im Falle von Pharao war die Zahl Sieben und das Dünne und das Fette sehr spezifisch in seinen Träumen.

Wenn du also ein paar kurze Träume hintereinander hattest und alle sind klar, dann nimm aus jedem Traum die Symbole heraus, die herausstechend waren und schreibe sie auf. Der interne prophetische Traum ist auch sehr klar, aber er bezieht sich meistens auf deinen Dienst oder auf zukünftige Ereignisse. Er bezieht sich nicht auf deinen momentanen geistlichen Zustand, so wie das der einfache interne Traum tut.

Vielleicht hast du in deinem Traum einen Schlüssel und öffnest damit eine Türe. Der Herr könnte dir damit sehr wohl sagen wollen: „Ich werde dich in das Prophetische hineinführen. Du wirst das, was ich dir gegeben habe, für andere gebrauchen." Das könnte ein interner prophetischer Traum sein.

Vielleicht träumst du von einer Situation, in der du in einer Kirche, einem altmodischen Gebäude bist. Du verlässt den Ort und die Kirche wird hinter dir abgebrannt. Der Herr sagt: „Ich nehme dich aus diesem religiösen Gedankenmuster heraus. Du wirst weiterziehen."

Vielleicht träumst du davon, dass du Särge in den Boden hinunterlässt oder du träumst von toten Körpern. Das könnte sehr gut ein interner Traum oder sogar ein prophetischer Traum sein, durch den der Herr sagt: „Da gibt es einen Teil deines Fleisches, der sterben muss, aber du willst ihn nicht sterben lassen. Lasse los!"

In Kürze schon werden wir zusammen Charaktere und Symbole anschauen und dann wirst du fähig sein, die verschiedenen Teile auseinanderzunehmen und anfangen deine Träume und Visionen Schritt für Schritt auszulegen. Aber zuerst möchte ich, dass du verstehst, wie du die Gefühle identifizieren kannst und dann auch mit welcher Art von Traum du es zu tun hast, bevor du mit der eigentlichen Auslegung der Symbole beginnen kannst. Es bringt nichts, wenn du versuchst einen Traum auszulegen, der gar keine Auslegung hat. Es bringt nichts, wenn du eine dämonische Offenbarung nimmst und sie durch den Geist Gottes auslegen willst. Das funktioniert nicht. Es bringt nichts, wenn du einen Traum auslegen willst, wenn das doch einfach nur dein Verstand war, der Abfall herauslässt, den du hineingelassen hast. Du wirst dich selbst und andere nur verwirren. Du wirst dich aufs tiefe Wasser hinauslassen, denn die Leute werden auch nicht gerade beeindruckt sein.

Externe prophetische Träume

Im externen prophetischen Traum ist es so, dass du wie von aussen zusiehst. Einmal mehr ist dies auch ein sehr klarer Traum. Er ist nicht überkompliziert, aber er tendiert dazu mehr ins Detail zu gehen und die Symbole darin sind sehr klar. Du wirst spezifische Charaktere und Symbole darin sehen und es wird sehr klar sein, was sie repräsentieren.

Er hat eine Zukunftsausrichtung. Der externe prophetische Traum funktioniert wie ein Wort der Weisheit mit einer Zukunftsausrichtung. Eine andere gute Art, wie du einen Traum als extern prophetisch identifizieren kannst ist, dass die Charaktere, die normalerweise in deinen internen Träumen vorkommen, in diesem nicht ausgelegt werden können. Die Symbole sind dir bekannt. Siehst du, der Heilige Geist wird immer etwas aus deinem Geist und Verstand hervorbringen, Symbole, die dir bekannt sind. Wie wir schon zuvor besprochen haben, gebrauchte der Herr im Traum von König Nebukadnezar die Illustration eines Götzen; eine grosse Statue mit einem Kopf aus Gold und so weiter. Der Herr wird Symbole benutzen, die dir von deinen internen Träumen her schon sehr bekannt sind, damit du Seine Botschaft verstehen kannst.

Du wirst von Menschen träumen, die dir bekannt sind. Weil sie dir bekannt sind, kannst du einfach identifizieren, was sie symbolisieren. In einem externen Traum aber sind die Symbole und Charaktere nicht die Üblichen. Es handelt sich dabei vielleicht um Menschen, die du noch nie zuvor getroffen hast und auch um Symbole, die du noch nie zuvor in deinen Träumen hattest. Aber wie ich schon sagte, ist der externe Traum spezifisch auf den prophetischen Dienst ausgerichtet. Wenn du also diese Art von Träumen hast, dann könnte es gut sein, dass der Herr dich in dieses Amt hineinführen möchte.

Im nächsten Kapitel werden wir zusammen Charaktere und Menschen in deinen Träumen anschauen. Wir werden sehen, wie du sie sehen musst, deine Beziehung zu ihnen analysieren kannst und wie du herausfinden kannst, was sie in deinen Träumen bedeuten. So wirst du entdecken, dass diese Menschen oft aus einem bestimmten Grund als Charaktere gebraucht werden, weil der Heilige Geist versucht dir mit ihnen eine Botschaft zu vermitteln. Es wird im nächsten Kapitel sehr spannend für dich werden, wenn du in die praktische Anwendung hineingehst.

Aber für jetzt einmal möchte ich, dass du dieses Kapitel nimmst und es in deinem Leben anwendest. Ich möchte, dass du gegen jede Verführung, die Satan dir angeworfen hat, aufstehst und, dass du sie abschüttelst. Studiere nicht daran herum. Erlaube dir nicht entmutigt zu sein. Geh einfach die offene Türe an und schlage dir den Traum aus dem Kopf. Dann öffne dein Herz dem Geist Gottes gegenüber und sage: „Herr, hier bin ich. Sprich zu mir."

KAPITEL **12**

Symbole in Träumen und Visionen auslegen

13 Davon reden wir auch, nicht in Worten, gelehrt durch menschliche Weisheit, sondern in [Worten], gelehrt durch den Geist, indem wir Geistliches durch Geistliches deuten.

14 Ein natürlicher Mensch aber nimmt nicht an, was des Geistes Gottes ist, denn es ist ihm eine Torheit, und er kann es nicht erkennen, weil es geistlich beurteilt wird.

~ 1. Korinther 2,13-14

Kapitel 12 - Symbole in Träumen und Visionen auslegen

Es braucht Weisheit

Schliesslich kommen wir zum praktischen Kapitel in dieser ganzen Serie „Der Weg der Träume und Visionen". Es ist das Kapitel, auf das du schon die ganze Zeit gewartet hast und von welchem du die ganze Zeit gehofft hast, dass ich endlich dazu käme und jetzt kommen wir dazu! Ich möchte gerne mit einer Bibelstelle anfangen, von der ich glaube, dass sie die Schlüsselbibelstelle für dieses Kapitel „Träume und Visionen durch den Geist Gottes auslegen" sein sollte. Die Bibelstelle ist aus dem 1. Korinther 2,13-14:

> „Davon reden wir auch, nicht in Worten, gelehrt durch menschliche Weisheit, sondern in [Worten], gelehrt durch den Geist, indem wir Geistliches durch Geistliches deuten.
>
> Ein natürlicher Mensch aber nimmt nicht an, was des Geistes Gottes ist, denn es ist ihm eine Torheit, und er kann es nicht erkennen, weil es geistlich beurteilt wird."

Wenn ich jetzt in diesem Kapitel durch einige dieser gängigen Symbole und Charaktere gehe, dann möchte ich, dass du diese Bibelstelle im Kopf behältst, denn ohne die Weisheit und den Geist Gottes wirst du nicht fähig sein, deine Träume oder Visionen korrekt auszulegen. Die Welt hat es versucht. Sie haben „zehn einfache Schritte" herausgegeben, wie du deine Träume und Visionen auslegen kannst.

Der Geist des Herrn ist nicht mit der Weisheit des Menschen zu vergleichen. Deine Auslegung kommt durch Offenbarung und sie kommt übernatürlich. Dies sollte immer deine Motivation sein, wenn du Träume und Visionen auslegst. Was versucht der Herr zu sagen? Was ist die Botschaft aus dem Wort Gottes? Dies sollte immer dein Schwerpunkt sein – dich nach der Weisheit Gottes auszustrecken. Jeder Einzelne von uns muss zum Herrn aufschauen für Offenbarung. Wenn jedes Glied im Leib Christi vom Herrn Offenbarung empfangen würde, dann wäre jeder fähig, den Willen des Herrn in seinem Leben zu erkennen.

Einzigartig für dich

Viele der Dinge, die ich dir hier weitergebe, sind nicht in Stein gemeisselt. Sie sind nicht für jede einzelne Person als Regel festgelegt, denn jede Person ist mit ihren Gefühlen, ihrer Meinung, ihren Templates und der Art und Weise, wie sie erzogen wurde, einzigartig. Also kannst du nicht gewisse Umstände nehmen und diese auch auf das Leben einer anderen Person beziehen, denn sie werden nicht übereinstimmen.

Der Herr hat jeden von uns einzigartig gemacht. Es gibt kein einziges Organ oder kein einziges Glied des Körpers, das absolut identisch wäre mit einem anderen. Sogar deine zwei kleinen Finger sind nicht identisch. Dein eines Ohr ist grösser als das andere. Dein eines Auge ist grösser als das andere. Wenn es darum geht, dass du für dich selbst Offenbarung empfängst, musst du erkennen, dass das, was für deinen Bruder oder deine Schwester funktioniert hat, nicht auch für dich funktionieren muss. Denn der Herr hat eine Botschaft speziell für dich. Während du also die Weisheit des Geistes anzapfst und diese bekannten Symbole siehst, die in deinem persönlichen Leben immer und immer wieder vorkommen, dann wirst du sehen, wie sich vor deinen Augen ein Plan entfaltet. Dann wirst du diesen Plan nehmen und zusammen mit den Offenbarungen anwenden können, die du persönlich vom Geist Gottes empfängst.

Während ich dir hier diese Dinge weitergebe, möchte ich, dass du sie als Symbole und Beispiele ansiehst. Sieh sie als Schatten für etwas an. Ich möchte, dass du die Symbole erkennst, die in deinem eigenen Leben wichtig sind. Ich möchte nicht, dass du jetzt herumläufst und dich anfängst mit anderen zu vergleichen. Ich möchte, dass du dein Leben ansiehst. Ich möchte, dass du herausfindest, wie diese Symbole sich auf dein Leben beziehen; was sie für dich darstellen; was du in ihnen siehst; wie du dich persönlich damit identifizieren kannst. Wenn du dann lernst, diese Symbole in deinem eigenen Leben zu identifizieren, wirst du auch fähig sein, dich anderen zu widmen und ihnen zu helfen, die

Symbole in ihrem Leben zu identifizieren. Aber solange du das nicht für dich selbst erlebt hast und solange du nicht selbst weisst, wie das funktioniert, wirst du auch nicht anderen dabei helfen können, Offenbarung zu empfangen.

Symbole in Visionen

Wir haben in den letzten drei Kapiteln über den Unterschied zwischen interner und externer prophetischer Offenbarung geredet, die wir durch Träume und Visionen empfangen können.

Konstante prophetische Symbole

Nun, wenn wir zu den prophetischen Symbolen kommen, dann ist es sehr einfach für mich, viele Bibelstellen zu präsentieren, um das, was ich zu sagen habe, zu stützen. Denn der Herr wird sich nie selbst verleugnen mit dem, was Er prophetisch zu sagen hat. Er wird immer das Gleiche sagen. Er ist kein Gott der Verwirrung, sondern Er ist ein Gott der Ordnung. Wenn Er prophetisch durch eine Person spricht, dann wird Er durch eine andere Person das Gleiche sagen. Seine Offenbarungen werden alle mit dem Wort übereinstimmen und zusammenpassen, denn das Wort Gottes ist unser Standard. Wir gebrauchen es als eine Richtlinie im geistlichen Bereich. Also bezieht sich im prophetischen Bereich alles auf das Wort Gottes und wir können die Symbole, Schatten und Typen mit dem Wort auslegen.

Interne Symbole verändern sich

Aber wenn es zur internen Offenbarung durch Träume und Visionen kommt, dann verändert sich das, denn wenn wir über interne Offenbarung sprechen, dann reden wir von Offenbarung aus deinem eigenen Geist. Es ist Offenbarung, die aus deinen eigenen Templates des Lebens kommt.

Nun ist es so, dass deine Templates nicht die gleichen sind wie die Templates der Person neben dir. Also wird dein interner Traum ganz und gar im Zusammenhang mit deinen Umständen stehen, wohingegen der Traum der anderen Person im Zusammenhang mit ihren persönlichen Umständen stehen wird. Ja, ihr könnt vielleicht sogar beide die gleichen prophetischen Visionen haben. Aber wenn es zu den internen Träumen und Visionen kommt, dann sind diese nur für dich und für dich allein.

Diese internen Träume basieren immer auf den Templates des Lebens. Weshalb ist das so? Weil die Offenbarung aus deinem Geist in deinen Verstand kommt und sie durch deine Templates widerspiegelt wird. Sie wird durch dein Geschlecht, durch deine Rasse, durch deine Kultur, durch die Lehre, die du aufgenommen hast, und deinen Glauben, durch alles eigentlich, was in dich hineingebaut wurde und was du jetzt glaubst, widerspiegelt. Deine Auslegung wird deinem Moralkodex entsprechend sein und entsprechend der Art, wie du fühlst und auf das Leben reagiert hast. Kannst du jetzt sehen, weshalb die

Auslegung von Träumen und Visionen so verschieden sein kann? Nimm einfach nur ein paar dieser Punkte und einige Menschen und schaue, wie die Auslegung jedes Mal variiert. Nur schon in den verschiedenen Kulturen können sich die Symbole drastisch verändern.

Interne Auslegung

Der erste Teil, den ich jetzt mit dir zusammen anschauen werde, hat mit den Einflüssen von interner Auslegung zu tun. Mit interner Auslegung meine ich, dass sie speziell für dich von deinem Geist kommt. Das ist der Traum, der wie ein Wort der Erkenntnis funktioniert. Mit anderen Worten, er steht im Zusammenhang mit Dingen aus der Vergangenheit und der Gegenwart, die jetzt gerade in deinem Leben passieren oder in der Vergangenheit in deinem Leben passiert sind.

Moralkodex

Interne Auslegungen basieren auf deinen Templates. Sie können auf deinem Moralkodex basieren, auf der Art, wie du erzogen worden bist. Nicht jeder wurde mit demselben Moralkodex erzogen. Was du vielleicht als falsch und richtig gelernt hast, hat jemand anders, als er aufwuchs, vielleicht nicht so gelernt. Die Auslegung steht auch im Zusammenhang mit der Kultur. In einigen Kulturen sind gewisse Dinge in Ordnung, die in anderen Kulturen nicht akzeptiert werden.

Wenn du dich also in einem Traum befindest, in welchem du vielleicht etwas gegen den Moralkodex tust, der in dich gelegt wurde, dann hat dieser Traum eine negative Bedeutung für dich, weil es sich dabei um eine unangenehme Situation für dich handelt. Du befindest dich ausserhalb der Ordnungen, welche gelten. Wenn dir immer gelehrt wurde, dass du dich gut zu benehmen hast, du höflich sein sollst und das zu deinem Lebensstil wurde und du dann in deinem Traum unartig, rebellisch und nicht anständig bist, dann hat das für dich sofort eine negative Bedeutung. Es geht gegen alles, was du bist.

Es gibt andere Menschen auf dieser Welt, die unartig, arrogant und ungezügelt aufgewachsen sind. Ich bin sicher, du könntest mir gleich eine Liste mit Namen geben! Ich selbst könnte dir eine Liste mit Namen von solchen Menschen geben, die keinen Moralkodex in ihrem Leben zu haben scheinen! Wenn nun also solche Leute davon träumen, dass sie unartig sind, dann ist das für sie nichts Aussergewöhnliches. Es ist für sie etwas sehr Normales und entspricht ihrem Standard. Kannst du den Unterschied nur schon im Moralkodex sehen?

Ängste

Dann gibt es noch Ängste. Es gibt gewisse Dinge, die dir als Individuum Angst machen. Wähle irgendetwas aus. Vielleicht hast du Angst vor der Dunkelheit. Vielleicht hast du Angst vor gewissen Tieren, vielleicht Insekten. Vielleicht hast du als Kind ein schlechtes Erlebnis mit Feuer oder etwas Ähnlichem gemacht und so bist du mit dieser Angst aufgewachsen.

Lass uns einmal annehmen, dass du Angst vor Spinnen hast. Wenn du jetzt von diesem Symbol träumst, was denkst du dann, hat diese Spinne für eine Bedeutung für dich? Denk einmal darüber nach. Sie repräsentiert deine Angst! Denn Spinnen sind etwas, das du im realen Leben fürchtest. Wenn du von einer Spinne träumst, dann repräsentiert diese Spinne deine inneren Ängste, die du schon dein ganzes Leben lang mit dir herumträgst. Jeder hat seine eigene Angst. Du musst deine Angst identifizieren. Was auch immer der Fall ist, wenn du von einem Symbol geträumt hast, vor dem du im realen Leben wirklich Angst hast, dann repräsentiert dieses Symbol in deinem Traum einen Geist der Angst.

Beispiel eines Traumes

Eine gute Illustration ist ein Traum, den mir jemand mitgeteilt hat, der Angst vor Spinnen hat. In ihrem Traum hatte sie eine Schachtel voller Spinnen. Sie träumte häufig von Spinnen, denn diese waren ihre grösste Angst. Wenn sie von Spinnen träumte, dann wusste sie, dass ihr Geist sagte: „Das ist deine Angst. Das ist eine Angst, die du konfrontieren musst."

In diesem Traum hatte sie eine Schachtel mit Spinnen. Sie schaute die Schachtel an und beruhigte sich innerlich. Sie konnte damit umgehen. Dann setzte sie die Spinnen auf den Boden und öffnete den Deckel der Schachtel und konnte sie darin sehen. Sie waren ihr zwar nahe, aber sie konnte immer noch damit umgehen. Aber dann plötzlich wurde die Schachtel über den Fussboden geschleudert und die Spinnen fingen an über den Schachtelrand zu klettern. Zuerst konnte sie damit immer noch umgehen, aber dann kam sie plötzlich zu dem Punkt, an dem Panik sie erfasste und sie nicht mehr damit umgehen konnte. Dann wachte sie auf.

Die offensichtliche und direkte Auslegung dieses Traumes ist diese: Es gibt etwas im Leben dieser Person, vor dem sie Angst hat und sie wird dazu gezwungen dieser Angst in die Augen zu sehen. Sie weiss, dass sie sich mit dieser Angst auseinandersetzen muss. Sie weiss, dass dies etwas ist, das sie angehen muss in ihrem Leben und bis zu einem gewissen Punkt ist sie es auch angegangen. Sie hat zunehmend Veränderung erfahren, aber dann passieren plötzlich Dinge und sie fühlt sich überfordert und die Angst wird zu gross und sie verliert die Kontrolle.

In diesem spezifischen Fall wurde diese Person in einen Dienst hineingeführt, zu dem sie sich zu der Zeit nicht fähig fühlte. Sie hatte das Gefühl, dass ihr das Ganze eine Nummer zu gross war und sie hatte Angst zu versagen. Sie liess sich trotzdem darauf ein und hatte auch gute Kontrolle über die Situation. Sie konnte mit der Last umgehen. Die Auslegung zeigt auf, dass obwohl sie diese Aufgabe begann anzugehen, vor der sie ursprünglich Angst gehabt hatte, das Ganze an einen Punkt kam, an dem die Verantwortung sie wieder überwältigte.

Kannst du sehen, wie die Spinnen als Illustration für Angst gebraucht wurden? Siehst du, solch ein Bild muss nicht unbedingt dämonisch sein. Eine Spinne bedeutet für dich nicht das Gleiche wie für jemand anderen in einem internen Traum. Aber in einem externen Traum oder einer Vision hat die Spinne eine ganz andere Auslegung, also möchte ich einmal mehr wiederholen, wie wichtig es ist, dass du den Unterschied zwischen einem internen und einem externen Traum kennst.

Unsicherheiten

Unsicherheiten sind ein wichtiges Template, das oft in deinen Träumen vorkommt. Vielleicht bist du unsicher über dein körperliches Aussehen. Vielleicht bist du unsicher über gewisse Fähigkeiten. Nun, wenn du unsicher bist über die Art, wie du sprichst und du dann einen Traum hast, in dem du aufstehst, um zu sprechen und dich dabei zum Narren machst, dann zeigt dir das auf, dass deine inneren Ängste durch diese Unsicherheit offenbart wurden. Aber vielleicht hast du einen Traum, in dem du aufstehst, um zu sprechen und du bist kühn, selbstsicher und redegewandt und alle nehmen dich gut auf. Plötzlich hat das eine gute Bedeutung in deinem Traum. Es bedeutet etwas Gutes. Es baut dich auf und es ist positiv. Diese Träume kommen oft immer und immer wieder vor.

Leidenschaften und Wünsche

Was, wenn es um Leidenschaft geht? Was, wenn es um Dinge geht, die du dir wirklich wünschst? Vielleicht hast du den Wunsch zu predigen. Vielleicht ist das etwas, das wirklich in dir brennt und es ist ein positives Bild in dir, aber dann träumst du etwas sehr Negatives über das Predigen. Das hat dann für dich eine negative Bedeutung, denn Predigen ist dein Wunsch und deine Leidenschaft. Es ist eine positive Sache.

Vielleicht stehst du vor einer ganzen Versammlung und machst dich lächerlich, wenn du zu predigen versuchst. Vielleicht wirst du angeklagt. Dann ist das ein sehr klarer Hinweis dafür, dass du unter Verdammnis gekommen bist betreffend der Dinge, in denen du gut bist und den Dingen, in denen du dich selbstsicher fühlst und es handelt sich um eine Attacke.

Kannst du sehen, wie deine Templates sehr oft mit den Offenbarungen, die der Herr dir intern gibt, zusammenstossen? Wenn du von deinen inneren Wünschen wie das Predigen, Fliegen, Schauspielern, Singen oder irgendeine andere Fähigkeit, in der du im Natürlichen nicht gut bist, träumst, dann kommen diese auch oft wieder vor.

Beziehungen

Die häufigsten Symbole sind die, welche mit Beziehungen zu tun haben. Das ist ein grosses Thema und du wirst deine Antworten auch in Templates finden.

Deine Mutter

Was hat es auf sich, wenn du von deiner Mutter träumst? Es gibt eine ganze Reihe von Auslegungen dafür. Als Individuum musst du herausfinden, wie deine Beziehung zu deiner Mutter persönlich aussieht. Was deine Mutter für dich bedeutet, bedeutet für jemand anderen nicht dasselbe. Du musst deine Beziehung mit ihr anschauen. Du musst wissen, wie du dich ihr gegenüber fühlst. Sei ehrlich. Versuche nicht, dir selbst etwas vorzumachen und so zu tun, als ob du etwas seist, das du nicht bist. Schaue dir wirklich an, was du für sie empfindest.

Wenn du einen negativen Eindruck von deiner Mutter hast, dann ist sie vielleicht die Art Person, die dir im Weg steht. Vielleicht demütigt sie dich. Vielleicht hat sie dich als Kind missbraucht. In deinen Träumen und Visionen wird sie nichts Positives darstellen. Sie könnte sehr gut das Fleisch repräsentieren; die Dinge, die Satan gebraucht, um dich anzuklagen und dir Stolpersteine in den Weg zu legen, Hindernisse auf deiner Strasse, Dinge, über die du stolperst. Sie ist kein gutes Bild in deinem Leben. Wenn du eine schlechte Beziehung zu deiner Mutter hast, dann ist sie keine gute Figur in deinen Träumen.

Vielleicht hattest du eine gute Beziehung zu deiner Mutter; vielleicht hat sie dich korrekt erzogen und du hast eine gute Verbindung zu ihr; sie hat dir alles gegeben, was sie hatte und du hattest grossen Respekt vor ihr. Wenn du in diesem Fall von deiner Mutter träumst, dann könnte sie ein positives Bild für dich sein. Salomo spricht in den Sprüchen davon, wie du das Gesetz, das die Mutter in dich legt, nicht vergessen sollst.

Vielleicht träumst du, dass deine Mutter dir dabei hilft etwas zu gebären. Sehr oft repräsentiert deine Mutter die Gemeinde; die Dinge, die dich lehren und füttern und Dinge in dir gebären. Aber du musst herausfinden, ob sie ein positives oder ein negatives Bild für dich darstellt. Die Mutter steht nicht immer für das Gleiche, es gibt hier keine Regel. Es hat mit deiner persönlichen Beziehung zu ihr zu tun.

Ein Beispiel eines Traumes, der mir in den Sinn kommt, ist ein Traum, in dem Stefan (nicht sein richtiger Name) träumte, dass seine Mutter ihm das Steuerrad im Auto abgenommen hatte und jetzt selbst fuhr. Sie fuhren mit voller Geschwindigkeit über Strassen und Autobahnen. Es war eine verrückte Fahrt, aber dennoch schienen sie nirgendwohin zu kommen. Nachdem ich Stefan über seine Beziehung zu seiner Mutter befragte, stellte sich heraus, dass er nicht gut auf seine Mutter zu sprechen war. Seine Mutter war die Art Person, die ihn dominierte und versuchte sein Leben zu kontrollieren. Also stellte seine Mutter in seinem Traum sein Fleisch dar.

Dieser Traum hatte eine sehr klare Auslegung: Sein Fleisch kontrollierte seinen Dienst und weil das so war, kam er nirgendwohin! Der Rat an ihn war, sein Herz zu prüfen und zurück zum Willen Gottes zu gehen. Er musste sein Fleisch ans Kreuz bringen und im Willen Gottes laufen. Diese Auslegung wurde bestätigt, als Stefan in seinem geistlichen Leben stehenblieb und realisierte, dass er dem Druck des Lebens erlaubt hatte ihn dahinzubringen, dass er sich wieder auf natürliche

Methoden verliess, um seinen Dienst kontrollieren zu können.

Dein Vater

Wie steht es mit der Vaterfigur? Eine Vaterfigur ist normalerweise das Einfachste, wenn du eine gute Beziehung zu deinem Vater hattest. Eine Vaterfigur repräsentiert aus meiner persönlichen Erfahrung sehr oft den Herrn, unseren himmlischen Vater. Vielleicht siehst du deinen himmlischen Vater gleich, wie du deinen irdischen Vater ansiehst, der dich vielleicht nicht so gut behandelt hat.

Vielleicht hattest du keinen sehr liebevollen Vater und du hast dich ihm gegenüber distanziert und auch nicht sehr geliebt von ihm gefühlt. Und jetzt, wenn du zu deinem himmlischen Vater kommst, fühlst du das Gleiche. Vielleicht träumst du in deinen Träumen, dass dein Vater dich immer noch auf die gleiche Art behandelt und diese Verletzung ist immer noch da. Vielleicht versucht dir der Herr eine Botschaft zu geben und zwar: „He, ich bin nicht so, wie dein irdischer Vater. Erlaube mir da hineinzukommen und dir damit zu helfen."

Der Vater ist sehr oft ein Bild für den himmlischen Vater. Aber es kann auch sein, dass er vielleicht deine Angst oder deine Unsicherheiten darstellt, wenn dein Vater dich missbraucht hat oder dein Leben zerstört hat. Dann wird einmal mehr das Fleisch porträtiert.

Mir wurde einmal von Markus (nicht sein richtiger Name) ein Traum gegeben, den ich für ihn auslegen sollte. Er träumte davon, dass er versuchte am Telefon mit seinem Vater zu sprechen und dass ihm das einfach nicht gelang. Im Traum war er frustriert und so oft er es auch versuchte, er konnte nicht zu ihm durchkommen.

Als ich mit Markus über seinen Vater sprach, fand ich heraus, dass sein Vater ein sehr distanzierter Charakter in seinem Leben war. Obwohl sein Vater ihn liebte, zeigte er ihm diese Liebe nicht und so war immer eine Barriere zwischen den beiden.

Der Traum zeigte auf, dass Markus den Herrn auf die gleiche Art und Weise sah, wie er auch seinen natürlichen Vater ansah – unzugänglich. Er war in seinem geistlichen Leben an einen Punkt gekommen, an dem er wie den Kopf an der Decke anschlug und einfach nicht weiterkam. Das lebte er in seinem Traum aus und der Herr zeigte ihm auf, dass seine falschen Vorstellungen von seinem Vater genau das waren, was ihn davor zurückhielt in eine Beziehung zu seinem himmlischen Vater zu kommen. Markus gab das Problem dem Herrn hin und bat ihn um Vergebung für das Richten seines Vaters in der Vergangenheit und so wurde er in die Fülle seiner Berufung freigesetzt.

Ehepartner/in

Wie steht es mit deinem Ehepartner oder deiner Ehepartnerin? Einmal mehr, finde heraus, was du für eine Beziehung zu deinem Ehepartner hast. Ich persönlich habe herausgefunden, dass wenn du eine positive Beziehung zu deinem Ehepartner hast, dieser sehr oft den himmlischen Bräutigam repräsentiert und das ist der Herr Jesus Christus. Wenn ich also träume, dass mein Ehemann mich irgendwohin mitnimmt oder mir ein Geschenk gibt oder versucht mir eine Botschaft zu übermitteln, dann weiss ich, dass dies etwas mit meiner Beziehung zum Herrn Jesus zu tun hat und sich diese verändern und anpassen wird.

Wenn ich träume, dass mein Ehemann mich ins Auto setzt und mich irgendwo hinbringt, dann weiss ich instinktiv, dass mein Geist zu mir sagt, dass der Herr mich auf einen neuen Level in meinem Dienst bringen will. Er möchte mich an einen neuen Ort in unserer Beziehung bringen.

Wenn ich träume, dass ich meinem Ehemann entfremdet bin, dass wir vielleicht aus irgendeinem Grund auseinander waren, dann bin ich alarmiert und denke: „Oh, oh, etwas ist mit meiner persönlichen Beziehung mit dem Herrn Jesus passiert. Ich muss herausfinden, was genau passiert ist."

Du siehst, wenn du anfängst diese Symbole eines nach dem anderen zu identifizieren, dann wirst du sehen, wie sich Bilder in dir formen und das nächste Mal, wenn du diese Träume hast, werden sie dir schon so viel klarer sein und du wirst die viel einfacher Offenbarung erhalten.

Geschwister

Wie steht es mit den Geschwistern? Nun, die können ein bisschen verzwickt sein. Ich weiss nicht, ob Geschwister häufig eine positive Bedeutung haben, denn sie sind diejenigen, die auf dir herumgehackt haben. Sie waren die, die dir das Leben schwer gemacht haben. Wenn du eine schlechte Beziehung zu ihnen hattest und viel Rivalität zwischen euch war, als du aufgewachsen bist, dann können deine Geschwister sehr wohl deine Bitterkeit darstellen. Sie können deine Eifersucht darstellen. Wie du dich deinen Geschwistern gegenüber fühlst, kann eine Darstellung von dem sein, was sie in deinem Traum sind.

Wenn du also davon träumst, dass ein Bruder oder eine Schwester von dir sich erhebt und die Führung übernimmt und diese Person steht für deine Bitterkeit, dann sagt der Herr vielleicht zu dir: „Deine Bitterkeit nimmt in deinem Leben Überhand. Bitterkeit nimmt dich ein. Du gehst sie besser an." Wenn du träumst, dass eines deiner Geschwister stirbt und diese Person repräsentiert Bitterkeit, dann hat der Traum eine positive Auslegung und sagt aus, dass der Herr die Bitterkeit aus deinem Leben weggenommen hat.

Aber vielleicht hattest du auch eine positive Beziehung zu deinen Geschwistern. Vielleicht hattest du einen grossen Bruder oder eine grosse Schwester, die immer auf dich aufgepasst haben und sichergestellt haben, dass es dir gut geht. Vielleicht waren sie immer für dich da und du konntest dich auf sie verlassen, sie waren wie ein Zufluchtsort für dich. Dann können sie sehr gut den Heiligen Geist in deinem Leben darstellen und wie Er sich um dich kümmert, dich aufstellt und dich motiviert, auf den nächsten Level zu gehen.

Freunde

Dann gibt es noch deine Freunde. Was bedeutet es, wenn du von deinen Freunden träumst? Du musst herausfinden, von welcher Art von Freunden du träumst. Persönlich weiss ich, wenn ich von Freunden träume, die ich während meiner „rebellischen Phase" in meiner Teenagerzeit hatte, dann träume ich von meiner Vergangenheit. Ich weiss, dass ich von Rebellion träume. Ich weiss, dass ich von etwas träume, das nicht so positiv ist, denn sie repräsentieren eine ganze Zeitspanne in meinem Leben, in der ich nicht in Berührung mit dem Herrn war, ich nicht in Seinen Ordnungen lief und ich nicht so lebte, wie ich hätte leben sollen.

Wenn ich also träume, dass ich wieder Kontakt aufnehme mit meinen Freunden aus der Vergangenheit oder mich in alte Freunde verliebe, die in dieser schlechten Szene waren, dann bin ich alarmiert, weil der Heilige Geist zu mir sagt: „Sei vorsichtig. Du gehst ins Fleisch. Du gehst in Bereiche zurück, in die du nicht gehen solltest."

Aber du hast auch die Freunde, die dich für den Herrn motiviert haben. Sie haben dich unterstützt. Sie haben dich zum Herrn gebracht. Vielleicht haben sie dich alles gelehrt, was du über den Herrn weisst. Sie gaben dir das Wort weiter, ihre Zeit, ihren Rat und auch viel Liebe. Wenn du von diesen Freunden träumst, dann könnte es sehr gut sein, dass sie den Heiligen Geist repräsentieren, der all diese guten Dinge in dich hineingelegt hat und dir Offenbarung gibt, dich befähigt und aufbaut.

Du musst unterscheiden, wofür diese Freunde stehen. Sind sie positiv? Oder sind sie negativ? Was stellt diese Gruppe von Menschen für dich dar? Wenn du an die Person in deinem Traum denkst und dann im Natürlichen an sie denkst, was ist dein erster Eindruck? Darüber musst du nachdenken. Was ist dein erster Eindruck? Denn dieser erste Eindruck bleibt bestehen und dieser erste Eindruck ist das, was dein innerer Mensch als Symbol in deinen Träumen und Visionen porträtieren wird.

KAPITEL 13

Geschlecht und Rasse in Träumen und Visionen

Und er hat aus einem jede Nation der Menschen gemacht, daß sie auf dem ganzen Erdboden wohnen, wobei er festgesetzte Zeiten und die Grenzen ihrer Wohnung bestimmt hat,

~ *Apostelgeschichte 17,26*

Kapitel 13 – Geschlecht und Rasse in Träumen und Visionen

Dein Geschlecht ist auch sehr ausschlaggebend in deinen Träumen und Visionen, insbesondere wenn sie intern sind. Ich träume oder habe Visionen davon, wie mich der Herr in ein wunderschönes Brautkleid kleidet und mir Blumen ins Haar steckt. Nun, mein Mann hat nicht diese Art von Träumen. Wenn mein Mann träumen würde, dass man ihm Blumen ins Haar steckt, dann würde er denken: „Was geht hier vor? Ich muss etwas falsch machen, ich liege völlig falsch!", denn für ihn ist das etwas total Ungewöhnliches. Es ist etwas Schlechtes, etwas Negatives und es geht gegen alles, was er ist. Es ist, wie wenn du zwei gleiche Pole an einem Magnet hast, die nicht zusammenpassen.

Nun, wenn ich träumen würde, dass ich Werkzeuge für das Auto hervornehme und mich daran machen würde den Motor des Autos zu reparieren, dann würde ich denken: „Was mache ich da? Das ist die Verantwortung eines Mannes. Das ist die Arbeit eines Mannes."

Ich habe einmal einen Traum bekommen, in dem diese Frau schrieb, dass sie Männerschuhe trug. Nun, eine Frau trägt keine Männerschuhe. Da stimmt etwas nicht. Es ist das Gegenteil von dem, was du bist, von dem, wer du in der Realität bist. Solch ein Traum hat also eine absolut negative Bedeutung und sagt aus: „Du tust etwas, das du nicht tun solltest. Du läufst einen Lauf, den du nicht laufen solltest, denn diese Schuhe gehören einem Mann. Eine Frau trägt keine Männerschuhe. Das ist nicht normal." Aber für einen Mann ist ziemlich normal und gewöhnlich Männerschuhe zu tragen. Wenn aber ein Mann davon träumen würde, dass er in hochhackigen Schuhen herumläuft, dann muss er sich besser hinterfragen, was genau falsch läuft in seinem Leben.

Kannst du sehen, wie unsere Templates spezifisch mit unserem Geschlecht zusammenhängen? Dein innerer Mensch wird diese gebrauchen. Wenn du etwas träumst, das dir und deiner Natur total fremd ist, dann hat das für dich eine absolut negative Bedeutung. Du bist nicht dort, wo du sein solltest. Etwas ist falsch in diesem Bild. Es ist nicht normal. Es ist nicht richtig. Es ist dir fremd.

Beispiel eines Traumes

Ich denke da an einen Traum, den mein Ehemann einmal hatte, als er träumte, dass sein Vater mit ihm zu einem Rugbymatch ging. Es war ein guter und positiver Heilungstraum. Nun, für Amerikaner, die nicht wissen, was Rugby ist, das ist ein Sport, der dem Fussball sehr ähnlich ist, aber ohne schützende Kleidung. Mein Mann und sein Vater gingen also zu diesem Rugbymatch und es herrschte dort eine wunderbare Atmosphäre. Sie hatten Freude und eine gute Zeit zusammen. Das war ein wunderschönes Bild für die Beziehung, die er mit seinem himmlischen Vater angefangen hatte zu entwickeln. Sie hatten eine gute Zeit zusammen. Sie wurden zu Kumpeln. Sie verbanden sich miteinander.

Nun, wenn ich das Gleiche geträumt hätte, dass mein Vater mich an einen Fussballmatch mitnehmen würde, dann würde ich mir Gedanken machen, denn ich sehe mir diesen Sport nicht einmal an! Es ist einfach nicht in meiner Natur mir über diese Dinge überhaupt Gedanken zu machen. Das ist nicht meine Vorstellung von sich miteinander verbinden. Aber für einen Mann ist das genau das Richtige. Also wird sein innerer Mensch dieses Bild gebrauchen, um ihm damit eine Botschaft zu vermitteln. Wenn ich so etwas träumen würde, dann würde ich ganz sicher denken: „Etwas läuft hier falsch. Weshalb träume ich das? Das ist nicht normal. Ich sollte mich nicht in dieser Umgebung aufhalten. Herr, wo bin ich vom Weg abgekommen?" Aber für einen Mann ist es absolut in Ordnung so etwas zu träumen, es ist positiv für ihn und baut ihn auf.

Anima und Animus

Ist dir schon einmal aufgefallen, dass du manchmal in deinen Träumen einen männlichen oder weiblichen Charakter an deiner Seite hast? Vielleicht weisst du nicht, wer das ist und du erkennst diese Person nicht wieder und doch ist es jemand in deinem Traum, der dir sehr nahesteht. Du weisst nicht, wer es ist und du erkennst ihre Gesichtszüge nicht wieder, aber du bist dieser Person sehr nahe und vertraut. Wenn du von dieser Person träumst, dann repräsentiert sie sehr oft deine weibliche (Anima) und deine männliche (Animus) Seite.

Jeder von uns hat eine weibliche und eine männliche Seite in sich und das bezieht sich ausschliesslich auf deine rechte und linke Hirnhälfte. Eine Frau ist meistens sehr allegorisch. Sie wird mit der Intuition einer Frau geboren, wie jedermann weiss. Sie denkt in Bildern. Männer hingegen denken sehr logisch. Sie denken ganz anders als Frauen. Das ist wissenschaftlich erwiesen, wenn du also ein Vertreter der Emanzipationsbewegung bist, dann musst du jetzt nicht innerlich aufstehen und anfangen mit mir darüber zu streiten, o.k.?

Männer denken mit einer anderen Art von Logik. Sie sind methodischer und intellektueller in ihrem Denken. Frauen können hingegen mehr „träumerisch" sein. Männer sind das nicht. Männer mögen praktische Dinge. Lass uns ehrlich sein, wenn du deine Weihnachtseinkäufe machst oder ein Geburtstagsgeschenk kaufst, dann bekommen die Frauen die „verträumten, harmonischen" Dinge und die Männer die praktischen Sachen und damit sind die Männer auch zufrieden. Du kannst einem Mann immer wieder Werkzeuge kaufen und er freut sich jedes Mal von Neuem darüber, selbst wenn es etwas ist, das er bereits hat. Aber du kaufst einer Frau keine Kochtöpfe, o.k.? Dies muss gesagt werden für alle Männer, die dieses Buch lesen! Einer Frau kaufst du Dinge, die hübsch und attraktiv sind und Dinge, die ihr schmeicheln. So sind wir nun einmal. So hat uns Gott gemacht.

Jeder von uns hat beide Seiten in sich, eine Anima (weibliche Seite) und einen Animus (männliche Seite). Auch eine Frau kann logisch und intellektuell denken, nebst dem, dass sie sehr allegorisch denkt. Auch ein Mann kann sehr gut in Bildern denken und dennoch intellektuell sein. Wenn du also vom männlichen und weiblichen Gegenüber träumst, dann werden diese von verschiedenen Symbolen repräsentiert. Wenn du von diesem Mann träumst, mit dem du immer intim wirst, dann sagt dein innerer Mensch zu dir: „Du wirst mehr intellektuell. Du bewegst dich auf die Lehrerseite zu. Du wirst mehr methodisch in der Art, wie du das Leben angehst und in der Art, wie du den Dienst angehen wirst."

Aus Erfahrung in der Traumauslegung und vom Rat geben an viele Diener des Herrn, die wir trainieren, haben wir festgestellt, dass die männliche Seite sehr oft einen mehr lehrerorientierten Dienst darstellt und die weibliche Seite oft mehr einen prophetischen und allegorischen Typ von Dienst.

Persönliches Beispiel

Als der Herr mich durch eine Übergangszeit vom Propheten zum Lehrer führte, hatte ich dauernd skandalöse Träume. Jede Nacht träumte ich davon, wie ich diesen grossen, hübschen Mann umarmte und es genoss, und doch wusste ich, dass ich verheiratet war und so wachte ich jeweils mit sehr viel Schuld und Verdammnis auf. Ich dachte: „Du meine Güte! Ich habe nicht TV geschaut und ich habe keine Bücher gelesen, woher kommt das nur? Da läuft etwas falsch bei mir."

Das ging weiter so, bis ich realisierte, was es war. Mein Geist sprach sehr klar zu mir: „Du musst die Lehrerseite in deinen Dienstgaben umarmen. Lege für den Moment das Prophetische zur Seite. Lege deine weibliche Seite weg und fange an, auf eine intellektuellere, methodischere, logischere Art zu denken, so wie ein Lehrer."

Vielleicht hattest du komische Träume, in denen du diese fremde Frau umarmt hast und du hast es wirklich genossen und dann wachst du auf und fühlst dich schlecht und schuldig, dass du in deinem Schlaf eine Affäre hast. Vielleicht versucht dir der Geist einfach zu sagen: „He, du musst deine weibliche Seite mehr umarmen. Du musst ein bisschen allegorischer denken. Hör auf, so festgefahren zu sein. Hör auf, so methodisch zu sein. Lass alles ein bisschen mehr hängen und fange an weiblicher zu werden. Fange an in Bildern zu denken.

Fange an in Symbolen zu denken und in Schatten und Typen, anstatt immer so auf das Wort basiert und strukturiert zu sein." Kannst du die Unterschiede erkennen?

Ein weiteres gutes Beispiel

Ich habe den Herrn gebeten, dass Er mir einen Traum zeigt, den ich dazu als Beispiel gebrauchen kann. Kurz bevor ich dieses Kapitel schrieb, erzählte mir jemand einen Traum, der genau von dem handelt, was ich hier weitergegeben habe, von den weiblichen und männlichen Gegenteilen.

Eine Frau hatte einen Traum und in diesem Traum kam sie an eine Treppe. Die Treppenstufen waren etwas komisch. Es waren die Art von Treppenstufen, die du in einem Freizeitpark vorfindest, für diese Wasserbahnen, wo du dich in einen kleinen Wagen setzt und dich eine Kette über diese „Treppen" hochzieht. Dann erreichst du eine Ebene und dann fährst du hinunter ... Du weisst von welchen „Treppen" ich hier spreche.

Sie kam also zu diesen Treppen, die strahlend blau waren und Wasser floss darüber hinunter. Also setzte sie sich in den Wagen am Fuss der Treppe und wurde dann bis nach oben gezogen. Als sie oben, auf dieser Ebene ankam, schaute sie sich um und da waren viele Paare, die zusammen dastanden. Es war so etwas wie eine Versammlung. Aber als sie so dort stand, fühlte sie sich sehr unsicher. Sie fühlte sich nicht am richtigen Platz. Sie hatte das Gefühl: „Was mache ich hier? Ich gehöre hier nicht hin. Schau dir all diese Menschen an. Sie haben ihren Platz gefunden; sie fühlen sich wohl und kennen einander. Sie wissen, was sie tun und hier bin ich und komme mir völlig fehl am Platz vor."

Sie fühlte sich total deplatziert, als ob sie nicht dorthin gehören würde. Also versuchte sie sich davonzumachen. Sie ging auf die andere Seite dieser Ebene, aber als sie dort ankam, war da wieder eine Gruppe von Menschen. Es waren alles Männer und sie waren alle homosexuell. Das Komische war, dass sie sich aber in dieser Gruppe von homosexuellen Männern wohlfühlte. Sie fühlte sich entspannt. Da gab es eine Gruppe von Männern, die tanzten und einige hatten sich wie Frauen verkleidet. Sie sagte, sie sahen wirklich wie echte Frauen aus. Diese Männer tanzten und sie tanzte mit ihnen und die Männer akzeptierten sie. Sie fühlte sich dort sehr wohl.

Aber dann plötzlich bekam sie dieses schauerliche Gefühl in ihrem Traum, das ihr sagte: „Warte mal, was tue ich hier überhaupt?" Plötzlich war alles, was vorher gerade noch so fröhlich gewesen war, düster und dunkel und sie konnte Bedrückung spüren. Plötzlich wollte sie nur noch so schnell wie möglich fort von dort. Aber da kamen Männer hinter ihr her und wollten sie einfangen und sie rannte so schnell wie möglich davon. Als sie diesen Ort verliess und aufschaute, sah sie wieder eine ähnliche Treppe wie zuvor, auch blau, mit diesem Wasser, das herunterlief und dem Wagen am Fuss der Treppe. Diese Treppe sah wieder genau so aus, wie die, die sie bereits zuvor gesehen hatte. Aber dieses Mal waren die Treppenstufen krumm. Sie waren nicht gerade wie beim ersten Mal.

Sie rannte weg und kehrte dorthin zurück, wo sie begonnen hatte. Sie ging die ursprüngliche Treppe hoch und kam wieder bei dieser Ebene an, wo die Gruppe von Paaren war und mit einem Seufzer der Erleichterung kam sie dort an und wachte auf.

Auslegung:

Ich finde, dies ist ein sehr guter Traum, um dir das zu erklären, was ich mit männlichen und weiblichen Gegensätzen meine. Die Treppenstufen und das Wasser sprechen klar von einem Erheben im Dienst. Blau ist eine himmlische Farbe. Das Wasser stellt die Salbung des Geistes dar. Diese Frau war dabei sich sehr schnell im Dienst zu erheben. Als sie dort oben ankam, waren da Paare von Männern und Frauen. Der Herr leitete sie so, dass sie beides, den Lehrdienst wie auch den prophetischen Dienst nutzen sollte. Er führte sie in eine Beförderung hinein, aber es war ein neuer Bereich des Dienstes für sie. Als sie dort ankam, fühlte sie sich unwohl und dachte: „Was tue ich bloss hier? Diese Menschen wissen alle, was sie hier machen. Sie sind besser als ich, sie sind reifer als ich."

Ich bin sicher, du kennst das. Sie fühlte sich so: „Ich bin einfach nur ich, ein kleiner Niemand. Niemand wird mir zuhören. Was tue ich überhaupt hier? Weshalb versuche ich überhaupt etwas zu sein, das ich nicht bin!" und so ging sie und lief zu der anderen Gruppe der schwulen Männer hin.

Geschlecht und Rasse in Träumen ...

Nun, was in der Realität passiert war ist, dass diese spezifische Frau sehr gut im Lehrdienst operiert hatte. Sie hatte die männliche Seite ihres Charakters überentwickelt. Sie war sehr methodisch in ihrem Denken, sehr intellektuell. Jetzt war der Herr dabei, sie mehr in die weibliche Seite hineinzubringen, aber sie versuchte weiterhin an der männlichen Seite festzuhalten. Der Traum zeigte auf, dass sie versuchte in die Richtung zu gehen, die der Herr ihr aufzeigte. Sie versuchte prophetisch zu fliessen, aber sie tat es, indem sie ihren Intellekt gebrauchte und dies auf die alte Art, wie sie die Dinge machte. Die Männer in ihrem Traum, die sich als Frauen verkleideten, zeigen diesen Schwerpunkt auf. Sie versuchte etwas vorzugeben, das sie nicht war. Sie versuchte ihren Intellekt zu gebrauchen und ihre natürlichen Fähigkeiten, um prophetisch zu fliessen, was natürlich nicht geht. Du kannst die beiden nicht miteinander vermischen.

Der Traum sagte also Folgendes aus: „Du achtest dich besser darauf, was vor sich geht, sonst gerätst du in Verführung. Wenn du weiterhin versuchst die Situation mit deinem Intellekt und Verstand einzuordnen und wenn du weiterhin versuchst als Prophet zu fliessen, indem du deine Lehrfähigkeiten gebrauchst, dann wirst du in Verführung geraten!". Dies stellten die krummen Treppenstufen dar und die ganze Situation, als die Atmosphäre plötzlich so schrecklich wurde. Der Herr sagte sehr deutlich: „Geh dorthin zurück, wo du angefangen hast und zeichne dich in dem Dienst aus, den ich dir gegeben habe und ich werde dir geben, was du brauchst. Aber versuche nicht, etwas im Natürlichen zu gebrauchen und deinen Intellekt zu nutzen."

Kannst du die zwei Bilder sehen? Wenn du von einem männlichen Charakter geträumt hast, der die ganze Zeit in deinen Träumen vorkommt, dann wirst du jetzt vielleicht mehr in eine Lehrerausrichtung gehen. Aber wenn die ganze Zeit eine Frau in deinen Träumen vorkommt, die du zwar in deinem Traum kennst, aber wenn du aufwachst, dann weisst du nicht, wer sie ist, dann könnte sie sehr gut deine prophetische Seite repräsentieren. Der Herr stösst dich sanft in diese Denkrichtung.

Behalte das im Auge, wenn du deine Träume und Visionen auslegst, denn dieses Symbol wird häufiger als alle anderen vorkommen, die wir bis jetzt zusammen durchgenommen haben. Du wirst herausfinden, dass es immer einen männlichen oder weiblichen Charakter gibt, der mit dir in deinem Traum ist. Manchmal kannst du ihn nicht sehen, weil er hinter dir steht, aber du bist dir vielleicht seiner Gegenwart bewusst. Wenn du dir seiner Gegenwart bewusst bist und du diesen Charakter in deinen Träumen identifizierst, dann wirst du wissen, wovon ich hier spreche.

Deine Rasse und Kultur

Du wirst auch entsprechend deiner Rasse und Kultur träumen. Wenn ich als weisse Person von einem

Eingeborenen mit einer anderen Hautfarbe träume, dann hat das eine negative Bedeutung, weil er nicht gleich aussieht wie ich. Er ist das Gegenteil von mir. Ich fühle mich dabei nicht wohl im Traum. Aber wenn du eine schwarze Person bist und du träumst von einem Weissen oder von jemandem von irgendeiner anderen Rasse, dann stellen diese Menschen auch etwas Negatives für dich dar, denn sie sind deiner natürlichen Kultur fremd. Sie sind dir fremd und nicht so, wie du bist. Sie sind nicht so, wie die Leute, mit denen du dich wohlfühlst.

Dann gibt es auch noch die Dinge, die zu deiner Kultur gehören. Du träumst Dinge, die mit deiner Kultur im Einklang stehen. Wir haben im ersten Kapitel über „Träume" gesehen, wie König Nebukadnezar von einem Götzen geträumt hat. Wie der König von Pharao von Ägypten von Kühen und Weizen geträumt hat. Diese Dinge waren sehr alltäglich für die Menschen in jenen Tagen. Sie waren Teil ihrer Kultur.

Ich träume nicht so oft von Kühen, aber ich sehe ja auch nicht oft Kühe, weshalb sollte ich also von ihnen träumen? Kühe bedeuten mir nichts. Sie sind keine Einkommensquelle für mich. Ich sehe sie, ich erzähle den Kindern von ihnen, wir trinken ihre Milch, aber ich kümmere mich nicht gross um Kühe. Aber damals waren Kühe ein grosser Bestandteil des Lebens. Die Menschen träumten wahrscheinlich viel von Kühen. Wir träumen von Autos. Sie träumten von Kühen. So ist es nun einfach einmal.

Du hast vielleicht Träume, in denen du in gewissen Fahrzeugen fährst und andere Leute fahren in anderen Fahrzeugen und überholen dich. Vielleicht fährst du mit deinem Auto herum oder sitzt hinten drin, aber damals in jenen Tagen träumten sie wahrscheinlich davon, dass sie vorne oder hinten auf einem Pferd sassen! So war es eben damals. Du wirst deiner eigenen Kultur entsprechend träumen und gemäss den Dingen, die dir bekannt sind.

Es gibt einige Länder, in denen sie immer noch Pferde, Kamele und Wagen gebrauchen. Wenn also diese Menschen von einem Pferd, einem Kamel und einem Wagen träumen, dann ist das vollkommen normal. Aber wenn ich von einem Pferd träume, das einen Wagen zieht, dann würde ich denken: „Oh Herr, was ist mit meinem Dienst passiert? Zuvor war ich in einem Rennauto und jetzt sitze ich in einem Pferdewagen! Um Himmels Willen!" Aber für jemand anderen, der damit vertraut ist, könnte das sogar noch eine Beförderung bedeuten. Er denkt vielleicht: „He, ich wurde von einem Esel zu einem Pferdewagen befördert!", und er fühlt sich wohl dabei.

Du wirst Symbole haben, die aus deinem Geist heraufkommen, die dir bekannt sind und die in deiner Kultur und Rasse bekannt sind. Genauso wie der Traum von Craig, den ich dir zuvor erzählt habe, als er von diesem Rugbymatch träumte. Nun, ein Amerikaner würde nicht von Rugby träumen. Tatsache ist, wenn ein Amerikaner von Rugby träumen würde, dann würde er erwachen und sich fragen: „Hm? Was war das?" Er würde nicht von Rugby träumen, weil er nicht weiss, was Rugby ist. Er kennt Fussball, er weiss was Baseball ist, er kennt Basketball, diese Arten von Sport kennt er und so wird er von dem träumen, was er kennt. Der Engländer wird von Kricket träumen und so wirst auch du von den Dingen träumen, die du kennst. Jede Kultur ist anders.

Du wirst von Hochzeitsszenen träumen, die dir bekannt sind. In jeder Kultur gibt es verschiedene Arten, wie man feiert. Es gibt verschiedene Arten von Ritualen, die wir abhalten. Einige Dinge kommen dir vielleicht bekannt vor. Aber wenn du von einer Hochzeit oder einer Zeremonie träumen würdest, die sich ausserhalb deiner Kultur abspielt, dann würde das sehr laut und klar zu dir sprechen und zwar negativ, es würde dir sagen: „He, das ist etwas Ungewöhnliches. Da läuft etwas nicht in der rechten Ordnung ab. So tun wir die Dinge nicht."

Aber wenn diese spezifische Kultur von dieser Art von Hochzeit oder irgendeinem Ritual träumen würde, dann wäre es ganz normal für sie. Es wäre etwas ganz Gewöhnliches für sie. Diese Menschen hätte somit ein sehr positives und angenehmes Gefühl dabei. Für dich hingegen wäre es negativ. Aber wenn eine andere Person, die auf der anderen Seite der Erde lebt, von Ostern und Weihnachten träumen würde, so wie wir das feiern, dann wäre es für sie negativ, denn das ist für sie fremd. Kannst du sehen, wie diese Dinge alle eine sehr wichtige Rolle spielen?

Hier ist ein Beispiel, von einem unserer Studenten aus der Prophetenschule.

KAPITEL 14

Traumbeispiele in Bezug auf Geschlecht und Rasse

Alle Nationen hatten mich umringt. Im Namen des HERRN- ja, ich wehrte sie ab.

~ *Psalm 118,10*

Kapitel 14 – Traumbeispiele in Bezug auf Geschlecht und Rasse

Traum:

„Letzte Nacht hatte ich einen Traum. Ich war in meinem Haus und einige andere Menschen waren mit mir und wir wollten auf eine Reise gehen. Ich wollte gerade in mein Auto einsteigen, da sah ich ein muslimisches Mädchen mit einem Schleier und sie setzte sich in mein Auto und versuchte zu fahren. Ich sagte: „Entschuldige, aber nur ich kann dieses Auto fahren!", aber sie versuchte mir ihren Willen aufzuzwingen, indem sie mir nette Dinge sagte und mir versicherte, ich könne ihr vertrauen. Am Schluss hörte ich nicht mehr richtig zu, was sie mich alles fragte und stieg einfach ins Auto, ohne mir etwas dabei zu denken und fuhr los."

Auslegung von Craig Toach

Das Auto stellt den Dienst dar, den der Herr dir gegeben hat. Die junge muslimische Frau ist klar kein gutes Bild und dann kommt auch noch dazu, dass sie versucht dein Auto zu fahren. Sie hat auch einen Schleier an und obwohl diese Kopfbedeckung eine bekannte Bekleidung für junge, unverheiratete Musliminnen ist, empfinde ich doch, dass dieses Symbol für Bedeckung und Verschleierung steht. Die wahre Person kann nicht hervorkommen. Etwa so, wie wenn du an einen Maskenball gehen würdest.

Dieser Traum zeigt klar auf, dass es etwas in deinem Leben gibt, das nicht vom Herrn ist. Aber es versucht, deinen Dienst zu steuern. Es versteckt sein wahres Gesicht. Die Gefahr dabei ist, dass es versucht deinen Dienst zu übernehmen. Aber im Traum bist du nicht in diese Falle gegangen, sondern du bist in dein Auto gestiegen und weggefahren.

Ich empfinde, dass dies ein Heilungstraum mit einer leichten Warnung sein könnte. Ich glaube, es hat mit den Masken zu tun, die du trägst, mit denen du zu kämpfen hattest. Du hast sie überwunden und siehst jetzt den subtilen Versuch des Feindes den Dienst, den der Herr dir gegeben hat, zu übernehmen. Sei einfach vorsichtig betreffend der falschen Religion, die versuchen könnte deinen Dienst zu beeinflussen.

Lehransicht

Und dann schliesslich spielt auch deine Ansicht von Lehre eine sehr wichtige Rolle in deinen internen Träumen und Visionen. Wenn du nicht an die Taufe im Heiligen Geist glaubst, dann zweifle ich daran, dass du von Feuer und Wasser und solchen Symbolen träumen wirst, die genau mit dieser spezifischen Ansicht zu tun haben, ausser du bist prophetisch. Aber ich spreche hier sowieso nur von internen Träumen. Du wirst nicht von

Dingen träumen, von denen du nichts weisst. Wenn du in einer Baptistengemeinde oder in der Landeskirche aufgewachsen bist und darin eine sehr strikte Erziehung hattest, dann hast du noch nie von dieser Taufe gehört und dann wirst du auch nicht von Symbolen träumen, die mit der Taufe im Heiligen Geist zu tun haben, denn sie sind dir nicht bekannt. Sie sind dir fremd. Du hast noch nie davon gehört.

Der Herr wird Dinge gebrauchen, die dir bekannt sind, um dir eine Botschaft zu vermitteln. Wenn du wirklich stark im Wort bist, dann wird Er Symbole wie Brot, Holz, Gold, das Kreuz und Dinge, über die du Bescheid weisst, gebrauchen. Es kommt ganz auf deine Ansicht von Lehre an. Je nachdem was du glaubst, werden die Symbole in deinen Träumen variieren.

Weil ich sehr prophetisch bin und ziemlich offen für alle verschiedenen Bewegungen Gottes, empfange ich eine ganze Reihe von verschiedenen Arten von Symbolen und Offenbarungen. Es gibt keine Einschränkung betreffend der Anzahl von Bildern, die der Heilige Geist mir geben kann. Denn mein Verstand ist auf so viele verschiedene Lehransichten und so viele verschiedene Denominationen ausgeweitet worden, dass der Herr so viele verschiedene Dinge gebrauchen kann.

Aber wenn ich von einem Rosenkranz träume, dann hat das für mich eine negative Bedeutung. Dies repräsentiert einen religiösen Archetyp für mich, weil ich nicht an den Katholizismus glaube. Wenn ich also von der Jungfrau Maria oder von einem Rosenkranz oder sonst etwas, das den Katholizismus betrifft, träume, dann hätte das für mich eine sehr negative Bedeutung. Das würde für mich für Götzendienst stehen und somit würde es bedeuten, dass etwas Negatives in meinem Leben passiert ist.

Aber wenn du katholisch bist und du träumst von einem Rosenkranz, dann hat das für dich keine negative Bedeutung. Denn das ist, wer du bist. So wurdest du erzogen. Es ist das, was du glaubst, also wirst du auch davon träumen. Für dich wird es keine negative Bedeutung haben. Aber für mich hätte es eine sehr negative Bedeutung.

Du darfst nicht vergessen, dass ich hier von internen Träumen spreche, nicht von prophetischen. Ich spreche von internen Träumen, die aus deinem Geist kommen und Worten der Erkenntnis, die Dinge, aus der Vergangenheit und Gegenwart beinhalten.

Prophetische und externe Symbole

Jetzt, da wir uns die internen Symbole angeschaut haben, lass uns auch noch einen Blick auf die prophetischen und externen Träume und Visionen werfen. Die Regeln, die ich gerade eben erklärt habe, beziehen sich nur auf interne Träume. Aber wenn wir nun vom Prophetischen reden, von der Gabe der Prophetie, vom Sehen von Visionen, vom Geist der Weisheit und Offenbarung, von denen wir früher gesprochen haben, dann gelten ganz andere Regeln. Der Grund dafür ist, dass es einen einzigen Standard gibt, nicht wie im internen Traum, bei dem die Auslegung von der entsprechenden Person abhängt.

Das Wort Gottes ist der Standard

Es gibt einen einzigen Standard für Offenbarung, die extern und prophetisch empfangen wird und dieser Standard ist das Wort Gottes. Das ist deshalb, weil es sich hier um eine übernatürliche Impartation handelt. Siehst du, wenn der Heilige Geist dir eine übernatürliche Impartation von Offenbarung gibt, dann umgeht Er deine Templates. Er spricht nicht durch die Dinge zu dir, mit denen du aufgewachsen bist. Er spricht direkt zu dir, durch übernatürliche Offenbarung. Diese Offenbarung hat nichts mit deinem Geschlecht, deiner Rasse und Kultur zu tun. Sie kommt direkt und es kommt sehr häufig vor, dass jemand von etwas träumt oder eine Vision empfängt, die er nicht auslegen kann, weil er die Symbole nicht versteht.

Wenn du von etwas total Fremden träumst, von einem Symbol, von dem du noch nie zuvor gehört oder das du noch nie zuvor gesehen hast, dann ist das ein prophetischer Traum, weil der Heilige Geist dir eine übernatürliche Impartation von Offenbarung gibt.

Kein Geschlecht im geistlichen Bereich

Die erste Regel lautet: Es gibt keine Geschlechter im geistlichen Bereich. Es gibt keine weiblichen Geister und auch keine männlichen Geister, denn Geister haben keinen physischen Körper. Sogar Engel in der

Himmelswelt haben kein Geschlecht. Es gibt keine „Männer" und „Frauen" Engel. Wieso weiss ich das? Jesus machte die Aussage zu den Juden, als sie ihn fragten, wem denn nach der Auferstehung, die Frau gehört, die mit mehr als einem Mann verheiratet gewesen war. Im Lukas 20,35-36 heisst es:

> *„Die aber, die für würdig gehalten werden, jener Welt teilhaftig zu sein und der Auferstehung aus den Toten, heiraten nicht, noch werden sie verheiratet;*
>
> *Denn sie können auch nicht mehr sterben, denn sie sind Engeln gleich und sind Söhne Gottes, da sie Söhne der Auferstehung sind."*

Es gibt keine Ehe mehr und auch kein Verheiratetsein, denn es gibt keine Geschlechterbezeichnung mehr im geistlichen Bereich. Paulus hat diesen Punkt noch mehr unterstrichen, als er an die Galater schrieb. In Kapitel 3:28 heisst es:

> *„Da ist nicht Jude noch Grieche, da ist nicht Sklave noch Freier, da ist nicht Mann und Frau; denn ihr alle seid einer in Christus Jesus."*

Es gibt keine Geschlechter im geistlichen Bereich, wenn du also prophetische Offenbarung empfängst, dann gibt es keinen Unterschied. Du als Mann kannst dich tatsächlich in einem Brautkleid sehen und es hat keine negative Bedeutung. Wenn es sich um eine externe prophetische Offenbarung, einen Traum oder eine Vision handelt, dann hat es eine positive Bedeutung, wenn du einen Mann in einem Brautkleid siehst. Denn wenn du das nimmst und mit der Schrift auslegst, was ist dann die offensichtliche Auslegung? Du trägst ein Brautkleid. Du bist die Braut Christi geworden.

Wenn du das jetzt einfach als einen internen Traum geträumt hättest; wenn du als normaler Mann in Frauenkleidung herumlaufen würdest, dann wäre das sehr negativ. Aber prophetisch gesprochen zählt das Geschlecht nicht. Ein Mann kann prophetisch ein Brautkleid tragen. Ich habe das schon gesehen im Geist. Lache bitte nicht. Ich habe einmal zu einem unserer Studenten gesagt: „Sidney, mein lieber Mann, du siehst ziemlich lustig aus in diesem Brautkleid! Aber der Herr hat Seine Gunst auf dich gelegt!"

Im geistlichen Bereich kann eine Frau sehr einfach in eine Männerrüstung gekleidet sein und das stimmt immer noch genau mit dem Wort Gottes überein. Wenn wir in der Bibel schauen, dann lesen wir von der Waffenrüstung Gottes, was bedeutet den Helm des Heils zu tragen und an den Lenden gegürtet zu sein mit der Wahrheit und so weiter. In prophetischer und externer Offenbarung kann eine Frau eine Rüstung tragen. Ein Mann kann ein Brautkleid tragen und das ist vollkommen akzeptabel. Ein Mann kann eine Krone auf seinem Haupt haben oder eine Frau kann eine Krone auf ihrem Haupt haben. Es gibt keinen Unterschied zwischen den Geschlechtern, wenn es um den geistlichen Bereich geht.

Siehst du jetzt, wieso es so wichtig ist, zu identifizieren, was intern und was extern und prophetisch ist? Es ist äusserst wichtig, denn es gelten nicht für beide die gleichen Regeln.

Keine Unterschiede in der Rasse

Es gibt keinen Unterschied zwischen Rassen und Kulturen im geistlichen Bereich. Im 1. Petrus 2,9 heisst es:

> *„Ihr aber seid ein auserwähltes Geschlecht, ein königliches Priestertum, eine heilige Nation, ein Volk zum Besitztum, damit ihr die Tugenden dessen verkündigt, der euch aus der Finsternis zu seinem wunderbaren Licht berufen hat."*

Wir sind ein neues Volk. Wir sind eine neue Schöpfung in Christus. Wir sind nicht ein zusammengewürfeltes Volk, wir sind nicht zehn Menschen, wir bestehen nicht aus fünf verschiedenen Rassengruppen, wir sind **EIN** (Einzahl) Volk in Christus. Wir alle zusammen sind eine Nation. Wir sind alle eine Kultur und diese Kultur basiert auf dem Wort Gottes. Unser Standard in der prophetischen und externen Offenbarung ist immer das Wort Gottes, denn so spricht der Heilige Geist. Er widerspricht sich nie.

Wenn du also Offenbarung im Zusammenhang mit einer Kultur empfängst oder wenn du jemanden siehst, der eine andere Kultur hat als du, dann hat das nicht unbedingt eine negative Bedeutung. Schau dir die Stelle an, als Paulus den Mazedonier vor sich stehen sah, der ihm zurief: „Bitte komm und diene uns." Das war nicht negativ für ihn. Es war positiv. Es war eine prophetische Offenbarung. Es war eine ziemlich direkte Offenbarung, die aufzeigte, dass der Herr wollte, dass er nach Mazedonien ging und das Evangelium predigte. Wie es in Galater 3,28 heisst, gibt es weder Jude noch Grieche, denn es gibt keinen Unterschied zwischen den Rassen und den Kulturen im geistlichen Bereich. In den Augen von Christus sind wir alle gleich.

Keine Unterschiede in der Lehre

Es gibt auch keinen Unterschied zwischen Meinungen über Lehre, wenn es um prophetische Offenbarung geht. Es ist mir egal, ob du Baptist oder Methodist, Pfingstler, Charismatiker oder ein Sieben-Tage-Adventist bist. Es kümmert mich nicht, was du für eine Einstellung hast. Wenn du Offenbarung vom Geist Gottes prophetisch und extern empfängst, dann gibt es sowieso nur eine Grundlage und einen Standard für diese Offenbarung und diese Grundlage ist der Geist der Wahrheit und das Wort Gottes.

Ich habe das durch alle Nationen hindurch gesehen, weil wir verschiedene Menschen aus so vielen verschiedenen Ländern im fünffachen Dienst trainieren. Ich habe gesehen, wie Sieben-Tage-Adventisten in Amerika das gleiche prophetische Symbol sehen, wie ein Baptist in Südafrika und genauso sieht ein Charismatiker in Singapur das gleiche Symbol wie ein Methodist in Russland. Es spielt keine Rolle. Das ist die universale

Sprache des Geistes, die immer auf dem Wort Gottes basiert.

Es gibt nicht diese eine wahre Lehre, an die du dich halten kannst, wenn es um den geistlichen Bereich geht. Denn es basiert alles auf dem Wort Gottes und nicht auf den Geboten der Menschen. Die Symbole sind Standard und sie bleiben immer die gleichen. Gold bedeutet Gottes göttliche Natur. Das Kreuz steht für Errettung. Das Blut bezieht sich auf Erlösung. Das sind Standardsymbole, die über eine einzige Ansicht von Lehre und eine einzige Denomination hinausgehen, weil sie auf dem Wort Gottes gründen. Wenn es also um prophetische Offenbarung geht, dann musst du erkennen, dass es wirklich keine Rolle spielt, in welcher Denomination du dich befindest. Es spielt keine Rolle, welche Lehransicht du hast. Die Offenbarung bezieht sich immer auf das Wort Gottes.

Wunsch nach Weisheit

Als ich mit dir zusammen die verschiedenen Symbole angeschaut habe, hast du vielleicht zu dir selbst gesagt: „Ich wünschte mir wirklich, dass ich diese Art von Weisheit hätte. Ich wünschte mir, dass ich meine Träume anschauen und verstehen könnte, was sie bedeuten. Ich wünschte, ich hätte diesen Geist der Weisheit und der Offenbarung." Es heisst in Jakobus 1,5:

> *„Wenn aber jemand von euch Weisheit mangelt, so bitte er Gott, der allen willig gibt und keine Vorwürfe macht, und sie wird ihm gegeben werden."*

Das ist in Jesus Christus für dich verfügbar, du kannst diese Weisheit haben, wenn du Ihn darum bittest. Jedes Glied im Leib Christi sollte diese Weisheit haben. Jeder sollte das Wort kennen. Jeder sollte wissen, was der Heilige Geist sagt. Kannst du dir vorstellen, wie das wäre, wenn jeder im Leib Christi eine Ahnung hätte, was der Geist Gottes in seinem Leben am tun ist? Wir hätten Einheit. Es gäbe kein Gerangel und Kämpfen. Es gäbe keine Auseinandersetzungen. Du würdest den nächsten Schritt kennen, den der Herr machen möchte, und dein Bruder würde sich damit eins machen.

Kannst du sehen, wie wichtig das ist? Wir sprechen hier davon, den Willen und Plan Gottes in unseren Leben zu kennen. Wenn jeder Gläubige, den Willen und Plan Gottes in seinem Leben kennen würde, dann würden wir alle in die gleiche Richtung laufen. Wir wären wie ein Leib, der sich gleichzeitig bewegt, der einen Herzschlag hat, der sich in die eine Richtung bewegt und wir würden die Herzen voneinander kennen. Jeder einzelne von uns muss sich in diesem Bereich auskennen.

Ich spreche hier nicht von fantastischer Geistlichkeit. Ich spreche nur davon, den Willen und das Herz Gottes zu kennen. Und das ist für jeden Gläubigen erhältlich. Jeder Gläubige sollte darin laufen, denn nur wenn jeder Gläubige darin läuft, kann der Leib Christi wirklich aufstehen und ein Vorbild sein für diese Welt. Aber während wir noch beim anderen Fehler suchen und argumentieren und versuchen zu entscheiden, wer richtig und wer falsch liegt, stirbt die Welt in der Zwischenzeit und wenn die Menschen uns anschauen, dann lachen sie sich kaputt – weil sie nicht genau wissen, was für ein Schauspiel sie da vor sich sehen.

Wenn wir realisieren würden, dass das Wort Gottes unser Standard ist und dass immer die Liebe Christi unsere Motivation sein sollte, dann würden Lehransichten und Denominationen, unsere Rasse, die Kultur und das Geschlecht einfach wegfallen, denn dann würden wir nicht mit unseren natürlichen Augen sondern mit unseren geistlichen Augen sehen.

Wenn du mit den Augen des Geistes siehst, dann siehst du einen Bereich und hast eine Sicht, die über all das hinausgeht, was du kennst und im Natürlichen wahrnimmst. Das ist so, weil jedes Template, das in der Kindheit in dich hineingebaut wurde, auf den sündhaften Reaktionen dem Leben gegenüber basiert. Du wurdest schlecht trainiert. Die Moralkodex, die in dich gelegt wurden, sind menschliche Weisheit, nicht die Weisheit Gottes. Du wurdest mit dem Denken der Weisheit dieser Welt erzogen.

Wenn du einmal anfangen könntest die Weisheit Gottes zu sehen und in den geistlichen Bereich zu schauen und erkennst, was Er sagt; wenn jeder Gläubige das tun könnte, dann würden wir aus dem System dieser Welt ausbrechen, das den Leib Christi kontrolliert. Wir könnten diesen schlafenden Riesen aufwecken und als diese Stadt auf dem Hügel stehen und ein Vorbild sein. Wir könnten unsere Hand in Kraft ausstrecken und Veränderung in den weltweiten Leib Christi und auch in jede Nation und jeden Stamm bringen.

Zurück zur Gemeinschaft mit Gott

Ich spreche hier nicht von etwas Superfantastischem. Ich spreche davon, diese Prinzipien zu nehmen und sie zur Grundanwendung in unseren Leben zu machen. Ich spreche hier davon, zurück zur Grundlage zu gehen. Ich spreche davon, zu dem zurückzugehen, was Gott im Garten Eden geplant hatte, als Adam und Eva dort jeden Tag Zeit mit Ihm verbrachten, sie mit Ihm redeten und kommunizierten und sagten: „He Herr, wie geht es heute?"

„Wie war dein Tag heute, Adam?"

„Oh, nicht schlecht. Ich habe ein paar Tieren Namen gegeben. Ich habe ein paar Hecken zurückgeschnitten und Eva und ich haben einen Spaziergang gemacht dort drüben im Sonnenuntergang. Wir hatten eine herrliche Zeit am Fluss."

Sie redeten die ganze Zeit mit dem Herrn und das ist die Ordnung, zu der wir als Glieder des Leibes Christi, zurückkehren sollten. Die einzige Art, wie du fähig sein wirst das zu tun, ist, wenn du lernst die Sprache, die der Herr die ganze Zeit mit dir spricht, zu verstehen.

Vielleicht fängt es mit Schattenbildern und Typen und Symbolen an, wie ich dir das hier gezeigt habe. Vielleicht waren dir einige davon unverständlich. Aber wenn du damit anfängst, dann wirst du langsam auch eine Beziehung von Angesicht zu Angesicht entwickeln, in der du den Herrn klar zu dir sprechen hören kannst. Das ist das schlussendliche Ziel dieses ganzen Buches über

Träume und Visionen. Es geht nicht so sehr darum, dass du Antworten bekommst, sondern es geht darum dich zu ermutigen, eine persönliche Beziehung mit dem Herrn Jesus Christus zu entwickeln.

KAPITEL 15

Den geistlichen Bereich erleben

Und es wird geschehen in den letzten Tagen, spricht Gott, daß ich von meinem Geist ausgießen werde auf alles Fleisch, und eure Söhne und eure Töchter werden weissagen, und eure jungen Männer werden Gesichte sehen, und eure Ältesten werden Traumgesichte haben;

~ Apostelgeschichte 2,17

Kapitel 15 – Den geistlichen Bereich erleben

Der geistliche Bereich überwiegt

In diesem Kapitel werde ich viele persönliche Erlebnisse weitergeben, die ich im Bereich der Visionen gemacht habe. Ich hoffe dabei und ich bete, dass der Heilige Geist mich befähigt, so dass ich dir eine Idee und ein Bild davon und einen Wunsch geben kannst, dass du anfängst dich nach den gleichen Dingen auszustrecken. Ich werde dir praktische Illustrationen geben, wie der Herr Visionen in jedem Aspekt unseres geistlichen und täglichen Lebens gebraucht. Persönlich kann ich keinen Tag leben, ohne auf irgendeine Art Visionen zu sehen. Du denkst vielleicht, dass ich supergeistlich bin, aber das ist überhaupt nicht so. Ich habe einfach gelernt, die geheime Sprache Gottes anzuzapfen und ich habe gelernt das jederzeit zu tun, wo auch immer ich bin, wann immer ich es brauche.

Der Herr spricht die ganze Zeit zu dir. Wenn du lernst diese Weisheit anzuzapfen, wann auch immer du sie brauchst, dann wird Er immer ein Wort für dich haben und es wird immer etwas geben, das Er dir mitteilen möchte. Visionen sollten ein Lebensstil für jeden Gläubigen sein. Es sollte etwas sein, in dem wir leben, denn sagt die Bibel nicht, dass der geistliche Bereich grösser ist als der natürliche? Sollten unsere Augen nicht im geistlichen Bereich sein, damit wir diese Offenbarung dann auch auf den natürlichen Bereich anwenden können? Aber wir verdrehen das. Wir schauen im Natürlichen und bekommen Panik und erst dann rennen wir zum Herrn im Gebet. Es sollte umgekehrt sein. Wir sollten unsere Augen so scharf auf den geistlichen Bereich eingestellt haben, dass wir bereits sehen, was vor uns liegt und was im Natürlichen Bereich passieren wird.

Wir haben uns die Funktion des Geistes im Kapitel „Visionen: Deine geheime Unterhaltung mit Gott" angeschaut. Dort haben wir gesehen, wie der Geist die Fähigkeit hat, in die Zukunft zu sehen. Wenn nun unsere Augen fest auf den geistlichen Bereich ausgerichtet sind, dann können wir Stolpersteine und Beförderungen schon viel früher sehen, bevor sie passieren. Dann können wir uns im Natürlichen auf diese kommende Veränderung vorbereiten. Stattdessen werden wir in unserem täglichen Leben mit Überraschungen konfrontiert, die meistens negativ sind. Dann wollen wir plötzlich im Wort nachschauen und im Gebet zum Herrn kriechen, damit wir eine schnelle Lösung für unser Problem erhalten. Aber wir hätten schon viel früher daran arbeiten sollen, bevor es passiert ist.

Es ist wie dieses alte Sprichwort: „Vorbeugen ist besser als heilen." Es bezieht sich genau auf diese Illustration, die ich hier gebrauche. Du musst deine Augen auf den geistlichen Bereich ausgerichtet haben, damit du vorbereitet bist und weisst, was im Natürlichen passieren wird. Denn der geistliche Bereich ist grösser als der physische. Es ist die ursprüngliche Art, wie Gott den Menschen geschaffen hat.

Die Angesicht-zu-Angesicht-Beziehung

Wenn du ganz an den Anfang zurückgehst, zum Garten Eden, dann wirst du feststellen, dass für Adam und Eva die wichtigste Zeit des Tages die Zeit war, wenn sie in der Kühle des Tages mit dem Herrn Gemeinschaft hatten. Das war die Zeit, in der Er ihnen die Instruktionen gab, auf denen sie ihre Leben aufbauten.

Das Schrecklichste, als sie aus dem Garten Eden verbannt wurden, war für Adam und Eva nicht, dass sie nicht mehr von den Bäumen essen konnten und auch nicht, dass sie keinen solchen üppigen Ort zum Leben mehr hatten und jetzt auf dem harten Boden arbeiten mussten. Nein, das Schrecklichste für Adam und Eva war, dass sie, als sie aus dem Garten Eden verbannt wurden, von Gott getrennt waren, denn Er war bis vor dem Fall ihr täglicher Atem gewesen, den sie einatmeten.

Aber durch Jesus Christus ist dieses Recht und dieser Segen wieder auf uns zurückgekommen. Wir können jetzt dank Golgatha in Gottes ursprüngliches Muster eintreten, so dass das, was Adam verloren hatte, für uns durch Christus wiederhergestellt wurde. Genau wie das Wort sagt, dass durch den Tod des Einen, Adam, alle starben, so kommt auch Leben und Herrlichkeit durch den Einen, Jesus Christus. Nun haben wir in Jesus die

Möglichkeit, zuversichtlich zum Thron der Gnade zu kommen und durch Visionen und andere Arten von Gaben Richtungsweisung für unsere Leben zu erhalten. So können wir wissen, was in unseren Leben passieren wird und wie wir diese Weisheit praktisch in unseren Leben anwenden sollen.

3 Kategorien von Visionen im Wort

Es gibt drei Hauptkategorien von Visionen im Wort, die ich hier kurz anschauen möchte.

1. Kategorie: Eindrücke im Verstand

> *„Und es wird geschehen in den letzten Tagen, spricht Gott, daß ich von meinem Geist ausgießen werde auf alles Fleisch, und eure Söhne und eure Töchter werden weissagen, und eure jungen Männer werden Gesichte sehen, und eure Ältesten werden Traumgesichte haben."*
>
> ~ *Apostelgeschichte 2,17*

Die erste und bekannteste Kategorie von Visionen sind Eindrücke oder Bilder, die in deinen Verstand kommen. Das ist die Art von Visionen, die ich bis jetzt mit dir angeschaut habe. Das sind auch die Visionen, von denen ich dir hier Beispiele geben werde. Tatsächlich sind sie der Standard, wie der Herr zu uns spricht – durch diese Schattenbilder und Eindrücke in unseren Gedanken. Sie sind jedem Gläubigen am Geläufigsten.

2. Kategorie: Trancevisionen

„Ich war in der Stadt Joppe im Gebet, und ich sah in einer Verzückung eine Erscheinung, wie ein Gefäß herabkam, gleich einem großen leinenen Tuch, an vier Zipfeln herabgelassen aus dem Himmel; und es kam bis zu mir."

~ Apostelgeschichte 11,5

Die zweite Art von Vision ist die Trancevision. Ich bin sicher, du hast diese Stelle in der Bibel schon einmal gelesen, in der es darum geht, wie Petrus auf das Dach des Hauses stieg und das Wort sagt dann, dass er sich in einem Trancezustand befand und ein Tuch voll mit unreinen Tieren herunterkommen sah. Dann wurde ihm gesagt: „Steh auf und iss!"

Nun eine Trancevision erlebst du, wenn all deine Sinne ausgeschaltet sind und du in einen anderen Bereich genommen wirst. Es handelt sich um den Zustand, in dem dein Körper immer noch da ist, aber dein Verstand irgendwo anders ist. Deine Sinne sind alle ausgeschaltet und so kannst du in der Vision tatsächlich sehen, schmecken, riechen, hören und fühlen, was vor sich geht. Je mehr du den geistlichen Bereich erleben wirst und je mehr du dein Herz den Offenbarungen Gottes gegenüber öffnest, desto weniger ungewöhnlich ist es, wenn du den geistlichen Bereich anfängst mit all deinen fünf Sinnen wahrzunehmen.

Das ist überhaupt keine übliche Art von Vision, dennoch gebraucht der Herr sie oft, wenn Er Seine Botschaft klar weitergeben will. Das ist die Art Vision, die viele sehen, wenn sie im Geist erschlagen daliegen.

3. Kategorie: Offene Vision

> *„Und der Junge Samuel diente dem HERRN vor Eli. Und das Wort des HERRN war selten in jenen Tagen; ein Gesicht war nicht häufig."*
>
> ~ 1. Samuel 3,1

Die dritte Art von Vision, die in der Bibel erwähnt wird, ist die offene Vision. Nun, die offene Vision ist ganz einfach ein Bild, das über deine Sinne gelegt wird. Mit anderen Worten, für dich sieht es so aus, als ob etwas da wäre, aber niemand anders kann es sehen. Leider ist dies ein Bereich, in dem Satan sehr stark arbeitet. Du hast sicher schon viele seltsame Geschichten von Menschen gehört, die Geister, Phantome und komische Dinge gesehen haben. Das ist eine offene Vision, wenn ein Bild über deine Sinne gelegt wird.

Biblisches Beispiel

Ein gutes Beispiel dafür in der Bibel ist das von Saulus, als er auf dem Weg nach Damaskus war. Er fiel von seinem Pferd und sah ein helles Licht und Jesus erschien ihm und sagte zu ihm: „Saulus, Saulus, wieso verfolgst du mich?" Es heisst in der Bibel, dass die Männer, die bei ihm waren, etwas hörten, aber sie konnten den Mann nicht sehen, der mit Paulus redete. Aber als Paulus später dem König das Ereignis erzählte, sagte er: „Ich sah den Mann." Er hatte Jesus gesehen. Jesus war ihm erschienen. Das war eine offene Vision und nur Paulus sah sie. Die Männer, die bei ihm waren, konnten sie nicht sehen.

Ein weiteres, gutes Beispiel dieser Art von Vision ist, als Jesus von Johannes im Fluss Jordan getauft wurde.

> *„Und der Heilige Geist in leiblicher Gestalt wie eine Taube auf ihn herabstieg und eine Stimme aus dem Himmel kam:Du bist mein geliebter Sohn, an dir habe ich Wohlgefallen gefunden."*
>
> *~ Lukas 3,22*

Du liest davon wie Johannes sagt: „Der Heilige Geist hat mir gesagt, dass ich, wenn ich eine Taube auf jemanden herabsteigen sehe, weiss, dass dies der Auserwählte ist, dass dieser, der Sohn Gottes ist." Du kennst die Geschichte, wie Jesus zu ihm kam, um von ihm getauft zu werden und Johannes die Taube auf Jesus herabsteigen sah. Niemand sonst sah diese Taube auf Jesus herabsteigen, entgegengesetzt den bekannten Bibelgeschichten. Niemand sah das, denn gleich darauf heisst es von Johannes, dass er sagte: „Ich habe die Taube gesehen und das war mir ein Zeichen, so wie der Herr mir gesagt hatte, Er würde mir ein Zeichen geben."

Später sagte Jesus selbst, dass Johannes der Täufer als Zeuge gesandt wurde, dass Er der Sohn Gottes war.

Heute nicht üblich

Trancevisionen und offene Visionen sind heutzutage nicht üblich. Wieso ist das so? Das ist ganz einfach, weil sie im Alten Testament den Heiligen Geist nicht in sich drin hatten. Damals hatten sie die Fähigkeit noch nicht, aus ihrem eigenen Geist Offenbarung vom Heiligen Geist zu empfangen, weil ihr Geist durch den Fall Adams von Gott getrennt war. Jesus war noch nicht gekommen und hatte den Graben zwischen dem Menschen und Gott noch nicht überbrückt. Damals musste der entsprechende Prophet an einen Punkt der Gerechtigkeit kommen, bevor Gott sich ausstrecken und ihm irgendeine Form von Offenbarung geben konnte.

Sehr oft war die Offenbarung, die den Propheten gegeben wurde, entweder in Träumen, offenen Visionen oder Trancevisionen. Der Herr musste tatsächlich ihre Sinne ausschalten, um ihnen Seine Botschaft geben zu können, weil sie damals nicht fähig waren, aus ihrem eigenen Geist zu hören. Sie waren nicht fähig, für sich selbst die Geister zu unterscheiden, weil sie nicht den Heiligen Geist in sich wohnen hatten.

Wenn der Herr nun also Seine Botschaft sehr klar machen wollte, dann musste Er sprichwörtlich Hand anlegen an die Propheten, alle ihre Sinne ausschalten und ihnen Seine Botschaft in ihre Gedanken geben. Siehst du, die Offenbarung, die sie empfingen, basierte auf ihrer Gerechtigkeit, denn Gott konnte nicht bei sündhaften Menschen wohnen. Aber heute, dank dem Kreuz und Golgatha, haben sich die Dinge verändert und wir können jederzeit, wenn wir es brauchen, vom Geist Gottes hören. Wir müssen nicht warten, bis wir in einen Stand der äusserlichen Gerechtigkeit gekommen sind, damit der Heilige Geist uns bombardieren und plötzlich

auf uns kommen und uns eine Botschaft geben kann.
Wir können uns einfach jederzeit im Glauben
ausstrecken, wann immer wir wollen und sagen: „Herr,
ich bin hier. Was möchtest du heute zu mir sagen?" und
Er wird zu dir sprechen.

Der Gebrauch von Visionen

Visionen sind wie auch alle anderen Gaben einzig und
allein für den Gebrauch der Erbauung und Ermutigung
des Leibes Christi da. Hier unterscheiden sich Träume
und Visionen. Träume kann jeder haben. Sogar
Ungläubige träumen. Aber wenn wir zu den Visionen
kommen, dann musst du wissen, dass sie eine
übernatürliche Gabe des Heiligen Geistes sind, die dem
Leib Christi gegeben wurde, um ihn durch den Gebrauch
von Glaube, Hoffnung und Liebe in die Reife zu führen.
Wie weiss ich das? Im 1. Korinther 12,7 heisst es:

> *„Jedem aber wird die Offenbarung des Geistes
> (das spricht von den Gaben des Geistes) zum
> Nutzen gegeben."*

Die Offenbarung oder die Gaben des Geistes sind jedem
einzelnen Glied im Leib Christi gegeben worden, damit
der ganze Leib erbaut wird. Das beinhaltet auch dich!
Jedem, heisst auch dir! Das bedeutet, dass der Herr auch
dir diese Fähigkeit der Gaben des Geistes gegeben hat,
damit du für den Leib Christi ein Gewinn sein kannst.
Visionen werden dir aus zwei Gründen gegeben – zu
deiner eigenen Erbauung und zur Erbauung der anderen
Glieder im Leib Christi.

Ich kann fast hören, wie du zu mir sagst: „Aber ich dachte, dass die Gaben für den Leib gegeben wurden. Wie kann ich Visionen dazu gebrauchen, um mich selbst aufzubauen?"

Nun, bist du kein Teil des Leibes Christi? Das letzte Mal, als ich es überprüfte, war ich Teil des Leibes Christi, also bedeutet das, dass Visionen auch mich auferbauen können. Als Paulus von der Zungenrede spricht, sagt er: „Wir reden in Zungen, damit wir selbst auferbaut werden." Erscheint dir das selbstsüchtig? Nein. Es ist nicht selbstsüchtig. Es ist eine geistliche Gabe. Deshalb wird sie ja „eine Gabe" genannt. Wenn du Geburtstag hast oder sonst irgendein spezieller Anlass ist und dir jemand ein Geschenk oder eine Gabe gibt, was ist dann meistens der Grund für dieses Geschenk? Ist der Grund für dieses Geschenk, dich dazu zu bringen etwas zu tun? Ist der Grund für die Gabe, dass du es weitergeben kannst, damit du nichts mehr hast? Oder ist der Grund für die Gabe, dass du etwas für dich haben, gebrauchen und dich daran erfreuen kannst und erfüllt bist mit Dankbarkeit, weil du etwas so Wundervolles haben kannst?

Wenn ich jemandem ein Geschenk mache, dann erwarte ich, dass er sich freut es zu gebrauchen. Deshalb machst du normalerweise jemandem ein Geschenk, damit du ihn segnen kannst und er voll Friede, Freude und Dankbarkeit sein kann. Denkst du, dass unser himmlischer Vater anders ist? Als Er uns also diese geistlichen Gaben gab, tat Er dies von Herzen als ein Segen. Er gab sie uns, damit wir uns damit gut fühlen können; etwas, das wir gebrauchen können, um uns zu erbauen und mit dem wir auch den Leib Christi erbauen können. So können wir zu einem gesunden und starken Leib heranwachsen. Wir können ein Leib sein, auf den andere eifersüchtig sind.

Wenn du dir die Verheissungen anschaust, die der Herr den Israeliten gegeben hat, dann sagte Er: „Nationen werden auf dich eifersüchtig sein. Wenn du dich erhebst, werden Könige zum Aufgang deines Lichtes angezogen werden." Die Welt sollte eifersüchtig auf uns sein. Sie sollte unsere Gaben anschauen und die Juwelen sehen, die wir im Geist tragen und sagen: „Sie haben etwas, was wir nicht haben."

Wenn du eine Frau siehst, deren Mann ihr einen riesigen Diamantring gegeben hat, dann sagst du: „Ich wünschte mir, ich hätte auch so einen Mann, der mir solch wunderschönen Schmuck kauft." Ich weiss, dass du dich als Frau so fühlst. Wenn dein Mann dir etwas Besonderes kauft, dann möchtest du, dass andere Frauen dich anschauen und sagen: „Wow, schau dir das an!" Du möchtest, dass sie dich beneiden.

Nun, die Welt sollte den Leib Christi beneiden, weil unser Bräutigam uns so viele wunderschönen Geschenke gibt, die wir stolz herumtragen und anderen vorzeigen und sagen sollten: „Hast du gesehen, was er mir gegeben hat?" Deshalb hat uns der Herr Jesus diese Gaben gegeben, um uns damit zu segnen.

Persönliche Erlebnisse in Visionen

Ich werde jetzt mit dir durch ein paar persönliche Erlebnisse und die verschiedenen Arten von Visionen gehen, die der Herr uns gegeben hat, um uns dabei zu helfen, dass wir als ein Team erbaut werden.

KAPITEL 16

Visionen und Kampfführung

*Und jede Höhe, die sich gegen die Erkenntnis
Gottes erhebt, und nehmen jeden Gedanken
gefangen unter den Gehorsam Christi*

~ 2. Korinther 10,5

Kapitel 16 – Visionen und Kampfführung

Kampfführung

Einer der Bereiche, in dem ich konstanten Gebrauch von Visionen mache, ist der Bereich der Kampfführung. Ich kann mir nicht vorstellen Kampfführung zu machen, ohne zu wissen, was ich tue. Welcher Verrückte würde schon blind auf das Kampffeld laufen? Nicht einmal im Natürlichen sind Menschen so dumm, wieso also sollten wir im geistlichen Bereich so dumm sein?

Du willst den Feind angreifen, erhebst dich, fängst an Bibelstellen zu zitieren, ihn unter deine Füsse zu bringen und du stellst dich entschlossen auf das Wort Gottes! Das ist alles schön und gut, ja, du musst deine Waffenrüstung anziehen. Du musst gegürtet und stark dastehen. Aber dann ziehst du keine Augenbinde an und rennst in eine Wand hinein. Das ist ganz einfach dumm! Das tust du nicht einmal im Natürlichen. Weshalb solltest du es dann im geistlichen Bereich tun?

Du musst das Wort auf deinen Lippen haben, aber du musst wissen, worauf du es ausrichtest. Ich habe Christen gesehen, die aufstehen und den Teufel von allen Seiten attackieren. Sie schreien ihn an, binden ihn und stehen auf seinen Nacken. Nach einer Stunde sind sie total erschöpft und der Teufel steht da und sagt:

„Was ist los?" Sie haben das Ziel verfehlt! Sie haben alle ihre Pfeile abgeschossen und das Ziel dennoch verfehlt. Sie haben ihn nicht dort getroffen, wo es wirklich weh tut, weil sie nicht wussten, wohin sie zielen sollten. Sie haben nicht gewusst, wie er von Anfang an hereingekommen ist, wie konnten sie ihm also die Lizenz wegnehmen?

Ich lehre in *Strategies of War* ausführlich darüber, wie du die Werke des Feindes in deinem Leben entfernen kannst. Ich lehre darüber, dass wir zuerst herausfinden müssen, wo der Feind hereinkommen konnte, damit wir diese Türen in unseren Leben schliessen können. Siehst du, Satan hat kein Recht, dich einfach immer zu attackieren, wann es ihm gerade gefällt. Dazu muss ihm Lizenz gegeben werden. Nun, wenn du in die Kampfführung gehst und gegen den Feind in deinem Leben aufstehen willst, dann musst du herausfinden, wo er hereingekommen ist, bevor du gegen ihn angehen kannst.

Wie wirst du das tun können, ausser wenn du weisst, wie du im geistlichen Bereich sehen kannst und ausser wenn du weisst, wie du Offenbarung aus deinem Geist empfangen kannst? Du kannst dich mit so vielen Bibelstellen bewaffnen, wie du willst, aber wenn du den Feind nicht am richtigen Ort triffst, dann fliegen diese Bibelstellen alle über seinen Kopf hinweg und sind nicht so effektiv und kraftvoll, wie sie das sein könnten.

Nun, das klingt jetzt vielleicht amüsant für dich und vielleicht sogar wie eine Irrlehre. Aber es ist die

Wahrheit und ich habe das schon gesehen. Ich habe gesehen, wie Menschen auf das Wort stehen. Ich habe gesehen, wie sie durch viele Attacken in ihrem Leben gehen und denken, dass sie einfach durch das Zitieren von einer Bibelstellen nach der anderen überwinden könnten. Obschon sie es vielleicht nicht einmal glaubten. Sie liegen falsch, denn in neun von zehn Fällen ist etwas in ihrem Lager, das sie hinausschaffen müssen. Da ist ein Fluch in ihren Leben. Da gibt es ein Objekt in ihrem Haus, das einen dämonischen Einfluss hineinbringt und eine offene Türe für den Feind darstellt. Sie haben Sünde in ihren Leben. Sie haben Bitterkeit in ihren Herzen, die dem Feind die Türe weit öffnet um hereinzukommen.

Du kannst dem Feind so viele Bibelstellen anwerfen, wie du nur willst. Aber wenn du dein Herz geöffnet hast und ihm deine Türe weit aufgemacht hast, damit er hereinkommen kann, dann werden ihn deine Bemühungen nicht stoppen. Du kannst Bibelverse zitieren, bis du blau bist im Gesicht. Aber wenn du ihn eingeladen hast, dann hat er Zutritt. Du musst diese offene Türe finden und sie schliessen. Dann schlägst du ihn mit dem Schwert, mit dem Wort Gottes. Und ich sage dir, ein Schlag und das genügt! Du wirst dich nur ermüden, wenn du einfach blind deine Pfeile herumschiesst.

Attacke im Dienst

Wir erleben das viel im Dienst, den wir haben. Wir sind unter viele dämonische Attacken gekommen. Es gab spezifische Leute und dämonische Gruppen und Sekten, die gegen uns gebetet haben, die nichts lieber sehen würden, als dass wir untergehen. Sie sind dämonisch inspiriert. Und es gab Zeiten, in denen das Team unter gewaltige Attacke kam und wir sagen mussten: „Mensch, was geht hier vor?"

Wir akzeptieren nicht einfach alles vom Feind. Wir sagen: „Wo ist er hereingekommen? Der Feind hat keine Erlaubnis in dieses Lager zu kommen, ausser es wurde ihm Lizenz dazu erteilt." Als Erstes gehen wir ins Gebet und sagen: „Also Herr, zeige uns die offene Türe."

Es gab Zeiten, in denen wir unwissentlich falschen Propheten Zutritt in unserer Mitte gegeben haben und als sie das Lager betraten, haben sie ihren Fluch und ihre Dämonen mitgebracht. Streit und Konflikt kam unter den Studenten auf und es geschahen negative Dinge im geistlichen Bereich. Wir sagten: „Was geht hier vor?" Als wir ins Gebet kamen, sahen wir einen okkulten Dämonen und wir wussten sofort: „Etwas ist los. Jemand ist in unserer Mitte, der nicht vom Geist Gottes geleitet ist und diese Person bringt einen Fluch herein."

Wenn ich im Geist einen okkulten Dämon sehe, dann ist er gross, glatzköpfig, muskulär und sieht ziemlich menschlich aus. Er hat zugespitzte Ohren oder vielleicht Hörner, wie du sie in den Märchenbüchern siehst. Seine Haut ist entweder grün oder dunkelgrau. Nun, das ist nur eine Darstellung des Dämons, denn Dämonen haben keinen wirklichen Körper. Was also für mich ein Hinweis auf einen okkulten Geist ist, kann im geistlichen Bereich für dich anders aussehen – denn sie sind körperlose Geister, wie die Bibel sagt.

Wenn du diesen Eingangspunkt herausfindest und mit dem Wort Gottes gegen diese Person und gegen diesen okkulten Geist aufstehst, dann wird der Feind nachgeben und er muss fliehen. Er weiss auch, dass er gehen muss, denn er ist identifiziert worden. Schliesse diese Türe im geistlichen Bereich, gehe im Namen Jesu gegen den Feind an und wende das Blut an. Aber du gehst nicht herum und spritzt überall Blut hin, du musst zuerst wissen, wo das Blut hingehört.

Wenn sie im Alten Testament ein Opfer darbrachten, dann legten sie es auf den Altar. Sie warfen es nicht im Raum herum. Wenn du gegen den Feind angehst und wenn du Kampfführung machst, dann musst du wissen, wohin du deine Waffe abzielen musst und du musst wissen, was du mit ihr machen musst. Fuchtle nicht wild damit in der Luft herum. Du wirst wie ein Verrückter aussehen!

Das ist eine der mächtigsten Arten, wie der Herr uns gebraucht hat und wir kämpfen auch für andere, aber das werden wir später zusammen anschauen, wenn ich über die Erbauung des Leibes Christi spreche.

Regiert der Feind in deinem Leben und kämpfst du mit Armut, Krankheit und Streit? Fällt es dir schwer, Zugang zum geistlichen Bereich zu bekommen? Dann bitte den Herrn jetzt: „Öffne mir meine geistlichen Augen, Vater damit ich sehe, wo der Feind hereinkommen konnte."

Vielleicht zeigt dir der Herr die Bitterkeit in deinem Herzen auf. Es kann sein, dass Er dir ein schwarzes Herz zeigt. Er zeigt dir vielleicht ein Herz, das ganz steinern aussieht und sagt zu dir: „Genau das ist dein Problem. Geh dein steinernes Herz an. Geh deine Bitterkeit an und dann sage dem Feind, dass er gehen soll und er wird keine Lizenz mehr haben, zu bleiben."

Vielleicht hast du Sünde in deinem Leben, die dem Feind die Türe öffnet und der Herr kann dir das offenbaren. Es kann sein, dass du ein Objekt in dein Haus gebracht hast, irgendeinen Götzen, etwas, dessen du dir gar nicht bewusst bist. Der Herr kann dir das wieder in Erinnerung rufen. Du musst den Götzen, diesen Gegenstand, entfernen und dem Feind sagen, dass er jetzt gehen muss und er wird gehen!

Konfrontation mit Prinzen

So wie der Herr uns mehr und höher aufsteigen liess, sind wir in Konfrontation mit verschiedenen Prinzen aus der Region gekommen. Ich erinnere mich an eine spezifische Zeit, als wir beteten und im geistlichen Bereich etwas ganz Komisches sahen. Ich sah etwas, das wie ein Mann aussah, aber er hatte Hörner auf dem Kopf. Ich verstand nicht genau, wer er war, aber die beste Art, wie ich ihn beschreiben kann, ist mit dem Bild eines Matadors, das ich schon einmal gesehen habe, so einer wie in den alten Legenden. Er war halb Mensch und halb Bulle. Ich wusste, dass es sich um einen hochrangigen Dämonen handelte, gegen den wir da ankamen. Ich erzählte meinem Team von der Vision und jemand bestätigte sofort, was ich gesehen hatte und sagte: „Das ist der Prinz von Amerika."

Das passierte genau in der Zeit, in der wir gerade unsere Schulen in den Vereinigten Staaten eingeführt hatten und Studenten von dort dabei waren sich einzuschreiben und Training von uns zu erhalten. Das verursachte offensichtlich einen kleinen Aufruhr. Es löste etwas aus im geistlichen Bereich. Der Prinz von Amerika hatte das nicht gern. Sein Königreich wurde ein wenig erschüttert.

Anstatt diese bedeutungslosen Dämonen anzugehen, die uns belästigten, gingen wir direkt an die Spitze und gingen im Namen Jesu den Obersten an und sagten ihm, dass er seinen Halt an den Studenten verloren hätte, die der Herr uns gebracht hatte. Er musste gehen und er musste loslassen. Aber wir hätten nie gewusst, woher die Attacke gekommen ist, wenn wir nicht zuerst in den geistlichen Bereich geschaut hätten.

Lobpreis und Anbetung

Die wunderbarsten Erlebnisse, die ich je im geistlichen Bereich gemacht habe sind, wenn ich im Lobpreis und in der Anbetung bin. Als ich mich hinsetzte, um dieses Kapitel vorzubereiten und anfing die Offenbarung fliessen zu lassen, die der Herr mir gegeben hatte, waren die meisten Offenbarungen solche, die ich in einer Anbetungszeit empfangen hatte. Es hat einfach etwas auf sich, wenn du singst, preist und anbetest: Es hebt dich hoch und bringt dich in einen Bereich, der nicht natürlich ist.

Du weisst, wie das in einem Gemeindetreffen ist, wenn die Band spielt und diese sanfte Brise zur Tür hereinkommt und du es fühlbar spürst. Da ist diese Wärme, wie wenn jemand Öl über dich ausgiessen würde. Wenn du deine Augen schliesst, wirst du hochgehoben. Du bist in einen Bereich versetzt, der über das menschliche Verständnis hinausgeht. Das ist der geistliche Bereich.

Während du den Herrn preist und dein Herz erhebst, machst du dich mit der Himmelswelt eins und du vereinst dich mit dem Heiligen Geist und dann wirst du emporgehoben. Wenn du dich innerlich erhoben fühlst, dann ist es soweit, dass du wahrscheinlich Visionen aus der Himmelswelt empfängst.

Engel mit uns

Es ist sehr üblich, dass wir während unseren Anbetungszeiten Engel singen hören und sehen, wie sie mit uns tanzen. Wir haben die herrlichste Zeit zusammen. Die Anbetungsengel haben Flügel und sind in einfache Gewänder gekleidet, so wie du sie dir vorstellst. Sie strahlen immer die Gegenwart des Herrn aus und haben helles Haar. Ich habe sie mit Tamburinen, Zithern und Harfen gesehen und einige hatten sogar Schlagzeug und verschiedene Saiteninstrumente gespielt. Sie tanzen und preisen und singen und es ist etwas Spektakuläres, im Geist zu sehen, wie sie den Herrn verherrlichen. Es motiviert dich. Es hebt dich hoch und dein Herz zerplatzt fast.

Ich möchte so tanzen wie sie. Ich möchte den Herrn Jesus mit der gleichen Unbekümmertheit preisen, wie sie das tun, denn sie preisen Ihn mit allem, was sie haben. Sie werfen ihre Arme in die Luft, sie drehen sich im Kreis, sie tanzen, singen und klatschen. Sie sind so voll von der Freude des Herrn.

Jesus' Herzschlag

Wenn ich sie sehe und sie im geistlichen Bereich singen höre, dann möchte ich mich ihnen anschliessen. Ich möchte auch tanzen und singen und auf und ab hüpfen. Es ist solch ein schönes Erlebnis und du kannst das auch haben, denn der geistliche Bereich ist für jeden da, wenn du anfängst zu preisen und anzubeten. Er ist für jeden verfügbar und er ist da, um dich zu erheben und dich wissen zu lassen, dass es noch etwas Grösseres gibt als den natürlichen Bereich. Das gibt dir Hoffnung. Es lässt dich sehen, dass es wirklich Freude und Frieden in diesem Leben gibt, das wir den christlichen Lauf nennen.

In dem Moment, in dem du deine Augen vom Natürlichen wegnimmst, verschwinden auch deine Probleme! Wenn wir durch schwierige Zeiten gehen, dann gehen wir zum Herrn und sagen: „Herr, was geht hier vor sich?" und dann fangen wir jeweils an zu preisen und anzubeten. Ich sehe den Herrn Jesus oft in einer Vision. Er liebt es zu tanzen und Er hat einen guten Humor. Er kommt auf mich zu und nimmt mich bei der Hand und sagt: „Komm, lass uns tanzen."

„Oh, aber Herr, ich bin wirklich niedergeschlagen. Du glaubst nicht, was ich für einen Tag hatte! Die Kinder haben mich fast wahnsinnig gemacht. Es wurde auf mir herumgehackt. Ich habe Hunderte von Emails erhalten und die Arbeit wächst mir über den Kopf. Die Studenten machen mir Schwierigkeiten. Ich möchte mich einfach im Bett verkriechen und sterben."

Er sagt: „Ach, vergiss das! Komm, lass uns tanzen!" Er nimmt meine Hand und dreht mich herum und wir fangen an zu tanzen. Am Ende des Tanzes habe ich alle Schwierigkeiten des Tages vergessen. Sie sind so weit weg, denn Er hat meinen Geist auferbaut. Er sagt: „He, du bist besonders für mich!"

Wenn ich also anfange zu preisen und anzubeten, dann ist die Offenbarung und Vision, die ich am meisten sehe, die meines himmlischen Bräutigams Jesus, wie Er kommt und meine Hand nimmt und mit mir tanzt. Er hat mir schon so wundervolle Illustrationen in diesen intimen Zeiten gegeben. Einmal hat Er zu mir gesagt: „Weisst du, wenn du mit anderen sprichst und in deinem täglichen Lauf bist und lernst aus deinem Geist herauszufliessen, dann ist das, wie wenn du mit mir tanzt. Wenn ich dich nahe bei mir halte und du deinen Kopf an meine Brust legst, dann kannst du meinen Herzschlag hören." Er sagte: „Alles, was du tun musst, ist, im Einklang mit meinem Herzschlag zu laufen." Aber um im Einklang mit Seinem Herzschlag laufen zu können, muss ich meinen Kopf an Seine Brust halten.

Darum geht es wirklich, wenn du den geistlichen Bereich erlebst. Es geht darum, dein Ohr am Herzschlag Gottes zu haben und so zu wissen, wann und wohin Er sich bewegen möchte. An diesen Punkt sollte jeder Gläubige kommen, wie ich schon in der eröffnenden Passage gesagt habe.

Es wird eine Zeit kommen, in der du Ihn so gut kennen wirst, wie Er dich kennt. So wie du erkannt worden bist, wirst auch du erkennen. Ist das nicht das schlussendliche Ziel, wenn es um das Empfangen von Offenbarung und das Erleben des geistlichen Bereiches geht? Ist das schlussendliche Ziel nicht den Herzschlag Gottes zu hören?

KAPITEL 17

Entwickle deine Beziehung mit Gott

17 Der Herr aber ist der Geist; wo aber der Geist des Herrn ist, ist Freiheit.

18 Wir alle aber schauen mit aufgedecktem Angesicht die Herrlichkeit des Herrn an und werden [so] verwandelt in dasselbe Bild von Herrlichkeit zu Herrlichkeit, wie es vom Herrn, dem Geist.

~ 2. Korinther 3,17-18

Kapitel 17 – Entwickle deine Beziehung mit Gott

Das bringt mich zu meinem nächsten Lieblingsthema und das ist, dass Visionen deine Beziehung mit dem Herrn fördern. Erinnerst du dich, wie es war, als du das erste Mal mit deinem Freund oder deiner Freundin ausgegangen bist? Erinnerst du dich, wie ihr zusammen dagesessen seid und stundenlang den grössten Blödsinn geredet habt, aber es euch nie langweilig dabei geworden ist? Als Frau könnte ich stundenlang telefonieren und es würde mir nie langweilig werden. Aber Craig liebte das Telefon nicht allzu sehr, so war nach zwanzig Minuten sein Limit erreicht. Aber ich hätte noch Stunden weiterreden können, einfach reden, reden, reden. Ich wette, das hast du nicht gewusst, nicht wahr? Ich kann einfach endlos reden.

Wenn ihr euch zum ersten Mal trefft, dann könnt ihr einfach nicht genug zusammen reden. Ihr redet über das Wetter, über eure Wünsche, über eure Träume, eure Sehnsüchte, eure Vergangenheit und eure Zukunft. Wenn ihr euch zum ersten Mal verabredet, scheint es so, als ob ihr die ganze Welt erobern könntet. Du hast so viele Ideen, so viele Pläne, was du mit deinem Leben alles tun wirst und welchen Weg dein Leben einschlagen wird.

Visionen zu haben ist so, wie wenn du mit dem Herrn Jesus eine Unterhaltung führst. Wenn du Ihm einfach nur die Zeit gibst, dann redet Er stundenlang mit dir. Er gibt dir so viele Bilder und Wünsche und Träume und Ziele, die Er für dein Leben hat, du kannst Ihn gar nicht ruhigstellen. Er hat so vieles bereit für dich. Er möchte, dass du Ihn als Freund kennenlernst, damit du Ihn dann auch als Liebhaber kennenlernst und damit du Ihn dann auch als dein Bräutigam kennenlernst!

Persönliche Vision des Herrn Jesus

Visionen sind wirklich nur der Anfang, um in diese Beziehung hineinzukommen. Ich werde das erste Mal nie mehr vergessen, als ich den Herrn Jesus von Angesicht zu Angesicht traf. Wir waren in der Anbetung (du verstehst jetzt sicher, wieso Lobpreis und Anbetung so speziell für mich sind!) und ich fühlte mich ziemlich überführt. Ich empfand: „Herr, ich bin einfach nur ich. Ich bin so unbedeutend. Ich schaue mir alles an, was du getan hast und du bist so grossartig. Du bist so gewaltig!"

Als wir anfingen zu preisen und anzubeten, betraten wir den Thronraum und ich verbeugte mich. Ich öffnete meine Augen im geistlichen Bereich und sah vor mir ein paar Füsse, die Löcher darin hatten. Ich wusste sofort, wer das war. Das war Jesus. Ich war im Thronraum und Er sass dort auf Seinem Thron und ich war auf meinem Angesicht zu Seinen Füssen.

Er beugte sich hinunter und ich fühlte mich fast wie: „Weisst du, eigentlich darf man den Herrn nicht anschauen. Er ist so heilig, so herrlich. Er ist so gewaltig und du solltest dich vor Ihm fürchten und Ihm Ehre erweisen." Ich hatte fast Angst aufzuschauen. Aber Er hob mit Seiner Hand mein Kinn hoch und liess mich zu Ihm aufschauen und so blickte ich Ihm direkt in die Augen.

Ich glaube, ich werde den Ausdruck auf Seinem Gesicht nie mehr vergessen. Er blickte direkt durch mich hindurch und Er wusste alles über mich und doch war Er stolz auf mich und Er liebte mich. Er wusste alles über mich und dennoch liebte Er immer noch alles an mir. Er hatte eine durchschnittliche Grösse und etwa schulterlange, mittelbraune Haare. Er hatte keinen Bart und Seine Gesichtszüge waren sehr markant und ausgeprägt. Wenn ich Ihn anschaute, dann konnte ich verstehen, wieso Er von Judas identifiziert werden musste, denn Er sah so durchschnittlich aus in Seiner Erscheinung. Ich verstand jetzt auch, weshalb Seine Jünger Ihn auf dem Weg nicht wiedererkannt hatten, denn Er hatte Seinen Bart verloren, den die Soldaten Ihm ausgerissen hatten.

Er zog mich hoch und stellte mich auf meine Füsse, dann nahm Er meine Hand und sagte: „Komm!" Ich lief mit Ihm und zuerst war ich mir nicht ganz sicher, wo wir hinliefen, aber als wir so miteinander liefen, hörte ich das Geräusch von Wasser. Ich sah mich um und Er hatte mich auf diese wunderschöne grüne Wiese geführt. Auf dieser Wiese hatte es einen Fluss, einen sanften Strom. Er war sanft genug, um dieses Geräusch von plätscherndem Wasser, das über Steine fliesst, ertönen zu lassen.

Neben dem Fluss stand eine riesige Weide. Diese Bäume sind für mich ein schönes Template. Als ich ein Kind war, hatten wir eine riesige Weide in unserem Garten und ich verbrachte Stunden dort. Ich lag einfach unter diesem Baum, roch das Gras und träumte in den Tag hinein. Ich hatte damals keine Ahnung, dass der Herr zu meinem Herzen redete. Wenn ich jetzt zurückschaue, dann weiss ich, dass Er damals zu mir redete. Als Er mich also in dieser Vision unter die bekannten Zweige dieses Baumes nahm, da kam dieses vertraute Gefühl von Sicherheit aus meiner Kindheit in mir auf. Ich war an einem Ort, wo ich in meiner eigenen Welt war und ich erinnerte mich an alles.

Aber dieses Mal sass Er bei mir. Er sagte zu mir: „Das ist unser geheimer Ort." Es war, als ob ich ein kleines Kind war und mich auf Seinen Schoss setzte und Er hielt mich einfach. Er brauchte nichts zu mir zu sagen und ich musste nichts zu Ihm sagen, denn Er wusste alles. Er wusste, wie ich mich fühlte. Er wusste, was ich brauchte. Zu dem Zeitpunkt brauchte ich es, dass er mich einfach festhielt. Als ich mich so in Seinen Schoss legte, konnte ich Seine Kleidung riechen und sie roch so wie die Erde nach einem Regenschauer. Wie wenn du frühmorgens aufwachst und da ist dieser Geruch in der Luft. Er roch wie all die guten Dinge in meiner Kindheit.

Ich kann dir nicht wirklich erklären, wie sich das anfühlte, aber es veränderte mein Leben! Zum ersten

Mal hatte ich Jesus angetroffen. Ich traf Jesus - den Menschen. Ich traf Jesus - meinen besten Freund. Und jedes Mal, wenn ich nach diesem Erlebnis im Gebet zu Ihm kam, stand Er dort und wartete auf mich und ich musste nur meine Augen schliessen und E war dort. Er war immer dort an unserem geheimen Ort. Wenn ich eine schwierige Zeit hatte und wirklich gestresst war, dann musste ich nur an den ruhigen Ort gehen, meine Augen schliessen und sagen: „Jesus!" und Er war da und wartete an unserem geheimen Ort auf mich.

Das Gras war immer grün und das Wasser immer klar. Sogar heute, wenn ich an diese Erinnerung zurückdenke, weckt es Gefühle in mir! Es weckt diese bekannten Gefühle von Geliebt- und Akzeptiertsein in mir, dieses Gefühl sich sicher zu fühlen. Wenn ich dir in diesem Kapitel etwas ans Herz legen möchte, dann ist es, dass der Herr dich an diesen geheimen Ort bringen will. Er mag anders aussehen als meiner, aber das spielt keine Rolle. Er hat einen geheimen Ort nur für dich und Ihn, wo Er mit dir reden möchte. Du kannst das haben und zwar gleich jetzt.

Richtungsweisung

Ein weiteres Gebiet, in dem der Herr Visionen in unserem geistlichen Lauf gebraucht, ist das der geistlichen Richtungsweisung. Wir machen keinen neuen Schritt in diesem Dienst, ohne zuerst Richtungsweisung vom Herrn erhalten zu haben. Wir kommen als Gruppe zusammen und jeder betet für sich. Dann teilen wir uns gegenseitig unsere Offenbarungen mit und dann gibt uns der Herr auch noch Offenbarung in der Gruppe. So wissen wir, welchen Schritt wir als Nächstes machen sollen.

Persönliche Richtungsweisung

Sehr oft sehen wir verschiedene Pfade und Strassen im Geist. Oft hat uns der Herr gezeigt, was auf unserer geistlichen Reise vor uns liegt. Einmal sah ich eine Vision, wie wir auf einer Strasse liefen und vor uns sah ich einen Umweg, der auf eine Seite abbog. Der Herr sagte: „Ihr seid jetzt auf einer Strasse, aber ihr seid dabei auf einen staubigen Weg zu kommen und dann werdet ihr auf einen Umweg kommen. Aber macht euch darüber keine Sorgen, denn das ist von mir."

Das passierte, als wir plötzlich umziehen mussten und nicht wussten, was vor sich ging. Wir mussten in ein kleineres Haus umziehen, weil wir nichts anderes finden konnten und es sah so aus, als ob alles zusammenbrechen würde. Die Dinge kamen nicht zusammen, wir waren frustriert und sagten: „Herr, was geht hier vor?"

Er sagte: „Macht euch keine Sorgen. Ihr seid auf einem Umweg. Aber am Ende des Umwegs, werde ich euch auf eine breitere Strasse führen. Das ist Teil eures Trainings."

Also gingen wir da durch. Es war etwa eine Zeitspanne von drei Monaten und es war eine sehr schwierige Zeit für uns. Es schien, als ob die Hölle gegen uns losgelassen worden war! Die Dinge waren sehr schwierig. Aber du siehst, wir hatten diese Vision in unseren Herzen und wir wussten: „Wir müssen dranbleiben, wir sind immer noch im Willen des Herrn. Wir sind nicht irgendwo vom Weg abgekommen."

Dann kam die Zeit für uns, in der wir wieder umziehen konnten und wir zogen in ein viel grösseres Haus ein und der Dienst hob ab, wie wir das noch nie zuvor gesehen hatten. Damals sahen wir, wie sich die Strasse vor uns weitete. Aber wenn wir diesen Umweg nicht schon zuvor im Geist gesehen hätten, dann hätten wir die Hoffnung verloren. Wir hätten gedacht, dass wir irgendwo vom Weg abgekommen seien, aber der Herr hatte uns bereits vorgewarnt. Wir wussten, was passieren würde und konnten so sagen: „O.k., lasst uns dranbleiben und da durchgehen. Der breitere Weg kommt schon bald."

Richtungsweisung für den Dienst

Der Herr gibt uns auch Richtungsweisung in Bezug auf unseren Dienst. Es gab eine Zeit, in der ich sehr stark im prophetischen Dienst floss und der Herr sagte: „Es ist Zeit den Schwerpunkt zu verändern. Hier hast du ein Schwert."

Ich sagte: „Ich weiss nicht, Herr, ich bin allmählich irgendwie vertraut mit diesem Schlüssel, diesem prophetischen Schlüssel."

Er sagte: „Wirf den Schlüssel weg. Hier ist das Schwert. Gebrauche mein Wort. Werde ein Lehrer!"

Plötzlich starb die ganze prophetische Seite in mir und ich wusste, wieso sie gestorben war. Denn der Herr sagte: „Lass das Prophetische für jetzt los, ich möchte dich als Lehrer trainieren. Du kannst später wieder darauf zurückkommen." Aber wenn ich das nicht schon zuvor im geistlichen Bereich gesehen hätte, dann hätte ich Panik gehabt, wenn plötzlich meine prophetischen Gaben dahingeschwunden wären und der Herr sich nicht mehr so viel durch mich manifestiert hätte und ich hätte sicher gedacht, dass ich irgendetwas falsch gemacht habe. Aber als dann in Tat und Wahrheit das Prophetische wegschwand, wusste ich genau, was vor sich ging. Der Herr überzeugte mich und sagte zu mir: „Nun beweg dich jetzt ein bisschen schneller! Lass es los."

Das war etwas schwierig für mich, aber Er überzeugte mich, so wie nur Er das kann. Aber wenn ich nicht schon im Voraus im geistlichen Bereich gesehen hätte, was vor sich ging, dann hätte ich nicht gewusst, was im Natürlichen ablief.

Vision der Berufung für den Dienst

Ich möchte hier gerne die Vision mit dir teilen, die der Herr mir für meinen Dienst für die Zukunft gab. Auch in den schwierigsten Zeiten hat mir das geholfen, meine Augen auf das Ziel gerichtet zu halten. Der Herr zeigte mir, dass ich mich auf einem Pfad befand, irgendwo im Niemandsland. Ich hatte einen Rucksack an und es war ein Gelände, das ich noch nie zuvor gesehen hatte und ich befand mich an einem Ort, an dem ich noch nie zuvor gewesen war. Ich wanderte über Berge, Hügel und Täler.

Es war aber so, als ob ich irgendwo durchlaufen würde, wo noch nie jemand zuvor durchgelaufen war, und ich bahnte einen Weg, während ich so am Laufen war. Ich stolperte über Steine und blieb an Dornen hängen. Ich hätte wissen sollen, dass dies meine prophetische Vorbereitungszeit symbolisierte!

Ich lief auf diesem Weg und es war wirklich anstrengend, aber der Herr sagte immer und immer wieder: „Bleib dran, gib nicht auf." Nun, so blieb ich also dran und lief über Hügel und auf Berge, durch Täler und über Flüsse und dann ganz plötzlich sah es so aus, als ob ich wieder zurück am Ausgangspunkt wäre und einfach im Kreis gelaufen wäre.

Ich sagte: „Herr, was jetzt?"

Als ich zur Linken blickte, sah ich eine ganze Gruppe von Menschen dastehen und der Herr sagte sehr klar zu mir: „Du hast jetzt gelernt, wie du diesen Pfad überwinden kannst. Du hast gelernt, welcher Pfad der Beste ist. Nun nimm den Pfad, den du gelegt hast und das Wissen, das du dir angesammelt hast und lehre es anderen!"

Einmal, ich kann mich noch genau erinnern, sagte Er zu mir, dass eine grosse Bergkette vor mir liege und ich musste eine Brücke bauen, um von einer Seite des Berges auf die andere zu gelangen. Dann sagte Er: „Das ist es, was du tun wirst." Und ich sah, wie ich mit dieser Gruppe zusammen zurückging. Als ich nochmals den gleichen Weg entlanglief, den ich schon zuvor gelaufen war, sah ich, wie mir einige dieser Menschen folgten und sie liefen auf dem Weg, den ich gemacht hatte. Aber dann sah ich, dass einige widerwillig folgten und immer noch an der Küstenlinie herumsassen, also trug ich diese Widerwilligen mit mir über die Brücke.

Dann war da noch ein Drittel der Gruppe und diese nahm ich und zeigte ihnen, wie sie eine Brücke bauen konnten. Ich lehrte sie, wie sie einen neuen Weg machen konnten, so wie ich gerade einen gemacht hatte. Der Herr zeigte mir durch diese Vision sehr klar drei Aspekte meines Dienstes auf. Er sagte: „Du wirst als ein Vorbild dastehen und andere werden dir folgen. Aber es wird diejenigen geben, die verwundet und verletzt sind." Er sagte: „Diese musst du aufnehmen und tragen. Aber dann wird es auch eine kleine Gruppe von Menschen geben, die ich zu dir senden werde, die du lehren wirst, das zu tun, was du tust. Diese werden dann auch wieder hinausgehen und einen neuen Weg einschlagen."

Das gab mir Hoffnung für meinen gesamten Dienst und diese Vision wird bis zu dem Tag, an dem ich sterbe, mit mir sein, denn sie ist das Ziel meines Lebens. Das ist mein Mandat und mein Ziel und meine Vision. Es ist so, wie ich das im Kapitel über Visionen gesagt habe, ohne eine Vision geht das Volk zugrunde. Ohne Vision hast du keine Hoffnung für die Zukunft.

KAPITEL 18

Den Leib erbauen

Und wenn ein Glied leidet, so leiden alle Glieder mit; oder wenn ein Glied verherrlicht wird, so freuen sich alle Glieder mit.

~ *1. Korinther 12,26*

Kapitel 18 – Den Leib erbauen

Visionen werden vor allem für die Erbauung des Leibes gebraucht, wie wir schon zuvor gesagt haben. Ich habe so viele Propheten sagen gehört: „Weisst du, ich verstehe das einfach nicht. Ich habe so viele Träume und Visionen, aber ich scheine sie nicht auslegen zu können. Aber dann, wenn ich die von jemand anderem auslegen soll, dann fällt mir das nicht schwer."

Das ist ganz einfach zu erklären. Die Gaben wurden uns gegeben, damit wir sie herausgeben. Das erste Ziel einer jeden Gabe ist es, dass wir sie zuerst an andere weitergeben. Sie sind zum Gebrauch für andere da. Und ja, sie sind auch zu unserer eigenen Erbauung da, wie ich gesagt habe, aber es fängt immer damit an, dass du zuerst anderen austeilst. Denn dafür hat uns der Herr die Gaben eigentlich gegeben, damit wir einander damit aufbauen. Siehst du, wenn wir uns gegenseitig aufbauen, dann kreieren wir Einheit und das ist das schlussendliche Ziel des Herrn, dass wir als ein Leib dastehen können.

So wäre es also ideal, wenn du dieses Buch nehmen und es einem deiner Freunde weitergeben könntest und dann könnt ihr euch gegenseitig eure Träume und Visionen auslegen. Du wirst es viel einfacher finden die Träume und Visionen deines Freundes auszulegen als deine eigenen, speziell wenn sie prophetisch sind. Weshalb ist das so?

Ich habe herausgefunden, dass der Glaube der anderen Person die Auslegung sprichwörtlich aus dir herauszieht. Die Gaben funktionieren durch Glauben und wenn jemand im Glauben zu dir kommt und sagt: „Bitte hilf mir, diese Vision auszulegen", dann zieht diese Person die Auslegung richtig aus dir heraus. Ich kann das spüren, wenn ich mit jemandem in einem Chat bin oder wenn ich mit einer Gruppe von Leuten zusammen bin, die sich wirklich Dienst wünschen, zu mir aufschauen und erwarten, dass ich ihren Bedürfnissen begegne. Sie wissen, wenn sie zu mir sagen: „Bitte bete mit mir zusammen für das", dass dann wird ihr Bedürfnis gestillt.

Nun, ich bin nicht so grossartig und wunderbar, dass ich ihren Bedürfnissen begegnen könnte. Nein, sie kommen zu mir und der Heilige Geist füllt ihre Nöte durch mich auf. Weil Er treu ist und durch Glauben bewegt wird. Er wird mich einfach als Gefäss dazu brauchen, um ihrem Bedürfnis zu begegnen. Denn ihr Glaube erfordert, dass ihr Bedürfnis gestillt wird. Deshalb erlaubt der Herr uns, dass wir uns gegenseitig im Leib Christi unsere Nöte und Bedürfnisse stillen und wir zueinander hinausfliessen.

Illustration des Weinstocks

Es ist wie mit dem Weinstock, den Jesus beim letzten Abendmahl im Johannesevangelium beschrieben hat. Er sagte: „Ich bin der Weinstock, ihr seid die Reben." Am Ende der Reben hängen Früchte. Wir sollen das, was uns der Herr gibt, nehmen, es aus Ihm herausziehen und es durch die Reben hindurchgeben, damit wir Frucht hervorbringen.

Nun, die Rebe deines Bruders sitzt genau am Ende deiner Rebe. Fliesse zu ihm hinaus und er wird zum Nächsten hinausfliessen. Wenn dann Menschen kommen und diesen Weinstock, genannt Leib Christi, anschauen werden, werden sie die Frucht daran sehen. Sie werden sie sehen, weil wir zueinander hinausgeflossen sind. Wir haben das Leben aus der Wurzel genommen, welche Christus ist, und wir haben dieses Leben einander weitergegeben. Weil wir uns gegenseitig dieses Leben weitergegeben haben, wird dieses Leben Frucht bringen. Wenn die Welt uns anschaut, werden sie diese Frucht sehen.

Aber ich sage dir etwas, wenn du zu einem Weinstock kommst, der grüne, hässliche Trauben oder gar keine hat, dann hältst du nicht viel von diesem Weinstock. Aber wenn du einen Weinstock siehst, der grosse, süsse Trauben hat, dann denkst du: „Wow, was für wunderbare Früchte." Siehst du, du sagst nicht: „Wow, was für wunderbare Reben." Nein, du sagst: „Wow, was für wunderbare Früchte!"

Wir sollten im Leib Christi darauf hinzielen, Frucht ineinander zu produzieren. Wenn du deinen Brüdern und Schwestern das weitergibst, was du vom Herrn empfängst, dann wird der Leib Christi Frucht bringen und wir werden als Vorbild für diese Welt dastehen.

Fürbitte

Die kraftvollste Art, wie der Leib erbaut wird, ist durch Fürbitte, indem wir für andere einstehen. Fürbitte ist hauptsächlich das Gebiet des Propheten, aber jeder kann sich im Dienst der Fürbitte bewegen. Wenn du jedoch häufig in der Fürbitte gebraucht wirst, dann ist das wahrlich das Markenzeichen des Propheten und es zeigt dir auf, dass eine höhere Berufung auf deinem Leben liegt.

Für andere freisetzen

Es gab oft Zeiten, in welchen ich für andere einstand, in denen ich offene Türen in ihren Leben sah und der Feind somit Zutritt hatte und ich so geführt wurde, diese Türen zu schliessen. Manchmal sehe ich sie in Ketten und ich fühle mich dazu geführt, diese für sie zu brechen.

Vielleicht hat eine Person spezifisch ihren Glauben für Finanzen freigesetzt und sie ist auf ihren Knien und bittet den Herrn: „Herr, bitte, wir brauchen Finanzen." Es gab Zeiten, in denen ich im Geist eine Türe der Versorgung gesehen habe und der Herr sagte: „Öffne diese Türe für dies Person." So setze ich im geistlichen Bereich diese Versorgung für diese Person im Gebet und in der Fürbitte frei.

Jemand betet vielleicht zum Herrn betreffend einer Krankheit und der Glaube dieser Person setzt den Heiligen Geist frei, sich über mir zu bewegen und mir zu sagen: „Setze das frei. Setze Gesundheit über ihm frei." Dann erhebe ich mich im Geist und gebrauche die

Autorität des Propheten, die der Herr mir gegeben hat, und ich öffne die Türe für die Heilung dieser Person. Sie wird berührt und geheilt sein.

Engel und Dämonen

Es ist sehr üblich, in der Fürbitte Engel und Dämonen zu sehen – Engel noch öfter, denn du wirst dich oft geführt fühlen für andere Engel freizusetzen; manchmal zum Schutz, manchmal zur Hilfe, zum Segen oder zur Unterstützung. Es gab viele Zeiten, in denen wir Engel im Geist gesehen haben, auch andere als Anbetungsengel, von denen ich das letzte Mal gesprochen habe. Wir sehen oft Kampfengel, die dazu ausgeschickt werden, für uns Krieg zu führen.

Kampfengel sind sehr starke Figuren. Sie tragen oft farbige Schärpen oder so eine Art Rüstung und sie haben immer ein Schwert bei sich und haben feurige, rote Augen. Sie sehen unheilbringend aus. Ich möchte ihren Weg nicht unbedingt kreuzen. Aber wenn ich einen solchen Engel im Geist sehe, weiss ich, dass der Herr sagt: „Setze den Erlass frei, damit meine Engel für deine Brüder und Schwestern Krieg führen können."

Vielleicht kommt auch ein Botschafterengel. Botschafterengel sehen ganz gewöhnlich aus. Sie haben etwa die Grösse eines normalen Menschen, sie kleiden sich wie ein typischer Engel mit einem weissen Gewand und Licht scheint durch sie hindurch. Sie kommen normalerweise mit einer Schriftrolle in der Hand. Ich weiss, wenn ich einen solchen Engel sehe, dass der Herr sagt: „Ich habe ein Wort, das du aussprechen sollst." Es ist normalerweise ein Wort der Ermutigung.

Manchmal sehe ich auch einen Botschafterengel, aber er hat eine Trompete in der Hand und dann weiss ich: „He, der Herr möchte, dass ich einen Erlass ausspreche. Er möchte, dass ich etwas ins Dasein rufe, das Er spezifisch für diese Person oder für Seinen Leib getan hat."

Engel und Dämonen sind also etwas, das du sehr oft in der Fürbitte erleben wirst, wenn der Herr dich in diesen Bereich hineinführt.

Seelsorge

Ich könnte kein einziges Wort der Seelsorge weitergeben, ohne den geistlichen Bereich erlebt zu haben, denn nicht jede Person ist gleich. Du kannst keine Regeln für die Probleme von Menschen aufstellen. Der Herr hat uns alle als individuelle Glieder des Leibes Christi gemacht. Was für die eine Person eine Lösung darstellt, ist keine Lösung für die andere Person. Das ist der Fehler, den viele machen. Sie denken: „Nun, wenn ich dieses Problem in meiner Ehe hatte und es auf diese Art und Weise gelöst werden konnte und diese Person ein Problem in ihrer Ehe hat, das ähnlich aussieht, dann muss sie es auch so lösen, wie ich das getan habe. Das ist doch ganz klar!"

Falsch! Jede Person hat ein anderes Bedürfnis und ihre Probleme haben eine andere Wurzel. Ich könnte auf keinen Fall ohne den Geist des Herrn Seelsorge machen. Ich brauche sehr oft Visionen, wenn ich einem

Studenten eine Bewertung gebe, die seinen Dienst betrifft. Der Herr wird mir die Wurzeln, die Probleme und die Bereiche in seinem Leben aufzeigen, die er angehen muss, bevor er im Dienst weiterkommen kann und Er wird mir auch sagen, was diese Person zurückhält.

Sehr oft sehe ich ein Herz mit Mauern darum herum und dann weiss ich: „Diese Person hat Mauern um sich aufgebaut, damit niemand sie verletzen kann. Aber leider hat dies auch den Herrn davon abgehalten, sich ihr zu nähern und sie im Dienst weiterbringen zu können."

Dienst der inneren Heilung

Das ist die kraftvollste Art, wie Visionen gebraucht werden können. Im Dienst der inneren Heilung siehst du bei Menschen, die enorm abgelehnt und verletzt worden sind im Leben, dass sie Mauern um ihr Herz aufgebaut haben. Sie haben sich sprichwörtlich selbst in ein Gefängnis eingeschlossen. Manchmal so sehr, dass sie nicht einmal mehr ihrem Ehepartner oder ihren Kindern gegenüber Liebe zeigen können.

Sie haben wegen den schwierigen Zeiten, die sie in ihrem Leben durchgemacht haben, so viele Mauern aufgebaut und versucht, sich selbst vor Verletzungen und Schmerzen zu schützen, dass sie nicht einmal mehr den Menschen gegenüber, die ihnen am Nächsten stehen, Zuneigung zeigen können. Sie haben einen inneren Schrei und innerlich lieben sie verzweifelt und sie versuchen verzweifelt das zu zeigen, aber sie können nicht. Es blockiert sie etwas. Leider hindert diese Blockade sie auch daran, den Herrn zu lieben und daran, dass Er sich ihnen nähern und sie berühren kann.

In solchen Zeiten konnten Craig und ich solchen Menschen sehr effektiv helfen, indem wir mit ihnen im Gespräch in diese Zeit des ursprünglichen Schmerzes zurückgingen. Wir sehen dann meistens ein Kind in dem Alter, als diese Verletzung, diese Ablehnung oder dieser Schmerz zum ersten Mal auftrat. Durch Offenbarung zeigt uns der Geist Gottes zum Beispiel das Kind im Alter von vier oder fünf Jahren. Er zeigt uns, wie alt das Kind war, als dieser Schmerz das erste Mal auftrat. Dann wird uns der Herr anleiten, dieses kleine Kind zu nehmen und es aus diesem Gefängnis ins Tageslicht hinauszuführen. Wenn es ins Tageslicht tritt, wird es sofort von diesen Ketten befreit. Dann greift der Heilige Geist übernatürlich ein und bringt diesem inneren Kind Heilung und Veränderung, das innerlich geweint hat und verletzt war und sogar jetzt als Erwachsener immer noch verletzt ist als Kind.

Der Heilige Geist greift ein und hebt das Kind auf und sagt: „O.k., dieser erste Schmerz, dieses erste Glied in der Kette, das all diesen Schmerz ausgelöst hat – das zerschmettere ich jetzt." Während diese Person diese Ablehnung nochmals konfrontiert und diese erste Angst und diese erste negative Situation nochmals ansieht, während sie dazu gezwungen ist sie anzuschauen, kommt der Heilige Geist herein und bringt eine wundersame Heilung.

Nun, wir könnten das nicht tun, wenn wir nicht Offenbarung im geistlichen Bereich erhalten hätten. Wir würden nicht wissen, wo anfangen. Wir würden in den Pubertätsjahren herumgraben; wir würden herumsuchen schon von der Empfängnis her. Wir hätten nie gewusst, wo anfangen, ausser der Geist Gottes zeigt uns: „Das ist dein Ausgangspunkt. Das ist die Wurzel. Gehe sie an!"

Befreiungsdienst

Der Herr gebraucht Visionen auch im Befreiungsdienst. Das ist auch eine sehr kraftvolle Art, wie der Herr uns Offenbarung gibt und so Sein Volk von dämonischer Gebundenheit befreit. Ich habe das oft gesehen, wenn Menschen häufig Flüche in ihrem Leben hatten, insbesondere wenn es Generationenflüche waren. Dann sehe ich eine Person mit Stricken an ihren Vater gebunden dastehen. Wenn die Generationen noch weiterzurückgehen, dann sehe ich ganze Gruppen von Männern oder Frauen hintereinander stehen, in Bezug auf die Familienseite, von welcher der Fluch kommt. Wenn ich diese Art von Vision sehe, kann ich sagen: „Dieser Generationenfluch kommt von so vielen Generationen her."

Manchmal geht der Strick so weit in die Vergangenheit zurück, dass ich ihn nicht mehr erkennen kann und somit der Person auch nicht sagen kann, wie viele Generationen der Fluch zurückgeht, aber meistens bin ich fähig zu sagen, wie weit er zurückreicht. Meistens sage ich: „Dieses Problem, dieser Fluch, diese okkulte

Aktivität, die du erlebst, kommt von deinem Grossvater."

Dann sagt die Person meistens: „Weisst du was? Mein Grossvater war ein Medium. Er war in Zauberei oder Wahrsagerei involviert."

Ich kann das wissen, ohne dass die Person mir irgendetwas über sich selbst erzählen muss. Meistens hilft das auch sehr mit Leuten, die dir nicht ihre Geheimnisse erzählen wollen. Weil sie so viele Leichen vergraben haben und nicht wissen, wo sie anfangen sollen. Du kannst sagen: „Das ist die Wurzel deines Problems. Es kommt von deiner Urgrossmutter." Die Person sagt: „Weisst du, mir wurden Geschichten über sie erzählt. Sie war in einer falschen Religion involviert."

Dann wissen wir: „Ja, das ist der Ursprung des Problems." Wir brechen diese Generationenverbindungen, wir schicken diese Flüche in Jesu Namen zurück und die Person ist sofort freigesetzt, weil wir die Wurzel angegangen sind.

Es gab Situationen mit Menschen, die in ihrer Jugend im okkulten Bereich involviert waren. Vielleicht handelte es sich nur etwas Kleines, das sie vergessen haben. Wir sehen dann im Geist etwas und sagen: „Warte mal. Ich sehe dich in ungefähr ‚diesem' Alter und etwas geschah in dieser Zeit. Kommt dir irgendetwas in den Sinn in Bezug auf diese Zeit in deinem Leben?"

Sie sagen: „Weisst du was? In diesem Alter lernte ich diesen Freund kennen und fing an mit ihm zusammen an

Séancen teilzunehmen. Aber ich glaube nicht, dass es eine grosse Sache war in meinem Leben."

Wir sagen: „Genau! Das ist das Problem."

Wir gehen das an, die Person schliesst die Türe, bricht die Verbindung und sie ist freigesetzt. Wir könnten auf keinen Fall Befreiung bringen ohne diese Art von Wissen zu haben.

Körperliche Heilung

Der Herr gebraucht uns auch sehr visuell in der körperlichen Heilung. Wir legen jemandem die Hände auf und können genau sagen, was in ihrem Körper falsch ist.

Das passierte einmal mit dem Hauseigentümer eines unserer Häuser, in dem wir lebten. Er hatte ein Herzleiden und keiner der Ärzte fand heraus, was genau das Problem mit ihm war. Aber seine Gesundheit wurde immer schlechter und schlechter. Als mein Vater für ihn betete, sagte er: „Da läuft etwas falsch mit einer deiner Arterie" und er erklärte ihm genau, wie die Arterie aussah, wo die Blockade war und was passierte.

Nicht viel später kam dieser Hausbesitzer zu uns zurück und sagte: „Weisst du was? Du hattest Recht. Endlich fanden die Ärzte den Ursprung des Problems heraus und es war genauso, wie du gesagt hast."

Wie kraftvoll! Der Heilige Geist kann genau da hineinkommen. Ich habe herausgefunden, dass diese Art von Offenbarung kraftvoller ist als die eigentliche Heilung. Denn oft, wenn du dich an deinem Körper krank fühlst, dann ist es die Angst davor, was mit dir falsch läuft, die mehr Zerstörung anrichtet als die Krankheit selbst. Wenn wir also jemandem die Hände auflegen und sagen: „Oh, mach dir keine Sorgen deswegen. Es ist nur eine Erkältung oder eine leichte Entzündung und es wird wieder weggehen", dann ist das vielfach kraftvoller als eine eigentliche Heilung.

Also, wenn du den Ursprung des Problems kennst, dann kannst du es direkt ansprechen. Wenn jemand mit hundert Symptomen zu dir kommt, dann kannst du nicht sagen, was bei ihm nicht stimmt. Die Person sagt zu dir: „Ich weiss nicht, was mit mir los ist. Ich bin einfach krank."

Wir können ihr die Hände auflegen und ihr sagen: „Du hast eine Nierenentzündung. Wir sprechen jetzt zu diesen Nieren. Im Namen Jesu erholt ihr euch jetzt wieder, gerade jetzt!" Das ist die Kraft der Visionen und das ist etwas, das du auch haben kannst.

Das Wichtigste – Agape- Liebe

Ich möchte dieses Kapitel gerne mit einer bekannten Bibelstelle zusammenfassen. Ich fange im 1. Korinther 12,31 an. Es heisst dort:

> „Eifert aber um die größeren Gnadengaben! Und einen Weg noch weit darüber hinaus zeige ich euch."

1. Korinther 13,1-2

"Wenn ich in den Sprachen der Menschen und der Engel rede, aber keine Liebe habe, so bin ich ein tönendes Erz geworden oder eine schallende Zimbel.

Und wenn ich Weissagung habe und alle Geheimnisse und alle Erkenntnis weiß und wenn ich allen Glauben habe, so daß ich Berge versetze, aber keine Liebe habe, so bin ich nichts."

Die Gaben des Geistes sind wirklich die Türe zum geistlichen Bereich. Wenn du durch diese Türe läufst, dann wirst du auf der anderen Seite die Agape-Liebe von Jesus Christus antreffen. Das ist unser schlussendliches Ziel: Mit Jesus zu laufen, zu reden und mit Ihm zusammen zu sein. Im Einklang mit Ihm zu sein, uns so zu bewegen, wie Er sich bewegt, unseren Kopf an seiner Brust zu haben, damit wir Seinen Herzschlag hören und fühlen können.

Dein schlussendliches Ziel im ernsthaften Begehren von geistlichen Gaben ist, dass du diese Agape-Liebe kennst und in ihr lebst, dass du diese Liebe, die wirklich übernatürlicher ist als jede Vision und als jedes Erlebnis, das du je im geistlichen Bereich machen kannst, weitergeben kannst. Seine Agape-Liebe zu kennen und sie so zu erkennen, wie du erkannt worden bist, ist kraftvoller als jedes Erlebnis im Geist. Wenn du das ernsthaft begehrst, dann ist es jetzt gerade für dich verfügbar.

Ich möchte, dass du dich danach ausstreckst und dass du es jetzt gerade in Jesu Namen empfängst. Wenn du es ernsthaft begehrst, dann wird der Heilige Geist sich gerade jetzt über dir bewegen, um dir diese Dinge, die dein Herz begehrt, zu geben. Denn Er wünscht sich, dass du diese Gaben bekommst. Er wünscht sich, dass du die Gabe des Geistes der Weisheit und der Offenbarung hast. Er wünscht sich auch, dass du die Gabe der Agape-Liebe hast, damit du ein strahlendes Vorbild für diese Welt sein kannst.

„Heiliger Geist, ich bete, dass du dich jetzt gerade über deinem Volk bewegst und jetzt, da die Wünsche ihres Herzens so offen daliegen, nachdem sie dieses Kapitel gelesen haben, bitte ich dich, dass du sie erhebst und ihnen den Geist der Offenbarung gibst, damit sie dich kennen, so wie du sie kennst. Ich bete, dass sie mit sehenden Augen sehen können, nicht durch dunkle Gläser. Vater, sondern, dass sie klar sehen können im geistlichen Bereich, dass sie wissen, was die Zukunft für sie bereit hält; dass sie wissen, was die Gegenwart für sie bereit hält.

Und am Wichtigsten, Herr Jesus, dass sie dich kennen, so wie du sie kennst. Dass sie deinen Herzschlag hören, dass sie mit dir zusammen tanzen können in einer intimen Umarmung. Dass sie siegreich durch dieses Leben laufen können und kühn und selbstsicher sind in dem, was du ihnen gegeben hast. Dass sie wirklich wissen, was es bedeutet ein Sohn oder eine Tochter des höchsten Gottes zu sein. Ich bete, dass sie in diesem Wissen, dieser Autorität und in dieser Weisheit stehen können und dass sie eine Stadt auf dem Hügel sein können als Vorbild für die Nationen. Das bete ich in Jesu Namen. Amen."

KAPITEL 19

Für andere auslegen

7 Wenn ihr in mir bleibt und meine Worte in euch bleiben, so werdet ihr bitten, was ihr wollt, und es wird euch geschehen.

8 Hierin wird mein Vater verherrlicht, daß ihr viel Frucht bringt und meine Jünger werdet.

~ *Johannes 15,7-8*

Kapitel 19 – Für andere auslegen

Frucht bringen

Wir haben zusammen angeschaut, wie du deine eigenen Träume und Visionen auslegen kannst. Aber würdest du nicht auch gerne fähig sein, die Träume und Visionen von anderen auszulegen? Wäre es nicht genial, wenn deine Freunde und deine Familie zu dir kommen könnten, um Antwort auf ihre Träume und Visionen zu bekommen? Wäre es nicht wunderbar, wenn du an den Punkt in deinem Lauf mit dem Herrn kommst, an dem du Seinen Herzschlag kennst bis zu dem Mass, dass du nicht nur Offenbarung für dich selbst empfängst, sondern auch anfängst Offenbarung an andere weiterzugeben. Ist das nicht schlussendlich der Wunsch, den der Herr in jeden von uns gelegt hat – einander zu dienen?

In Johannes 15,7-8 heisst es:

> *„Wenn ihr in mir bleibt und meine Worte in euch bleiben, so werdet ihr bitten, was ihr wollt, und es wird euch geschehen.*
>
> *Hierin wird mein Vater verherrlicht, daß ihr viel Frucht bringt und meine Jünger werdet."*

Ist das schlussendlich nicht das Ziel von jedem Gläubigen? Ja, das Ziel ist viel Frucht zu bringen. Wenn du viel Frucht bringst, ist es dann nicht das Ziel, diese

Frucht in anderen hervorzubringen? Ist der Leib Christi nicht dazu da, dass wir zueinander hinausfliessen, dass wir, so wie der Weinstock, Frucht tragen für den Herrn Jesus? Er ist der Weinstock und wir sind die Reben.

Nachdem du jetzt angefangen hast, für dich selbst Offenbarung und Auslegung zu empfangen, wäre es nicht auch begeisternd zu sehen, wie diese Offenbarung an andere weitergeht? Wäre es nicht auch schön, nicht nur Richtungsweisung und Frucht in deinem Leben, sondern auch Frucht im Leben deines Bruders, deiner Schwester, deiner Familie und deinen Freunden zu sehen? Und wäre es nicht spannend zu wissen, dass du einen Teil dazu beigetragen hast, damit diese Frucht in ihren Leben offenbart wird?

Persönlich kenne ich keinen grösseren Lohn für die Arbeit des Herrn als zu sehen, wie Frucht in jemand anderem hervorgebracht wird. Genau darum geht es in diesem gesamten Kapitel – nämlich in anderen Frucht hervorzubringen. Es geht nicht nur darum, dass du einfach gross herauskommst und alle Antworten hast, sondern darum, dass du die Offenbarung und die Auslegung nimmst und sie im Leben eines anderen anwendest und siehst, wie sie wirkt. Es geht darum zu sehen, wie diese Offenbarung das Leben einer anderen Person verändert und zu sehen, wie es ihr etwas bedeutet. Es geht darum zu sehen, wie die andere Person ermutigt wird und die Offenbarung ihr Glaube, Hoffnung und Liebe gibt. Es geht darum zu sehen, wie sie diese Offenbarung nimmt und damit rennt.

Sechs Punkte betreffend dem Dienen

Brennt das nicht in dir? Ich weiss, das brennt in mir und ich werde dir jetzt zeigen, wie du Offenbarung nehmen und an andere weitergeben kannst. Aber bevor ich dir irgendwelche praktischen Beispiele gebe, möchte ich dir ein paar Hinweise geben, die du nicht vergessen solltest, wenn du jemand anderem dienst. Diese Hinweise sind nicht nur auf die Traumauslegung begrenzt, sondern sie dienen dir auch bei jeder anderen Art von Dienst. Denn du wirst merken, dass du einfach einmal mit der Traumauslegung beginnst. Aber das Dienen hört dort nicht auf. Wenn du dich in den kleinen Dingen als vertrauenswürdig erweist, dann wird der Herr deinen Horizont erweitern und Er wird dich mehr und mehr im Dienst gebrauchen.

Wenn du anfängst dich in einem weiteren Kreis von Dienst zu bewegen, werden diese Prinzipien die gleichen bleiben und du wirst sie nicht nur für die Traumauslegung anwenden, sondern auch im Gebet, in der Fürbitte, in der Anbetung und Musik, beim Predigen und Lehren. Also lass das, was ich dir hier weitergeben werde, zu einem Fundament in deinem Herzen werden. Lass es ein Fundament in deinem Leben werden, auf dem du deine Haltung für den Dienst aufbaust.

Punkt 1: Gaben wirken durch Glauben

Der erste Punkt, an den du dich beim Dienen erinnern musst, ist, dass die Gaben durch den Glauben funktionieren. Es liegt in der menschlichen Natur zurückzustehen und die grossen Männer und Frauen Gottes, die in kraftvollen Gaben und Salbungen fliessen, anzuhimmeln und zu denken: „Wow, sie müssen gewaltigen Glauben haben. Sie müssen wirklich unglaubliche Wesen der menschlichen Rasse sein, dass der Herr solche Wunder durch sie tun kann."

Das ist teilweise wahr. Auf der einen Seite haben sie wirklich viel Glauben, aber meistens ist es auch der Glaube von denen, die gekommen sind, um zu empfangen, der die Gaben in ihnen aktiviert hat. Es ist nicht nur der grossartige Glaube dieses Mannes Gottes, der die Gaben in seinem Dienst funktionsfähig macht. Es ist der grossartige Glaube der Menschen, die zu ihm aufschauen und diese Gabe von ihm nehmen und begehren, dass diese Gabe in ihm operiert, der die Gabe wirksam macht.

Jesus als Beispiel

Meinst du, ich erzähle dir hier eine Irrlehre? Lass uns einen Blick auf Jesus werfen. Es gibt keinen grösseren Mann des Glaubens als Ihn. Er war perfekt und doch sagte Er etwas Merkwürdiges, als Er in Seine Heimatstadt kam. Er sagte: „Ein Prophet ist in seiner Heimatstadt nicht akzeptiert." Dann sagt die Bibel weiter, dass Er dort keine Wunder tun konnte, ausser dass Er einige kranke Leute heilte.

Der Herr war erstaunt über ihren Mangel an Glauben. Sogar der Sohn des Menschen, Jesus Christus persönlich, konnte also in Seiner Heimatstadt keine Wunder tun. Wieso? Weil die Leute keinen Glauben an Ihn hatten.

Stimmte etwas nicht mit dem Glauben von Jesus? Nein, er war perfekt. Aber nicht einmal Er konnte ihnen die Heilung und die Wunder in ihren Leben aufdrängen. Die Gabe wirkte nicht in Ihm ohne ihren Glauben.

Ich werde nie herumposaunen, dass es meine grossartigen Gaben und meine gewaltigen Fähigkeiten sind, weshalb ich Offenbarung und Auslegung bekomme. Es ist wegen denen, die zu mir aufschauen und zu mir kommen, weil sie vom Herrn eine Antwort erwarten und der Herr gebraucht mich einfach als Gefäss, um ihnen die Antwort zu geben, die sie sich wünschen. Denn am Ende des Tages ist der Herr treu und Er wird einfach das Gefäss gebrauchen, das sich Ihm zur Verfügung stellt. Es ist nicht das Gefäss, das so ehrenvoll wäre. Es ist der Geist im Gefäss. Wenn du dich als Gefäss zur Verfügung stellst, dann wird der Herr dich brauchen, wenn Menschen zu dir kommen und zu dir aufschauen, um eine Antwort zu erhalten. Es ist Seine Kraft, die sich manifestieren wird und es wird ihr Glaube sein, der diese Kraft motiviert. Es wird nicht dein Glaube und nicht deine grossartige Fähigkeit sein. Sieh das nun also ganz klar: Wenn nicht andere zu dir aufschauen und von dir empfangen, werden die Gaben nicht funktionieren, denn sie wirken durch Glauben.

Punkt 2: Lebe jede Lektion

Der nächste Punkt, den du gezwungenermassen schon sehr früh in deinem Training für den Dienst erleben wirst, ist, dass du jede Lektion lebst. Jeder, der nur schon eine kurze Strecke auf der Strasse des Dienens zurückgelegt hat, lernt, dass jede Lektion, die du jemand anderem lehren willst, zuerst gelebt werden musst. Du kannst nicht jemanden lehren oder ihm etwas weitergeben oder ein Ermutiger von Dingen sein, über die du nichts weisst. Bevor du aufstehen und wirklich etwas predigen kannst, musst du es zuerst gelernt haben.

Unser Team hat das auf eine sehr praktische Art gelernt. Auch als ich in den Vorbereitungen für dieses Buch über Träume war, fingen wir an jedes Kapitel zu leben, als ich es den anderen präsentierte. Verführung und Albträume war kein nettes Kapitel, um es nochmals durchzuleben! Wir hatten plötzlich alle Albträume! Damit ich diese Dinge aus dem Geist Gottes lehren konnte, musste ich die Lektionen wieder durchleben, damit sie relevant waren, wenn ich sie weitergab. Dann war es frisches Brot aus dem Ofen und nicht altes, trockenes Brot, das schon lange auf dem Regal liegt und über die Jahre bereits schimmelig wurde. Dann war es etwas Neues, das lebendiges Wasser in sich hatte, das in Frische und Kraft herauskam, als ich diente.

Wenn es darum geht, dass du für andere auslegst, dann wirst du jede Lektion selbst leben. Du wirst das Preisen leben, du wirst die Fürbitte leben und du wirst das Busse tun leben. Du wirst die Verführung und die Albträume leben. Denn solange du das alles nicht verstehst und es in deinem eigenen Leben erlebt hast, wirst du nicht fähig sein, es an andere weiterzugeben und es in ihren Leben zum Leben zu bringen.

Wenn du also zu diesem Zeitpunkt im Buch bereits begonnen hast einige der Kapitel zu leben, dann mach dir keine Sorgen, das ist ganz normal. Tatsächlich hatte ich schon viele Reaktionen von Leuten, denen ich kurz nach dem Drucken einiger Kapitel des Buches diese zum Lesen gegeben habe. Alle sagten, dass sie plötzlich wieder anfingen Träume und Visionen zu haben, die sie über Jahre hinweg nicht mehr gehabt hatten. Plötzlich wurden die Gaben, die in ihnen geschlummert hatten, wieder aufgeweckt und sie lebten das, was sie nachher anderen weitergaben und dienten. Nachdem sie es gelebt hatten, waren sie dann auch fähig, anderen damit zu dienen.

Wenn du begeistert darüber bist, dass du jemand anderem dienen kannst, dann bereite dich darauf vor, alles zuerst selbst zu leben. Denn bevor du jemand anderem damit dienen willst, wirst du es zuerst selbst leben!

Punkt 3: Halte deinen Strom sauber

Der dritte Punkt, den es zu bedenken gilt, ist, dass du deinen Strom sauber halten musst. Es ist sehr wichtig, dass du diesen internen Strom kontinuierlich sauber hältst. Das ist wichtig, weil je mehr er verdreckt wird und Flüche wie Angst, Bitterkeit, Ärger und der tägliche Stress und Kampf des Lebens ihn beschmutzen, umso mehr wird die Offenbarung, die du weiterzugeben versuchst, vergiftet sein vom Druck, Stress und der Bitterkeit des Lebens.

Es ist wichtig, dass du diesen Strom sauber hältst. Manchmal bist du so beschäftigt mit dem Leben und dem Dienst und den täglichen Aktivitäten, dass du vergisst, den Müll von gestern wegzuputzen. Du vergisst Zeit in der Gegenwart des Herrn zu verbringen. Du vergisst in Zungen zu beten und ins Wort zu gehen. Der zuvor saubere Strom, fängt an Dreckpartikel aufzuweisen. Einige Blätter kommen herein und ein paar Steine und Sand. Dann plötzlich, wenn du dich erheben und jemandem dienen willst, merkst du, dass dir diese Schärfe an Salbung fehlt. Ja, die Offenbarung wird immer noch kommen, aber etwas fehlt. Bevor du dich versiehst, findest du es sogar schwierig für dich selbst Offenbarung zu erhalten.

Punkt 4: Geist, nicht Verstand

Der vierte Punkt, den du nicht vergessen solltest, wenn du dienst, ist: Brauche deinen Geist und nicht deinen Verstand. Offenbarung kommt aus dem Geist, nicht aus dem Verstand. Es ist eine grosse Versuchung, im intellektuellen Denken gefangen zu werden. Es ist eine grosse Versuchung, alles auseinandernehmen und analysieren zu wollen und es von allen Seiten genau zu betrachten. Es bringt dich dazu, dass du tatsächlich aufhörst Offenbarung aus deinem Geist zu empfangen. Was herauskommt, ist nur noch ein Haufen Wissen und Müll aus deinem Verstand. Denn du beginnst dann alle Menschen in die gleiche Tüte zu stecken. Weil du dir in deinem Verstand alles hübsch ausgedacht hast, fängst du an zu generalisieren und sagst: „Nun, dieses Symbol bedeutet für dich das Gleiche wie für die anderen. Diese

Art Person wird immer diese Art von Problem haben. Diese Art von Traum, wird immer diese Art von Auslegung haben."

Wenn du anfängst das zu tun, dann läufst du geradewegs in die Verführung. Das Wort Gottes sagt, *„ein natürlicher Mensch aber nimmt nicht an, was des Geistes Gottes ist, denn es ist ihm eine Torheit, und er kann es nicht erkennen, weil es geistlich beurteilt wird."* (1. Korinther 2,14) Du kannst Offenbarung aus dem Geist nicht mit deinem Verstand unterscheiden. Du kannst Offenbarung vom Geist Gottes nur mit deinem Geist unterscheiden. Ist das nicht das ganze Thema dieses Buches, es geht ja um Traumauslegung durch den Geist und darum Offenbarung aus unserem Geist zu bekommen? Das ist Kommunikation mit der Himmelswelt: Du musst auf einer kontinuierlichen Basis immer wieder neu wissen, was der Herr sagt. Jedes Wort, das für ein Individuum aus deinem Mund herauskommt, muss frisch sein. Es muss neu, real und im Bezug auf das spezifische Bedürfnis dieser spezifischen Situation ausgerichtet sein.

Wenn du dich zu sehr mit deinem Verstand an eine Sache heranmachst und versuchst die Auslegung in deinem Kopf zu verstehen, dann läufst du falsch und zwar, weil dein Verstand die Dinge des Geistes nicht verstehen kann. Du könntest so ein Bedürfnis, das dir ins Gesicht starrt und für welches jemand Dienst benötigt, übersehen. Du kannst deswegen tatsächlich eine Möglichkeit zum Dienst verpassen. Diese Person könnte mit einem tiefen Begehren und einer Not zu dir kommen und sie hat deswegen zum Herrn geschrien, aber weil du versuchst alles mit deinem Verstand zu verstehen, könntest du verpassen, was der Geist des Herrn dieser Person zu sagen versucht. Du kannst eine erstaunliche und unglaubliche Zeit des Dienens verpassen, die die Not dieser Person stillen könnte.

Gehe nicht hin und fülle den Kopf einer Person mit Wissen. Gehe hin und sprich Weisheit. Das hat der Herr mir wirklich aufs Herz gelegt, als ich damit beschäftigt war dieses Buch zu schreiben. Er sagte: „Weisst du, wichtiger als Wissen ist Weisheit. Als Salomo zu mir kam, war er noch ein Kind und er bat mich um Weisheit." Gott sagte: „Zu der Zeit in seinem Leben hatte er noch kein Wissen. Er war noch nicht alt genug, um irgendetwas wissen zu können. Aber er bat mich um Weisheit. Als er das tat, fing er an sich zu erheben, denn er fing an Entscheidungen zu treffen und er sprach mit unglaublicher Weisheit, von der die Leute mehr hören wollten und weshalb sie zu ihm zurückkamen. Als er später durch Lebenserfahrung Wissen ansammelte, konnte er dieses Wissen nehmen und es mit Weisheit anwenden."

Du kannst so viele Bücher lesen, wie du willst. Du kannst dein Hirn füllen mit Wissen von verschiedenen Autoren und verschiedenen Theologen und deren Studien, aber solange du nicht die Weisheit des Herrn hast, wirst du nirgendwohin kommen. Dein Boot ist bereits gesunken, bevor du überhaupt in See stechen konntest. Also, für alle Analytiker da draussen, ich bin sicher, ich gebe dir hiermit eine kleine Herausforderung und jage dir einen

Schrecken ein, mit dem, was ich sage. Aber so ist es nun einmal. Wenn du jemandem dienen willst, dann diene aus dem Geist, nicht aus deinem Kopf heraus.

Punkt 5: Keine voreingenommenen Ideen

Als Nächstes komme nicht mit voreingenommenen Ideen zu einer Person. Niemand liebt es mit anderen in die gleiche Schublade gesteckt zu werden. Niemand hat gerne, wenn er sich so vorkommt, als ob er einfach einer von vielen sei. Und weisst du was? Der Herr hat uns auch nicht so gemacht. Er hat uns als Individuen erschaffen. Er hat jeden von uns anders und einzigartig gemacht. Wenn du also jemandem dienst und ihm eine Auslegung gibst, dann gib ihm eine Auslegung, die auf ihn zugeschnitten ist. Wenn du interne Träume auslegst, hat jede Person andere Gefühle, sie hat andere Lieblingsthemen und andere Bedürfnisse und Wünsche. Was für die eine Person, der du dienst, funktioniert, wird bei der nächsten nicht gleich sein.

Ich habe das schon so oft erlebt, wenn ich die Auswertungen für die Schule für den fünffachen Dienst gemacht habe. Ich bekomme zwei Bewertungsfragebogen von zwei Individuen und beide geben praktisch die gleichen Antworten. Sie sagen so ziemlich das Gleiche. Aber aus irgendeinem Grund, gibt mir der Herr für die erste Person, der ich diene, ein starkes Wort der Korrektur und sagt: „Du musst das und das in deinem Leben angehen und dieser Bereich in deinem Leben braucht Veränderung." Für die andere Person, die praktisch genau die gleichen Antworten gegeben hat, kommt die Offenbarung anders und ich sage: „Du machst es grossartig. Der Herr wird dich auf einen höheren Level erheben. Du zeichnest dich aus. Mach weiter so!"

Nun, wenn du das mit deinem Verstand verstehen möchtest, dann macht das überhaupt keinen Sinn. Dies ist so, weil es keine festen Regeln gibt. Was für die eine Person stimmt, muss nicht auch für die andere Person stimmen. Wenn du der zweiten Person genau gleich antwortest wie der ersten, dann wirst du es verpassen. Denn jeder von uns ist anders. Das ist etwas, das du oft erleben wirst.

Dann hast du aber auch die Menschen, die die Ausnahme zur Regel sind. Wenn du gewisse Bedeutungen von Symbolen in Stein meisseln möchtest und denkst: „dieses Symbol bedeutet für alle Menschen das", dann triffst du garantiert auf jemand, der die Ausnahme zur Regel sein wird. Dann musst du deine Ansichten überdenken, all das, von dem du dachtest, dass es so ist, denn plötzlich passt diese Person nicht mehr in dein Schema hinein.

Wenn du also die Art Person bist, die gerne in einen Trott hineinkommt, dann erwarte, dass dieser Trott häufig unterbrochen werden wird, wenn du planst jemand anderem zu dienen. Erwarte, dass deine Richtung immer wieder verändert wird, denn so oft wie du in einen Trott hineinkommst, so oft wird der Heilige Geist dich wieder herausschütteln. Also bereite dich jetzt schon auf Veränderung vor, denn Veränderung ist der zweite Name des Heiligen Geistes!

Punkt 6: Gebrauche deine Offenbarung nicht als Rute

Der letzte Punkt, an den du beim Dienen denken solltest, ist der Folgende: Gebrauche dein Wort der Offenbarung nicht als Rute, um deine eigenen Ideen und Meinungen zu vertreten. Das Wort Gottes sollte nie als Rute gebraucht werden. Die Soldaten schlugen Jesus mit einer Rute als eine Form der Strafe. Jesus nimmt nie eine Rute in die Hand und schlägt damit Seine Braut. Wenn du eine Gabe an den Leib Christi sein sollst, dann wirst auch du keine Rute schwingen.

Ich habe das schon viel zu oft gesehen, wenn Menschen ihre Träume und Offenbarungen jemandem geben und dann dieser Prophet oder dieses Individuum diesen Traum nimmt und ihn auf eine solche Art auslegt, dass die Offenbarung als Rute gegen diese Person gebraucht wird, um dieser Person etwas heimzuzahlen, worüber sie wütend sind. Vielleicht sind sie bitter auf diese Person. Vielleicht mögen sie etwas nicht, was diese Person glaubt. Und dann kommt es so, dass die Offenbarung als starke Korrektur und als Rute gebraucht wird, um herunterzumachen und zu zerstören. Das ist nicht der Geist Gottes.

Wir haben bereits im Kapitel über Verführung gesehen, wie unser Gott nicht jemand ist, der sich uns aufzwingt, sondern dass Er sanft und liebend ist und um und wirbt.

Das ist die Haltung, die wir haben sollten, wenn wir Seinem Leib dienen. Fuchtle nicht mit der Rute herum. Die Wurzel für jegliche Art von Dienst ist Liebe. Gott ist Liebe und das geht genau darauf zurück, dass du eben deinen inneren Strom sauber halten musst. Stelle sicher, dass du keine Bitterkeit oder keinen Neid, keinen Stolz oder keine Bosheit gegen irgendjemanden in deinem Herzen hegst, bevor du dich hinsetzt, um irgendeine Offenbarung auszulegen. Denn wenn dem so ist, dann wird deine Offenbarung von dieser Bosheit, diesem Neid, diesem Stolz oder dieser Bitterkeit gefärbt sein und du wirst nicht für den Herrn reden.

Das bedeutet, dass du überführt vor Gott stehst. Das bedeutet, dass du vor Ihn hinstehen und sagen musst: „Herr, ich habe nicht für dich geredet. Ich habe aus meiner eigenen Bosheit und Bitterkeit heraus gesprochen." Hast du den Mut, vor den Herrn hinzustehen und zu sagen: „Ich habe nicht wirklich dich repräsentiert. Ich habe ihnen nicht gezeigt, wie du wirklich bist." Bist du bereit, diese Last auf deine Schultern zu nehmen? Denn das ist die Last, die du dir auf deine Schultern lädst, wenn du aufstehst, um zu dienen. Wir sind dazu bestimmt den Herrn Jesus Christus zu repräsentieren. Stelle sicher, wenn du eine Auslegung gibst, dass du den Herrn Jesus Christus repräsentierst und nicht deine eigenen Vorstellungen, deine eigene Doktrin oder deine eigenen Ansichten.

In dem Moment, in dem du die Liebe des Herrn verlässt, wirst du in Verführung geraten. Das ist auch der Moment, in dem die Frucht, die du an andere weitergibst, verrotten wird. Niemand hat gerne verrottete Früchte, sind wir ehrlich.

Kapitel 20

Interne Träume auslegen

7 Wenn ihr in mir bleibt und meine Worte in euch bleiben, so werdet ihr bitten, was ihr wollt, und es wird euch geschehen.

8 Hierin wird mein Vater verherrlicht, daß ihr viel Frucht bringt und meine Jünger werdet.

~ Johannes 15,7-8

Kapitel 20 – Interne Träume auslegen

Lass uns die internen Träume anschauen. Jetzt hast du bereits eine Idee davon, wie du deine internen Träume auslegen kannst. Wenn es darum geht, einen internen Traum von jemand anderem auszulegen, dann funktioniert das sehr ähnlich. Es ist nicht wie im prophetischen Dienst, wo es umso besser ist, je weniger du von der Person weisst, denn dann kannst du einfach Offenbarung erhalten. Nein, in einem internen Traum sind alle Charaktere und Objekte der Person symbolisch. Es ist deshalb wichtig, dass du gewisse Hintergrundinformationen über die Person hast, der du dienst. Denn wenn du diese Informationen nicht hast, dann wirst du die Charaktere falsch auslegen. Dann wirst du ihr eine Auslegung geben, die völlig danebenliegt.

Sammle Informationen

Ich habe schon zu viele falsche Auslegungen in diesem Bereich gesehen. Jemand denkt, weil der Vater in dieser Traumauslegung den Herrn repräsentiert, dass er deshalb in allen internen Träumen den Herrn repräsentiert. Dann hat jemand einen Traum und sagt: „Ich habe geträumt, dass mein Vater mich geschlagen hat." Und diese Person sagt: „Aha, das bedeutet, dass der Herr dich zusammenschlägst. Du warst unartig. Gehe deine Sünden an!"

Ich glaube kaum! In diesem Fall repräsentiert der Vater nicht den Herrn, denn das ist nicht die Natur unseres Vaters. Also ist es sehr wichtig, dass du ein bisschen Hintergrundinformationen über die Person bekommst, deren Traum du auslegst.

Geschlecht

Die erste Information, die du brauchst ist das Geschlecht der Person. Ist es ein Mann oder eine Frau? Ist die Person weiblich oder männlich? Das ist sehr wichtig, denn in einem internen Traum werden die Symbole und Objekte sehr geschlechterorientiert sein, wie wir dies schon zuvor in einem anderen Kapitel zusammen gesehen haben.

Rasse oder Kultur

Die nächste Information, die du brauchst, um richtig auslegen zu können: Du musst die Rasse oder Kultur der Person kennen. Das ist etwas sehr Wichtiges, denn etwas, das in deiner Rasse häufig vorkommt, muss jemand anderem aus einer anderen Rasse nicht bekannt sein. Wir haben das bereits in den vorhergehenden Kapiteln angeschaut.

Charaktere, Objekte und Tiere

Der dritte Punkt, den du diese Person fragen musst, ist, wie ihre Beziehung mit den Charakteren in ihren Träumen aussieht. Dieser Punkt ist sehr wichtig. Wenn jemand von seiner Mutter träumt oder von seinem Ehepartner, den Kindern oder seinem Freund, wer auch immer der Charakter ist, dann muss die Person dir sagen, was für eine Beziehung sie zu diesen Menschen hat. Wenn die Person von jemand Berühmtem träumt, den sie nicht persönlich kennt, dann musst du sie fragen, wie sie diese Person sieht, was diese Person bei ihr auslöst. Löst diese Person etwas Positives bei ihr aus? Schaut sie zu dieser Person auf? Bewundert sie diese Person? Oder verachtet sie sie und sieht sie diese Person zum Beispiel als einen Irrlehrer an? Es ist sehr wichtig, dass du die Beziehung kennst, die diese Person mit dem Charakter im Traum hat.

Es wird oft vorkommen, dass ein männlicher oder weiblicher Charakter im Traum einer Person vorkommt, den sie überhaupt nicht kennt. Das hat dann mit den männlichen und weiblichen Charakteren in Träumen zu tun, die wir bereits angeschaut haben – Animus und Anima – deine männliche oder weibliche Seite. Also halte deine Augen offen für diesen Punkt, denn diese zwei Charaktere kommen in internen Träumen sehr häufig vor.

Wenn jemand von Objekten oder Tieren träumt, dann ist es auch sehr wichtig zu wissen, ob dieses Objekt der Person, die den Traum hatte, bekannt ist. Wenn sie von einem Auto, einer Vase, einem Pult oder sonst irgendeinem Objekt träumt, dann musst du wissen, ob sie mit diesem Objekt vertraut ist? Ist das ein Objekt, das sie jetzt gerade gebraucht? Was hat sie – wenn du so willst – für eine Beziehung zu diesem Objekt? Ist es ihr sehr bekannt? Denn wie auch immer ihre Haltung diesem Objekt gegenüber aussieht, wird dir Einsicht darüber geben, was dieses Objekt in ihrem Traum repräsentiert. Wenn es für sie kein bekanntes Objekt ist, dann könnte der Traum sehr gut ein interner, prophetischer Traum sein.

Das Gleiche gilt bei Tieren. Du musst wissen, was das Tier repräsentiert. Ich erinnere mich an einen Vorfall, bei welchem eine Frau einen Traum einschickte und sie träumte oft von ihren Katzen. Es stellte sich dann heraus, dass diese Frau keine Kinder haben konnte, also waren ihre Katzen eigentlich ihre Kinder. Sie waren ihre Babys, weil sie nicht schwanger werden konnte. Also wusste ich sofort, wenn sie von Katzen träumte, dass das auf ihren Dienst, auf die Dinge, die sie geboren hatte und auf ihre Verantwortung hinwies, weil diese Katzen im echten Leben wie ihre Kinder waren.

Aber wenn dann jemand anders von Katzen träumt, der diese Tiere nicht ausstehen kann, sie verabscheut und nicht im gleichen Raum mit ihnen sein will, dann wäre wohl mein letzter Rat, dass dies etwas mit dem Dienst dieser Person zu tun hat. Ich würde wahrscheinlich eher sagen, dass diese Katze den Teufel persönlich repräsentiert, weil diese Person solch eine Abneigung gegenüber Katzen hat. Es ist also dringend notwendig, dass du herausfindest, was für eine Beziehung zwischen der Person und dem Tier besteht, damit du eine klare Auslegung geben kannst.

Interne prophetische Träume auslegen

Nun, wenn du zum internen prophetischen Traum kommst, verändern sich die Regeln ein bisschen, denn jetzt findest du ein Gemisch vor. Du hast ein Gemisch von Bekanntem und Unbekanntem. Was du in einem internen prophetischen Traum vorfinden wirst, ist, dass die Symbole der Person oft bekannt vorkommen und doch gibt es einige Objekte und Symbole, die ihr nicht bekannt sind. Das ist dein erstes Zeichen dafür, dass dieser Traum eigentlich ein interner, prophetischer Traum ist und nicht nur ein einfacher, interner Traum, weil der Person einige Objekte und Symbole im Traum völlig unbekannt sind.

Wenn du also für jemanden einen Traum auslegst, dann kann es sein, dass diese Person dir bei einigen Objekten klar sagen kann: „Ich kenne diese Person im Traum gut und ich habe eine Beziehung zu ihr und dieses Objekt kenne ich auch. Aber dieses Objekt habe ich noch nie zuvor gesehen und dieses Objekt ist mir nicht bekannt." Wenn es ein solches Objekt im Traum gibt, das der Person unbekannt ist, dann weisst du, dass du es mit einem internen prophetischen Traum zu tun hast, was bedeutet, dass sich dieser Traum auf die Zukunft der Person bezieht.

Nimm ihn auseinander

Du musst also einen solchen Traum ein bisschen auseinandernehmen. Du musst die Symbole, die der Person bekannt vorkommen, von den Symbolen trennen, die ihr nicht bekannt sind. Denn die bekannten Symbole kannst du wie in einem einfachen, internen Traum auslegen, aber die Symbole, die der Person im Traum unbekannt sind, musst du im Wort nachschauen.

Hier kommt die Offenbarung aus deinem Inneren ins Spiel und du kannst anfangen der Person Richtungsweisung für die Zukunft zu geben.

Beispiele

Ich habe dir hier ein paar Beispiele dazu. Ich werde sie für dich auseinandernehmen und dir Schritt für Schritt aufzeigen, was vorgeht. Ich möchte, dass du siehst, ob du die Prinzipien, die du hier gelernt hast, an diesen Träumen anwenden kannst, bevor du dir meine Antwort ansiehst. Nachdem wir die Träume dann auseinandergenommen und einen Blick auf die Charaktere und die Art des Traumes geworfen haben, werde ich dir die ganze Auslegung geben, die ich dieser Person weitergegeben habe. Jeder dieser Fälle ist ein wahrer, echter Fall, den ich öffentlich beantwortet habe. Die meisten Träume sind von den Studenten aus einer unserer Schulen.

„Weisser Cadillac"

Der erste Traum hier ist ein gutes Beispiel für einen Traum, der Hoffnung produzierte.

„Ich arbeitete für eine grosse Firma. Ein Mitarbeiter kam mit mir, um meinen weissen Cadillac wieder in Besitz zu nehmen. 1993 besass ich einen weissen Cadillac, der ein paar Monate, bevor ich mich bekehrte, beschlagnahmt worden war. Wir warteten auf die Leute, die mir den Wagen bringen sollten und dann kam plötzlich mein

Ehemann mit dem Auto daher und ich fragte ihn, wieso er jetzt das Auto habe. Er sagte, dass er sich um das Fahrzeug gekümmert hätte und dass ich es wieder behalten könne. Ich bemerkte, dass der Vorderreifen auf der Beifahrerseite nicht die normale Grösse eines Wagenreifens hatte, sondern es war einer dieser ganz kleinen Wagenreifen, die sie an Ersatzwagen gebrauchen. Dennoch sagte mir mein Mann, ich solle einsteigen und wegfahren, ich könne gehen.

Ich zögerte, weil es mir nicht so vorkam, als ob dieses Auto meines wäre. Ich kletterte auf den Fahrersitz, aber innerlich achtete ich darauf, dass ich mich nicht zu sehr öffnete, aus Angst, dass der Wagen wegen dem Reifen entweder zusammenbrechen könnte oder dass er mir wieder weggenommen werden könnte. Ich bemerkte, dass die Innenausstattung aus Stoff war und nicht aus Leder. Das war das Ende meines Traumes."

Persönliche Details:

BEISPIEL VON: Hoffnung

GESCHLECHT: Weiblich

RASSE: Amerikanerin

BEZIEHUNG MIT CHARAKTEREN: Als ich sie fragte, stellte sich heraus, dass die Beziehung zu ihrem Ehemann nicht positiv ist.

BEKANNTE OBJEKTE: Der Cadillac ist ein bekanntes Objekt. Er wurde ihr einige Monate vor ihrer Errettung beschlagnahmt. Es ist ein Objekt im

Zusammenhang mit ihrer Vergangenheit, die Zeit vor ihrer Errettung.

Auseinandernehmen des Traumes:

Das ist ganz klar ein interner Traum. Ihr sind alle Symbole im Traum bekannt und sie hat uns ein paar Informationen über die Vergangenheit mit dem Cadillac gegeben. Du siehst, dass dies eindeutig ein interner Traum ist, weil die Frau darin aktiv und die Hauptdarstellerin im Traum ist.

Ich stellte ihr ein paar Fragen und das kam dabei heraus: Sie ist offensichtlich weiblich, ihre Rasse ist Amerikanerin und das Einzige, was mich verwirrte, als ich damit beschäftigt war, diesen Traum auszulegen war, dass ich keine Ahnung hatte, wie ihre Beziehung zu ihrem Ehemann ist. Nun, dies ist ein sehr gutes Beispiel dafür, was ich gerade eben geschildert habe. Du musst die Beziehung zu ihrem Ehemann kennen. Wenn sie eine positive und gute Beziehung zu ihrem Ehemann hat, dann würde ich sagen, dass der Heilige Geist sie zurück zum Grundsätzlichen führt. Ihr Ehemann würde dann den Herrn repräsentieren, der sie führt und anleitet.

Aber wenn sie eine negative Beziehung mit ihrem Ehemann hat, dann verändert sich die ganze Bedeutung. Das würde dann bedeuten, dass sie irgendwie gezwungen wird zurückzugehen und dass ihr Ehemann Druck und Fleisch repräsentiert. Es würde bedeuten, dass sie in eine Position hineingezwängt wurde, in der sie nicht sein sollte. Mit diesen Gedanken im Kopf fragte ich sie, wie ihre Beziehung zu ihrem Mann sei und es stellte sich heraus, dass sie tatsächlich eine negative Beziehung mit ihm hatte. In diesem Fall also hatte der Mann in ihrem Traum keine positive Bedeutung.

Wenn du dir das Objekt, den Cadillac, ansiehst, dann weisst du, dass ihr dieses Objekt bekannt ist, was auch einen internen Traum kennzeichnet. Tatsächlich war dieses Objekt einige Monate vor ihrer Errettung beschlagnahmt worden. Das gab mir auch einen Hinweis darauf, was dieses Objekt für sie bedeuten könnte und wie es in den ganzen Traum hineinpasste.

Wenn ich jetzt also die Punkte nehme, die wir in der einfachen internen Traumauslegung berücksichtigen, dann kommt klar heraus, dass dieser Traum intern ist. Nachdem ich ihn durchgelesen hatte, empfand ich den Geist auf dem Traum als negativ. Mein erstes Gefühl im Bauch war negativ, wenn du so willst. Ich empfand es als keine gute Sache, dass sie in eine Situation hineingedrückt wurde. Ich musste sie aber bezüglich ihres Ehemanns nochmals nachfragen um wirklich sicher zu sein. Meine erste Reaktion war: „Das ist nicht von Gott." Ich hatte einen negativen Eindruck.

Die Charaktere in ihrem Traum waren ihr Ehemann. In diesem Fall hatte er eine negative Bedeutung. Er repräsentierte die Versuchung und den Druck, dass ihr etwas aufgesetzt wurde, dem sie entsprechen musste.

Das Objekt war das Auto. Ich identifizierte sofort, dass das Auto einen vergangenen Dienst darstellte, sehr wahrscheinlich den Dienst, mit dem sie angefangen hatte, gleich nach der Errettung. Aber er war beschlagnahmt worden. Der Herr hatte ihr den Dienst weggenommen. Sie war zu besseren Dingen weitergegangen. Aber hier in diesem Traum, wurde sie wieder zurückgedrängt in dieselbe alte Form wie früher.

Siehst du, wie sich das Bild vor dir auftut? Fängst du an zu sehen, was genau in ihrem Leben geschehen ist? Hier ist eine kurze Ausführung über den Traum, wie du das auch machen würdest. Anschliessend gebe ich eine schlussendliche Auslegung. Lass uns sehen, wie richtig du gelegen bist!

Meine Auslegung

ART DES TRAUMES: Intern

GEIST: Negativer Unterton

CHARAKTERE: Ehemann, in diesem Fall spricht er von der Welt und der Verführung, sich anzupassen.

OBJEKTE: Das Auto spricht von ihrem vergangenen Zustand; ihrer ersten Erfahrung im Dienst. Das Auto befindet sich auch in einem schlechten Zustand. Negative Bedeutung.

AUSLEGUNG: Was du mir hier mitgeteilt hast, ist genug für mich, um identifizieren zu können, was dein Ehemann in deinem Träum repräsentiert. Als ich den Traum durchgelesen hatte, war mein erster Eindruck negativ. Weil dein Ehemann darauf bestand, dass du das Auto fahren sollst, musste ich zuerst einmal identifizieren, ob er ein positives oder negatives Bild darstellt, bevor ich eine klare Auslegung dazu geben kann. Es scheint mir, dass du dich erstens einmal in einer Drucksituation befindest, dich wieder in vergangene Bereiche zu involvieren und dann auch Verantwortungen im Dienst übernimmst, vielleicht sogar eine Dienstfunktion, die nicht vom Herrn ist.

Das Auto ist eine klare Darstellung deiner Vergangenheit, aus was du herausgekommen bist. Aber in deinem Traum wird Druck auf dich ausgeübt, dass du wieder dorthin zurückgehst. Der Herr zwingt dir nie Seinen Willen auf und deshalb ist dies der erste Hinweis dafür, dass die Richtung, in die du zurzeit gedrängt wirst, eine Verführung vom Feind ist.

Du hast das richtig gespürt, das Auto gehört nicht dir, denn diese Sache liegt schon lange hinter dir. Ich spüre Anklage und ich würde sagen, dass dein Ehemann die Sünde des Fleisches repräsentiert. Er ist der Eigentümer des Autos. Du wirst dazu gezwungen zurückzugehen und Bereiche von vergangener Sünde anzugehen, die angegangen worden sind und vom Geist Gottes beschlagnahmt wurden. Erlaube dem Feind nicht, dass er dich noch länger anklagt und glaube nicht, dass du dich mit dem Zweitbesten zufrieden geben musst. Es ist Zeit, dass du die Vergangenheit hinter dir lässt und dich jetzt erhebst. Schaue vorwärts und beanspruche im Glauben die Fülle, die der Herr für dich hat.

Ich meine auch zu spüren, dass der Herr dich in eine neue Dienstfunktion hineinbringen möchte und dass die alte Funktion, in der du gewirkt hast, jetzt in der neuen Arbeit, die der Herr für dich hat, überfällig wird. Du musst dich auf einen neuen Level bewegen. Lass das alte Auto hinter dir. Es kann nicht einmal richtig fahren wegen seinem schlechten Reifen. Es kommt noch hinzu, dass es sich im Schatten und nicht im Licht Jesu befindet. Es ist Zeit weiterzugehen. Schüttle die Anklage ab und alle Verantwortungen und Verpflichtungen aus der Vergangenheit und auch deine alten Dienstfähigkeiten und tritt in das Neue hinein, das der Herr für dich bereithält.

Zusammenfassend

Kannst du sehen, wie ich diese Auslegung als eine Möglichkeit gebraucht habe, Hoffnung in ihr Leben zu bringen und ihr zu dienen und sie zu motivieren? Als sie diesen Traum einschickte, fühlte sie sich niedergeschlagen und entmutigt und als ich ihr mit der Auslegung diente, war mein Ziel, sie aufzurichten und ihr wieder Hoffnung zu geben. Ihre Augen auf das korrekte Bild auszurichten, nachdem sie streben sollte und das Alte hinter sich zu lassen. Das solltest du mit jeder Auslegung tun – nicht nur den Menschen Symbole und Bedeutungen geben, sondern die Auslegung wirklich dazu gebrauchen, damit Menschen gedient wird, sie aufgerichtet werden und für die nächste Sache, die der Herr für sie bereit hat, motiviert werden.

„Fisch in der Hand"

Lass uns zum nächsten Traum übergehen. Ich habe hier ein gutes Beispiel für Busse tun.

„Ich war dabei an eine Gemeindekonferenz zu gehen, die bei uns in der Kirche über die kommenden Wochen hinweg abgehalten wurde. Als ich hineinging, sagte ein Chormitglied zu den anderen, dass sie ein Kleid bräuchte und ob sie das von jemand anderem anziehen könne.

Dann veränderte sich die Szene und ich sah, wie ich aus der Kirche lief mit dieser Frau an meiner Seite, deren Tochter zu mir in die Schule geht. Wir schienen in einem Garten zu sein, in dem zwei wunderschöne Blumen in voller Pracht blühten. Ich sagte zu der Frau: „Die sind hübsch!" und sie sagte: „Berühre sie nicht, denn du wirst krank werden davon, wie meine Tochter, und das dauert ein Jahr lang." Dann lief sie davon.

Ich lief zu den Blumen hin, um sie mir genauer anzusehen und sah, dass die eine nicht gut im Boden verwurzelt war. Dann lief ich zur anderen Blume, die daneben stand und diese war verwurzelt. Ich musste einen kleinen Stab nehmen und ihn tief in den Boden stecken, um die Pflanze herausnehmen zu können. Schliesslich kam sie aus dem Boden und ich schaute nach, was denn da im Dreck war. Es war ein flacher Fisch und eine Hand daran. Es sah nicht angsteinflössend aus, aber sehr feucht. Und so nahm ich den Fisch und die Hand mit dem Stab auf und warf sie auf den Boden."

Persönliche Details:

    BEISPIEL VON: Busse tun

    GESCHLECHT: Weiblich

RASSE: Amerikanerin

BEZIEHUNG MIT CHARAKTEREN: Freundschaftliche Beziehung

BEKANNTE OBJEKTE: Chormitglied und Freund

UNBEKANNTE OBJEKTE: Fisch, Hand und tödliche Blume

Auseinandernehmen des Traumes:

Wenn du den Traum das erste Mal liest, dann klingt alles ziemlich komisch. Du denkst: „Ich habe keine Ahnung, wovon diese Frau hier spricht!" Siehst du die Objekte in diesem Traum, die ihr vertraut sind und auch die anderen Objekte, die ihr nicht so vertraut sind? Dies ist ein Hinweis darauf, dass dies klar ein interner prophetischer Traum ist.

Nun, wenn jemand dir einen Traum erzählt, der so komisch klingt, dann brauchst du keine Panik zu haben! Nimm einfach die Objekte und Charaktere auseinander. Trenne die Dinge, die der Person bekannt sind, von denen, die ihr unbekannt sind. Wenn du das tust, wird der Traum Sinn machen.

Lass uns einen Blick auf diese Person werfen und was wir über die Charaktere und Objekte wissen.

Zuerst einmal wissen wir, dass sie eine Frau ist. Ich weiss, dass sie Amerikanerin ist. Die Beziehung, die sie zu den Charakteren hat – ist eine freundschaftliche mit der Frau und der Tochter. Sie lehrt die Tochter. Sie haben eine gute, platonische Beziehung miteinander.

Die Objekte – es gibt zwei Arten. Da gibt es die bekannten Objekte, das Chormitglied, die Kirche und den Freund. Die unbekannten Symbole sind der Fisch in der Hand und die tödliche Blume. Das sind wahrscheinlich auch diejenigen, die dich verwirrt haben.

Dies ist ein interner prophetischer Traum. Ich empfand den Geist auf dem Traum als negativ. Als ich ihn zum ersten Mal durchlas, war das Gefühl, das ich tief in mir drin verspürte: „Oh, oh, nein." Das ist das Gefühl, das ich hatte. Es war sehr negativ.

Wenn du dir die Charaktere ansiehst, den Chor und die Frau, deren Tochter sie lehrt, dann spricht das von Dienst. Sie befinden sich in einem Kirchenumfeld. Sie lehrt die Tochter dieser Frau. Das spricht von Dienst und wem sie bis jetzt gedient hat.

Die Objekte sprechen auch von Dienst. Das Chorgewand, der Mantel, etwas, das du trägst. Die Blume spricht von Frucht. Was die unbekannten Objekte anbelangt, bin ich ins Wort gegangen und habe ein bisschen gestöbert und herausgefunden, dass die Blume immer von Frucht spricht; die Frucht der Dinge, die wir austragen, die Frucht der Dinge, die wir an andere weitergeben.

Der Fisch in der Hand, der Tod bringt, hat eine negative Bedeutung. Betreffend den Fisch habe ich im Wort nachgeforscht und dabei fand ich eine Bibelstelle. Aber so weit, haben wir jetzt einfach einmal einen negativen

Eindruck. Erstens, ihren Dienst. Sie trägt ein Gewand, das sie von jemand anderem erbeten hat. Das ist das Erste, was falsch läuft. Sie trägt ein Gewand, das nicht ihr gehört.

Zweitens, diese Blumen, die so wunderschön aussehen, machen Menschen krank. Das hat überhaupt keine gute Bedeutung. Die Tatsache, dass diese Blumen die Tochter dieser Frau krank gemacht haben, die sie lehrt, zeigt auf, dass die Frucht, die in denen, die sie lehrt geboren wird, sie krank macht. Da ist also etwas falsch mit der Frucht. Wenn wir etwas weitergraben und ein bisschen unter die Oberfläche gehen, finden wir auch die Wurzel ihres Problems und das ist der Fisch in der Hand.

Siehst du das Bild schon? Wenn du eine Bibelkonkordanz hast, dann schaue einmal das Wort Fisch und Hand nach, was findest du? Hier ist eine kurze Auslegung, zusammen mit meiner schlussendlichen Auslegung.

Meine Auslegung:

ART DES TRAUMES: Intern, prophetisch

GEIST: Negativ

CHARAKTERE: Chor und Frau sprechen von Dienst.

OBJEKTE: Sprechen vom Dienst. Die Blume spricht von ihrer Frucht (ihre Frucht ist tödlich – etwas ist falsch). Fisch und Hand bringen Tod. Schaue im Wort nach Offenbarung betreffend diese Objekte.

AUSLEGUNG: Dein Traum ist klar ein interner prophetischer Traum. Mit anderen Worten, er bezieht sich nur auf dich und hat eine Zukunftsausrichtung in Bezug auf deinen Dienst. Lass uns einen Blick auf das Chormädchen werfen, das um das Gewand der anderen bittet. Das Gewand spricht von einem Dienstmantel. Hast du vielleicht versucht, einen Mantel zu tragen, der zur Zeit deines Traumes nicht dein Eigener war? Vielleicht hast du einen Dienst ausgeführt, der nicht wirklich dem entspricht, wozu du berufen bist.

Wenn du deinen Traum noch genauer betrachtest, dann siehst du, dass es einige Symbole darin hat, die sich nicht auf das alltägliche Leben beziehen. Wenn das passiert, dann musst du ins Wort gehen und eine Auslegung finden. Ein Fisch in der Hand ist nicht etwas, das du im täglichen Leben vorfindest, also habe ich die Bibel hervorgenommen und eine Suche über Hand und Fisch gestartet und das kam dabei heraus:

> *„Warum bin ich gekommen, und kein Mensch war da, habe gerufen, und niemand antwortete? Ist meine Hand etwa zu kurz zur Erlösung? Oder ist in mir keine Kraft, um zu erretten? Siehe, durch mein Drohen trockne ich das Meer aus, mache Ströme zu einer Wüste: es stinken ihre Fische, weil kein Wasser da ist, und sie vor Durst sterben."*
>
> *~ Jesaja 50,2*

Es scheint also etwas falsch zu sein mit deinem Dienst. Die Frucht, welche die Blumen darstellen, ist tödlich und bereitet nicht die Freude und das Leben, die Blumen normalerweise hervorbringen. Aber der begeisternde Teil ist, dass der Heilige Geist dir betreffend dieses Problem Offenbarung geben wird. Vielleicht hast du in letzter Zeit einen Tod in deinem Dienst erlebt und die Dinge sind nicht gerade so gelaufen, wie du das geplant hast. Dafür gibt es einen Grund. Die Wurzel für dein Problem ist, dass kein Wasser vorhanden ist. Wasser stellt die Salbung des Geistes dar. Vielleicht bist du aus dem Willen Gottes für dein Leben herausgelaufen. Hast du vor kurzem eine Richtungsweisung vom Herrn erhalten, die du ignoriert hast? Wenn das der Fall ist, dann musst du herausfinden, wo du es verpasst hast und zurück auf den richtigen Pfad gehen.

Wie auch immer du es ansiehst, es ist auf jeden Fall etwas falsch mit der Frucht. Sie bringt Tod hervor und nicht Leben. Ich empfinde aber, dass indem du durch die Erde gräbst und dir die Wurzel des Übels ansiehst, der Herr dir klar die Ursache deiner Frucht und wieso sie schlecht ist, aufzeigen wird. Mein Rat ist, dass du den Herrn suchst, betreffend den Weg, den Er für dich hat und in Seinen Willen für dein Leben hineintrittst. Wenn du das tust, werden diese tödlichen Früchte entwurzelt werden und dann wirst du fähig sein, auf der neuen Strasse des Sieges und der Autorität im geistlichen Bereich zu laufen.

Zusammenfassend

Ich empfing eine sehr positive Rückmeldung auf diese Auslegung und es wurde mir bestätigt, dass die entsprechende Person in einem Dienst funktionierte, der nicht ihrer Berufung entsprach. Aber du siehst hier, wie ein Traum, der zuerst total komisch wirkt und unmöglich auszulegen scheint, plötzlich anfängt Sinn zu machen, wenn du ihn einfach ein bisschen auseinandernimmst und den Herrn um Offenbarung bittest. Er wird immer mit etwas Gutem hervorkommen.

„Tornados"

Das dritte Beispiel, das ich hier habe, ist ein gutes Bild für Schutz und wie wir in unserem christlichen Lauf gegen den Feind angehen können. Der Traum trägt den Titel „Tornados". Die Frau sagte, sie habe zwei Träume gehabt.

Erster Traum:

„Mein Mann und ich standen zusammen da. Als wir so dastanden, waren da plötzlich Tornados von verschiedenen Grössen und Formen um uns herum. Die einen waren klein und hatten gerade erst angefangen und andere waren gross und sahen aus wie ein F5. Sie kamen nicht an uns heran, aber sie waren überall um uns herum."

Zweiter Traum:

„Unsere ganze Familie steht auf einem Kliff, von dem aus man den Südwesten überschauen kann. Wir sind alle zusammen und wir sehen etwa sieben Tornados uns gegenüber. Sie kommen auf uns zu, einer nach dem anderen. Als sie uns erreicht haben, verwandeln sie sich einfach in eine leichte Brise. Es ist als ob sie uns angeworfen worden wären, der ganzen Familie, nicht nur mir und den zwei Kindern."

Persönliche Details:

BEISPIEL VON: Schutz

GESCHLECHT: Weiblich

RASSE: Amerikanerin

BEKANNTE OBJEKTE: Tornados

Auseinandernehmen des Traums:

Um was geht es hier? Das Geschlecht der Person, die den Traum einschickte, ist weiblich. Die Rasse und Kultur war hier sehr wichtig. Sie ist Amerikanerin. Du fragst dich vielleicht, weshalb das so wichtig ist. Einfach deshalb, weil sie weiss, was ein Tornado ist. Amerikaner wissen wahrscheinlich, was ein Tornado ist. Aber in Südafrika, dort, wo ich herkomme, habe ich noch nie so etwas von Nahem gesehen. Ich weiss also nicht genau, was ein Tornado ist oder wie einer aussieht, ausser von den Bildern, die ich im Fernsehen gesehen habe. Ein Tornado war nicht etwas, das bei uns damals vorkam. Es war kein Teil unseres Lebens. Aber in diesem Beispiel hier hatte die Frau offensichtlich viel Erfahrung mit Tornados, Wirbelstürmen, Hurrikanen und solchen Dingen gemacht. Dies war einfach so, weil diese Dinge in dieser Region, in der sie lebt, viel vorkommen.

Für mich wäre das etwas total Fremdes. Wenn ich von Tornados träumen würde, dann müsste ich dieses Symbol sehr wahrscheinlich im Wort nachschauen, denn es ist nicht etwas, das mir bekannt ist. Es ist nicht etwas, mit dem ich aufgewachsen bin; es ist kein Template für mich. Aber für diese Frau ist es in diesem Fall ein Template. Es ist Teil von dem, wie sie aufgewachsen ist und Teil ihrer Kultur.

Der Traum ist klar intern. Alle Symbole sind ihr bekannt. Der Geist ist offensichtlich negativ. Es stellt Attacke dar, Dinge, die auf sie zukommen. Die Charaktere in ihrem Traum sind ihr Ehemann und ihre Kinder, ihr Ehemann repräsentiert den Herrn, der an ihrer Seite steht. Der Tornado spricht von Zerstörung und dem Werk des Feindes, aber der Tornado hat sie nicht berührt. Ihre Kinder repräsentieren ihren Dienst, sie stehen auch an ihrer Seite und werden von der Attacke nicht berührt.

Ich bin sicher, dass du mittlerweile eine sehr klare Auslegung hast. Hier ist die Kurzform der Auslegung und dann eine Auslegung mit der dazugehörigen Erklärung von mir.

Meine Auslegung:

ART DES TRAUMES: Intern

GEIST: Negativ, zu positiv übergehend

CHARAKTERE: Ehemann und Kinder. Ehemann stellt den Herrn dar. Kinder sprechen von ihrem Dienst.

OBJEKTE: Tornado spricht von Zerstörung, dem Werk des Feindes und doch wurde kein wirklicher Schaden angerichtet!

AUSLEGUNG: Dieser Traum ist klar ein interner Traum. Wurdest du in der letzten Zeit mit persönlicher Attacke konfrontiert – Attacke auf deinen Dienst und Attacke auf dein persönliches Leben? Diese Attacken haben dich nicht zerstört. Aber ich empfinde, dass sie dich vielleicht müde gemacht haben. Ohne deine persönliche Information darüber zu haben, gehe ich einfach mit dem, was ich im Geist spüre. Der Feind hat dich attackiert und ich würde dir gerne vorschlagen, dass du dir die Mp3 Serie *Strategies of War* anhörst. Der Feind hat eine offene Türe in deinem Leben, eine, die du identifizieren und dann schliessen musst. Der Herr schützt dich, aber wenn der Feind Lizenz bekommt, dann wird er vollen Gebrauch davon machen.

Dein Ehemann steht für den Herrn und du kannst ermutigt sein, dass egal durch was du auch durchgehst oder noch durchgehen wirst, der Herr nie von deiner Seite weichen und dein Dienst unter seinen Flügeln geschützt sein wird.

„Cabriolet"

So lass uns zusammen unser letztes Beispiel anschauen. Das vierte Beispiel zeigt uns ein hübsches Porträt von Glaube und Hoffnung. Ich habe diesen Traum „Cabriolet" genannt.

„Ich war in diesem Traum am herumziehen und sass gerade mit meinem Ehemann und einem Freund in einer ziemlich grossen Kirche, in der ersten Reihe. Die Leute auf der Bühne bemerkten mich, riefen mich nach Vorne und sagten mir, dass sie mich gerne für sich arbeiten lassen wollten. Im Traum servierte ich Essen.

Am Schluss des Traumes verliessen mein Ehemann und ich die Kirche in einem wirklich schönen Cabriolet. Es waren Leute da, die auf dem Feld arbeiteten und sie hörten alle mit ihrer Arbeit auf und sahen uns zu, wie wir den Ort verliessen. Ich erinnere mich, dass ich mich ein bisschen unwohl dabei fühlte, dass alle bemerkten, dass wir gingen."

Persönliche Details:

BEISPIEL VON: Glaube und Hoffnung

GESCHLECHT: Weiblich

RASSE: Amerikanerin

BEZIEHUNG MIT CHARAKTEREN: Ehemann und Gemeindemitglieder

OBJEKTE: Bekannte und Unbekannte

Auseinandernehmen des Traumes:

Ich sehe hier Symbole und Charaktere, die dieser Frau bekannt sind. Aber einige Symbole sind ihr auch nicht bekannt. Das Cabriolet ist ihr nicht vertraut. Sie hat selbst kein solches Auto. Sie hat also keine persönliche Zuneigung zu diesem spezifischen Objekt. Wenn ich mir also diesen Traum ansehe, dann empfinde ich ihn als internen, prophetischen Traum, einige Objekte sind der Frau bekannt und einige sind ihr nicht so bekannt.

Einmal mehr ist das Geschlecht weiblich und sie ist eine Amerikanerin. Die Charaktere, die ihr bekannt sind, sind ihr Ehemann und die Gemeindemitglieder. Das Objekt, das ihr bekannt ist, ist die Kirche und die unbekannten Objekte sind offensichtlich das Auto und das Servieren des Essens.

Der Traum ist ein interner, prophetischer Traum. Als ich diesen Traum las, empfand ich den Geist darauf als positiv. Ich spürte etwas Gutes in mir, als ich ihn las. Ich empfand, dass der Herr ihr etwas Positives und Gutes sagen möchte. Ich spürte diese Schmetterlinge im Bauch, die mir sagen: „Das wird gut werden!"

Die Charaktere – ihr Ehemann stellt den Herrn dar. Die Anbetungsleiter und die, die sich auf der Bühne befanden, sprechen von der Gemeinde. Die bekannten Objekte – die Kirche, spricht von ihrer lokalen Gemeinschaft, wo sie sich jetzt gerade unter den Gläubigen befindet. Die ihr unbekannten Objekte sind:

a. Das Essen. Essen spricht immer davon mit dem Wort zu dienen.

b. Das Cabriolet spricht die meiste Zeit vom Fahrzeug für deinen Dienst, und dieses hier war ein Umwandelbares, also haben wir es hier mit einem Dienst zu tun, der befördert wurde.

Siehst du langsam ein Bild entstehen? Sie sass in der vordersten Reihe. Sie wurde von der Leiterschaft der Gemeinde herausgerufen. Sie servierte Essen und fuhr dann in einem umwandelbaren Auto davon. Kannst du da eine Entwicklung feststellen? Lass uns die Kurzform der Auslegung zusammen anschauen und dann anschliessend die schlussendliche Auslegung.

Meine Auslegung:

ART DES TRAUMES: Intern, prophetisch

GEIST: Positiv

CHARAKTERE: Ehemann stellt den Herrn dar. Anbetungsleiter sprechen von der Gemeinde.

BEKANNTE OBJEKTE: Die Kirche, welche von ihrer lokalen Gemeinschaft mit Gläubigen spricht.

UNBEKANNTE OBJEKTE: Essen, stellt das Dienen mit dem Wort dar. Das umwandelbare Auto spricht von Beförderung im Dienst.

AUSLEGUNG: Dieser Traum ist ganz klar ein interner prophetischer Traum. Mit anderen Worten, er hat mit dir zu tun und er hat eine Zukunftsausrichtung. Du fängst diesen Traum an, indem du in deiner Kirche sitzt. Nun, ich weiss nicht viel über dich, also gehe ich einfach nach dem, was ich im Geist empfinde. Vielleicht fühlst du dich jetzt gerade nicht so, als ob du grosse Fortschritte machen würdest, du sitzt einfach in der vordersten Reihe. Aber in deinem Traum haben dich diejenigen in deiner Gemeinde zum Helfen herausgerufen. Das gibt dir einen Hinweis darauf, dass der Herr den Weg vor dir öffnen wird, damit du in der lokalen Gemeinde involviert wirst. Du wirst mit Essen dienen und denen unter deiner Fürsorge zu Essen geben. Ich glaube das ist eine Vorbereitung für eine höhere Berufung. Der Herr hat dich jetzt schon nach vorne geschoben. Du sitzt in der vordersten Reihe und auch wenn du dich vielleicht nicht so fühlst, sieht Er dich. Er sieht, dass du jetzt bereit bist dich aktiv in den Dienst zu involvieren.

Nun, später in diesem Traum verlässt du die Kirche in einem neuen Auto. Das spricht von Beförderung in eines der fünffachen Dienstämter. Aber zuerst wirst du durch die Vorbereitung gehen und lernen, ein Diener zu sein. Es wird die Zeit kommen, nach der Vorbereitung, in der du aus der lokalen Gemeinde herausgeführt werden wirst und in eine Berufung hineinkommst, die den ganzen weltweiten Leib Christi betrifft.

Wenn das etwas komisch für dich klingt, dann mach dir darüber keine Sorgen. So wie ich das sehe, ist das ein ganz normaler Prozess von jemandem, der eine Berufung hat, dafür vorbereitet wird und vom Heiligen Geist trainiert wird. Ich lade dich herzlich ein, unsere verschiedenen Onlineschulen zu besuchen, um vom Herrn herauszufinden, in welchen der fünffachen Dienste du berufen bist. Wenn du deine Berufung kennst, wirst du ein klareres Bild haben. Wir haben eine komplette Auswertung zum Fünffachen Dienst zusammengestellt, die bisher nur auf Englisch erhältlich ist. Sie heisst: „Free Fivefold Ministry Evaluation" (auf

Deutsch in etwa: kostenlose Beurteilung des Fünffachen Dienstes". Du findest sie auf unseren englischen Webseiten.) Sie ist sehr umfassend und wird dir ein klares Bild davon geben, zu was du berufen worden bist. In der Zwischenzeit kannst du beruhigt sein, dass der Herr alles in Seiner Hand hat. Dein Ehemann repräsentiert den Herrn Jesus in deinen Träumen und so wie er den ganzen Traum hindurch mit dir war, so wird auch der Herr Jesus durch diesen ganzen Prozess hindurch mit dir sein.

Zusammenfassend

Ich konnte in diesem Traum sehr klar sehen, dass diese Person in der Vorbereitung für einen der fünffachen Dienste ist. Die Zeichen sind so klar ersichtlich. Erstens sitzt sie in der Verborgenheit und tut nichts und dann schiebt sie der Herr auf die vorderen Sitze. Danach wird sie zum Dienen aufgerufen und dann verlässt sie die Gemeinde in einem beförderten Dienst, um „hinauszugehen ins weite Feld des weltweiten Leibes."

Lass es fliessen

Wenn du dich hinsetzt und die Charaktere auseinandernimmst, wie ich dir das hier gezeigt habe, dann fange an die Auslegung des Traumes auf Papier zu bringen. Schreibe das auf, was aus deinem Geist herauskommt. Schreibe nicht das auf, was aus deinem Kopf kommt. Wenn du das tust, wird es dir einfacher fallen und du wirst sehen, wie Dinge in deinem

Schreiben hervorkommen, an die du noch nie zuvor gedacht hast. Wenn du das tust, fängt die Offenbarung richtig an zu fliessen und es wird spannend. Dann wird Weisheit aus dir herausfliessen und du wirst anfangen Menschen Richtungsweisung für ihr Leben zu geben.

Ich kann dir versichern, dass es auf dieser Welt keine grössere Genugtuung gibt, als eine Auslegung und eine Ermutigung mit jemandem zu teilen und dann zu sehen, wie dies wirklich etwas bedeutet für diese Person. Zu sehen, wie diese Auslegung ihr Leben verändert, zu sehen, wie dies die Richtung in ihren Leben verändert und zu sehen, wie diese Auslegung Frucht hervorbringt in ihrem Leben.

Wenn du diese Weisheit in dir anzapfst und sie dann auch an andere weitergibst, dann werden andere mehr und mehr zu dir aufschauen. Und je mehr sie zu dir aufschauen, umso mehr wird diese Weisheit aus dir herausfliessen und dann gibt es kein Aufhalten mehr. Du wirst für den Herrn ein verfügbares Gefäss sein. Wenn du es fliessen lässt, dann wird es immer weiter und weiter fliessen, bis eine grössere Kapazität erreicht ist.

Also fange dort an, wo du jetzt bist. Fange mit dem einen oder den zwei Träumen an und bevor du dich versiehst, wirst du einen ganzen Haufen davon haben. Was auch immer du tust, tue es, um Frucht in anderen hervorzubringen, tue es mit Liebe, indem du den Herrn Jesus Christus repräsentierst.

Kapitel 21

Geistliche Offenbarung und Unterscheidung

2 Und der HERR erwiderte mir und sprach: Schreib das Gesicht auf, und zwar deutlich auf die Tafeln, damit man es geläufig lesen kann.

3 Denn das Gesicht gilt erst für die festgesetzte Zeit, und es strebt auf das Ende hin und lügt nicht. Wenn es sich verzögert, warte darauf; denn kommen wird es, es wird nicht ausbleiben.

~ Habakuk 2,2-3

Kapitel 21 – Geistliche Offenbarung und Unterscheidung

Versagen in der Auslegung

In diesem Kapitel werden wir geistliche Offenbarung und Unterscheidung anschauen, insbesondere was das Empfangen von Offenbarung und Auslegen von Visionen anbelangt. Wir haben einige der Symbole zusammen angeschaut und auch wie du eine Vision empfangen kannst. Aber jetzt kommt der wichtigste Teil im Empfangen von Offenbarung und das ist die Auslegung dieser Offenbarung.

Wenn es etwas gibt, worin ich Leute immer und immer wieder versagen gesehen habe im Empfangen von Visionen, dann ist es auf keinen Fall ihre Offenbarung, sondern vielmehr ihre Auslegung dieser Offenbarung. Auch im Trainieren der Propheten in unserer Prophetenschule hatte die Korrektur, die wir immer und immer wieder geben mussten, nichts mit den Offenbarungen zu tun, die die Studenten empfingen. Die Offenbarung, die sie empfingen, war meistens keine Verführung, sondern vielmehr die Art, wie sie diese Offenbarung auslegten, endete schlussendlich in einer Verführung.

Erstens versuchten sie die Offenbarung mit ihrem Verstand auszulegen, zweitens überprüften sie die Auslegung nicht mit dem Wort und drittens prüften sie nicht den Geist auf der Auslegung mittels der Gabe der Geisterunterscheidung. Alle diese drei Faktoren müssen in Betracht gezogen werden, wenn es darum geht deine eigenen Visionen und auch die Visionen, die dir von anderen gegeben werden, auszulegen.

Ich werde dir hier einige grundlegende Richtlinien weitergeben, betreffend dem, wie du diese drei Prinzipien anwenden kannst und dann auch, wie du anderen Einblick in ihre Offenbarungen geben kannst. Als ich mir Gedanken darüber machte, wie ich das angehen sollte, fragte ich den Herrn: „Herr, wieso hast du mir keine klarere Strategie, kein klares Muster gegeben, das ich den Menschen weitergeben, kann, damit sie genau wissen, wie sie Schritt für Schritt ihre Visionen auslegen können, so wie ich das von dir für die Traumauslegung empfangen habe?"

Wenn es darum geht einen internen Traum auszulegen, kann ich dir Schritt für Schritt aufzeigen, wie du das machen kannst und du könntest wahrscheinlich nur schon mit dem Wissen, das du dir hier in diesem Buch angeeignet hast, viele Träume auslegen. Aber wenn es darum geht Visionen auszulegen, habe ich nicht das gleiche Verständnis bekommen und ich sagte: „Herr, wieso zeigst du mir nicht, wie ich Menschen erklären kann, wie sie ihre Visionen auslegen können?"

Geistliche Unterscheidung

Er gab mir eine einfache Antwort. Er sagte zu mir: „Wie kannst du jemandem Wissen in seinen Verstand geben, um etwas Geistliches auszulegen? Wie kannst du den Menschen in seinem Verstand lehren, wie er etwas auslegen kann, das vom ewigen Vater kommt, das aus dem himmlischen Bereich kommt?"

Ich habe dir bereits gesagt, dass der Verstand und der seelische Mensch die Dinge des Geistes nicht verstehen können. Bevor wir also weitergehen, musst du klar sehen, dass du deine Visionen nicht ohne Offenbarung aus dem Wort und aus deinem Geist auslegen kannst. Es ist unmöglich ein Verständnis von Visionen zu haben ohne Offenbarung dazu erhalten zu haben. Denn diese Dinge müssen geistlich beurteilt werden.

Was ich also hier in diesem Kapitel mit dir anschauen werde, hat nicht so sehr damit zu tun, wie du Visionen auslegen kannst, sondern wie du selbst unterscheiden kannst und wie du von deinem Geist unterscheiden kannst, wie du Auslegung empfängst. Wenn es um Visionen geht, dann gibt es kein klares „A-B-C" der Visionenauslegung, denn jede Offenbarung kommt direkt vom Geist des Herrn und du wirst diese Offenbarung erhalten, wenn du weisst, wie du nach dieser Auslegung Ausschau halten musst.

Schattenbilder

Im Hosea 12,11 heisst es:

„Und immer wieder habe ich zu den Propheten geredet, ja, ich ließ Gesichte zahlreich sein, und durch die Propheten gebe ich Gleichnisse."

Wir haben Schattenbilder, Gleichnisse und Symbole ziemlich ausführlich zusammen angeschaut. Du wirst diese durch das ganze Wort hindurch immer und immer wieder finden – Visionen, Schattenbilder, Visionen auf dem Nachtlager, Gleichnisse. Jesus sprach kontinuierlich in Gleichnissen, als Er auf dieser Erde war. Er sprach in Bildern, denn so funktioniert das menschliche Denken. Wir denken in Bildern. Wir sind sehr visuelle Geschöpfe. So hat uns Gott gemacht.

Mittlerweile hast du sicher begonnen Visionen zu sehen und Träume zu haben und die Quelle in dir hat angefangen zu sprudeln. Aber all diese Träume und Visionen, die du empfangen hast, sind Schattenbilder. Sie werden dir in Bildern oder mit Symbolen übermittelt. So fängt der Herr an zu dir zu reden. Wenn du mit diesen Schattenbildern Fortschritte machst, dann gehst du zu dem über, was der Herr zu Moses geredet hat, als Er sagte: „Mit meinen Propheten habe ich in Schattenbildern geredet, aber nicht so mit meinem Diener Moses. Mit ihm habe ich von Angesicht zu Angesicht geredet."

Ihn von Angesicht zu Angesicht kennen

Wenn du lernst, Träume und Visionen auszulegen, dann ist das ultimative Ziel in deinem geistlichen Lauf an den Punkt zu kommen, an dem du von Angesicht zu Angesicht mit dem Herrn reden kannst. Dann sind es nicht mehr Schattenbilder und versteckte Symbole und Gleichnisse für dich, sondern wenn Gott zu dir spricht, dann ist es für dich so direkt, wie Jesus beim letzten Abendmahl mit Seinen Jüngern gesprochen hat.

Vielleicht hast du dich in prophetischen Kreisen bewegt. Vielleicht hattest du dieses innere Empfinden, dass der Herr dich in den prophetischen Dienst ruft. Wenn das der Fall ist, dann ist dieses Kapitel definitiv für dich, denn es wird dich ermutigen, die Gabe, die du in dir drin hast, herausfliessen zu lassen. Aber denk nicht, dass das nur für Propheten ist. Ein Gläubiger, der vielleicht als Lehrer, Evangelist oder Pastor funktioniert, kann auch Träume und Visionen haben und sie auslegen. Es ist eine Gabe des Geistes. Obwohl Propheten am meisten darin funktionieren, kann trotzdem jeder Gläubige Visionen haben und die Weisheit des Geistes gebrauchen, um diese Offenbarungen auszulegen.

Verschiedene Regeln

Schattenbilder sind die geheime Sprache Gottes und wir haben dieses Thema ausführlich zusammen angeschaut. Wenn du diese Schattenbilder anzapfst, kannst du jederzeit verstehen, was der Herr zu dir sagt. Aber jetzt, da wir die Traumauslegung und auch Visionen angeschaut haben, besteht die Tendenz für dich, dass du das nimmst, was du bei den Träumen gelernt hast und es auch bei der Auslegung von Visionen anwenden willst. Das ist der Fehler Nummer eins, den du machen kannst, wenn es darum geht Visionen auszulegen. Du kannst bei der Auslegung von Visionen nicht die gleichen Regeln anwenden. Es gelten die gleichen Regeln für das Empfangen von Offenbarung, aber nicht für das Auslegen der Offenbarung.

Bei Träumen schauen wir auf interne Symbole, die sich auf die Person beziehen. Wir schauen zuerst nach deinen Templates, deiner Rasse, deiner Kultur, deinem Geschlecht und Dingen, die sich auf dich beziehen. Aber wenn du Offenbarung vom Geist empfängst, dann hat das keinen Einfluss mehr, denn der Geist spricht eine universelle Sprache und diese universelle Sprache findest du vom 1. Mose bis zur Offenbarung. Wenn du also einmal die Sprache Gottes kennenlernen möchtest, dann wären diese Bücher ein guter Anfang. Der Herr wird immer durch Sein Wort reden und Seine Offenbarung wird sich immer mit Seinem Wort decken und Sein Wort wird sich immer mit Seiner Offenbarung decken. Die Zwei gehen Hand in Hand.

Ausgewogen im Geist und im Wort

Denk nicht, dass du nur alles im Geist empfangen kannst und dass du das Wort überhaupt nicht kennen musst, aber denk auch nicht, dass du nur einfach das Wort gut kennen musst und keine Offenbarung aus dem Geist brauchst, denn es braucht beides. Wenn du also kopfvoran losgerannt bist und Offenbarung empfangen hast, aber nie wirklich lange genug angehalten hast, um die Wahrheit im Wort nachzulesen, dann läufst du grosse Gefahr in Verführung zu geraten, denn ohne den Ausgleich des Wortes, wirst du vom Weg abkommen. Bei der Auslegung versagen viele. Die Offenbarung ist nicht der schwierige Teil. Der schwierige Teil ist die Auslegung der Offenbarung. Wenn deine Füsse nicht fest auf dem Wort Gottes gegründet sind, dann wird deine Auslegung völlig falsch sein und du wirst Menschen in die Irre führen.

Ich mag wirklich einen Schwerpunkt darauf machen, aber ich tue dies, weil ich das im Trainieren der Propheten schon so oft gesehen habe. Leider tendieren die Propheten zu sehr dazu, sich auf den geistlichen Bereich zu konzentrieren. So sehr, dass sie das Wort vernachlässigen. In dem Moment, in dem sie das tun, gehen sie geradewegs in die Verführung und können dann nicht verstehen, wie sie dort gelandet sind. Das Wort ist unser Massstab. Es misst, was aus unserem Geist herauskommt. Wenn du wissen willst, wie du dein „A-B-C" auslegen kannst, dann ist dein Schritt „1-2-3" ins Wort Gottes zu gehen. Bade darin, meditiere über das Worte und lerne es kennen, denn wenn du es kennst, wird die Auslegung zusammenkommen. Dann musst du nicht einmal gross nachdenken. Das, was du im Wort sehen wirst, wird perfekt mit der Offenbarung zusammenpassen, die der Herr dir gegeben hat.

Interne und externe Visionen

Nun, genau wie es interne und externe Träume gibt, gibt es das auch bei Visionen. Wenn du Offenbarung empfängst, gibt es Zeiten, in denen du Offenbarung für dich selbst empfängst, das ist dann eine interne Vision. Es gibt auch Zeiten, in denen du Offenbarung für jemand anderen empfängst, das ist dann eine externe Vision. Du musst zwischen den beiden unterscheiden können, denn es kommt häufig vor, dass du den Fehler machst und die Offenbarung, die du für dich selbst empfängst, fälschlicherweise als eine Offenbarung für jemand anderen hältst und umgekehrt.

Wenn es also darum geht, dass du eine Vision auslegst, dann gibt es eine sehr wichtige Sache, die du die Person, die die Vision hatte, fragen musst und das ist: „Wo und wann hast du diese Vision empfangen?" Hat die Person diese Vision in der Kirche während der Anbetung empfangen? Hat sie sie während der Fürbitte empfangen? Hat sie sie während dem Beten empfangen, als sie allein in ihrem Zimmer war? Hat sie sie erhalten, während sie auf dem Bett lag oder während sie jemand anderem diente?

Das ist die einzige Information, die du von jemandem brauchst, wenn du seine Vision für ihn auslegst. Wo und wann hat sie diese Vision empfangen? Wie sahen die Umstände aus, die diese Vision umgaben? In dem Moment, in dem du weisst, wie die Umstände waren, weisst du auch, wohin du mit der Auslegung zielen kannst. Entweder direkt auf die Person oder wenn die Vision extern war, dann musst du deine Auslegung auf diejenigen in der Vision richten.

Wege der Offenbarung

Wie unterscheidest du die beiden? Der Herr gab mir Offenbarung und Er sagte zu mir: „Der Geist wird in die gleiche Richtung sprechen, wie das, was in deinen

Gedanken ist." Er zeigte mir das im Geist so: Ich sah im geistlichen Bereich viele verschiedene „Pfade von Offenbarung", wenn man das so sagen will. Ich begab mich selbst auf den einen Pfad. Während ich auf diesem Pfad lief, nahm ich alle Teile von Offenbarung auf, die zu dieser spezifischen Zeit auf diesem spezifischen Pfad waren. Dann führte mich der Herr zu Römer 8:27, wo es heisst:

> „Der aber die Herzen erforscht, weiß, was der Sinn des Geistes ist, denn er verwendet sich für Heilige Gott gemäss."

Wenn du ins Gebet gehst, egal ob für dich oder für jemand anderen, dann trittst du in den Bereich des Geistes hinein. Das ist der Bereich, in den du dich jetzt hineinbewegst. Genauso wie dein Verstand nur einen Gedanken nach dem anderen aufnehmen kann, so ist es auch im geistlichen Bereich, es wird nur immer eine Vision nach der anderen kommen. Es kommt einfach ein einzelner Strom aus deinem Geist in deinen Verstand hinein und strömt dann wieder heraus. Du kannst nicht fünf verschiedene Ströme miteinander herausströmen lassen.

Wenn du also für deine eigenen Anliegen betest, vielleicht für ein körperliches Bedürfnis, eine finanzielle Not oder eine benötigte Heilung, dann wird die Offenbarung dem entsprechen, was du betest. Wieso? Weil das der Sinn des Geistes ist – der Pfad des Geistes, auf dem du dich gerade befindest. Der Pfad, auf dem du läufst, hat mit der Offenbarung für dich selbst zu tun, für dein körperliches Wohlbefinden oder deinen finanziellen Wohlstand, was auch immer der Fall ist. Also bezieht sich jede Offenbarung, die du in diesem Stadium empfängst, auf den Sinn deiner Gedanken und ist dementsprechend direkt auf dein Gebet bezogen.

Nun, vielleicht betest du ja für jemand anderen. Vielleicht ist jemand mit einer Not zu dir gekommen und möchte, dass du ihm die Hände auflegst und für ihn betest. Nun ist der Sinn des Geistes auf diese Person ausgerichtet. Der Pfad, auf dem du läufst, ist jetzt direkt auf diese Person und ihre Bedürfnisse ausgerichtet. Jede Offenbarung, die du empfängst, wird sich also auf die Bedürfnisse dieser Person beziehen. Was du siehst, wird nicht intern sein. Es wird extern sein. Die Auslegung wird für die Person sein. Also wirst du die Offenbarung nehmen, die du empfangen hast und sie nicht in deinem Herzen behalten, sondern du wirst sie der Person mitteilen, weil der Geist dir diese Offenbarung gibt, damit du sie genau dieser Person weitergeben kannst.

Wenn du dir Gedanken darüber machst, dann macht es Sinn, insbesondere wenn du viele Visionen hast. Im Lobpreis und in der Anbetung wirst du Lobpreis- und Anbetungsengel in der Gemeinde sehen. Wieso? Weil dies der Sinn des Geistes für diesen Moment ist. Du bist im geistlichen Bereich und auf dem Pfad des Preisens und Anbetens in der lokalen Versammlung. Also wird auch die Offenbarung, die dir in den Sinn kommt, mit diesem Pfad zu tun haben und in diese Richtung gehen.

Deshalb ist es wichtig, wenn du eine Vision auslegst, dass du die Umstände kennst. Versuche den Sinn des Geistes für diese spezifische Zeit zu identifizieren und dann wirst du den Willen Gottes erkennen und wirst auch fähig sein, mit der Antwort für diese Not zu dieser spezifischen Zeit zu dienen.

Beispiele von Visionen

Ich möchte hier gerne ein Beispiel von einer Frau weitergeben, die für uns zu einer gewissen Zeit Fürbitte machte. Diese Frau war ein bisschen verwirrt über die Offenbarung, die sie empfangen hatte. Denn als sie anfing Fürbitte zu tun, kam sie in die Kampfführung hinein und sah eine riesige Schlange, die bereit war zuzuschlagen. Sie ging für uns in die Kampfführung, stand dagegen auf und ging das an und der Herr offenbarte ihr, dass wirklich eine Attacke der Verführung unter den Studenten bestand. Als sie für uns Fürbitte tat, empfing sie die Offenbarung, dass Verführung im Lager war. Sie ging dagegen an und wendete die Attacke des Feindes ab.

Als sie ihre Zeit der Fürbitte beendet hatte, ging sie ins Bett und als sie sich hinlegte, empfing sie eine weitere Offenbarung und sah eine Vision einer Eingeborenen, die sich verbeugte und einen Rosenkranz betete. Weil sie gerade eben für uns in der Fürbitte eingestanden war, nahm sie automatisch an, dass diese Vision, die sie da im Bett gesehen hatte, mit der anderen Offenbarung, die sie zuvor in der Fürbitte empfangen hatte, zusammenhing. So dachte sie, dass sich diese Vision vielleicht auch auf den Dienst beziehe. Aber irgendwie konnte sie nicht verstehen, wie sie sie anwenden sollte, also kam sie und erzählte uns das Ganze. So konnten wir uns diese Offenbarung zusammen anschauen und ich sah sehr klar, was vor sich ging.

In der Fürbitte war der Sinn des Geistes auf unseren Dienst ausgerichtet gewesen, also waren alle Offenbarungen, die sie während dieser Zeit empfing, für den Dienst und hatten direkt mit uns zu tun. Aber dann endete ihre Zeit der Fürbitte und der externen Offenbarung und sie ging ins Bett und wollte schlafen. Als sie dort in ihrem Zimmer war und nichts Spezielles tat, sah sie wieder eine Vision.

Nun, die zweite Vision von diesem eingeborenen Mädchen, war eine interne Vision. Sie hatte mit ihr persönlich zu tun. Das hatte keinen Bezug auf den Dienst. Kannst du sehen, wie die Veränderung in den Umständen und die Veränderung des Sinnes des Geistes die interne und externe Auslegung veränderte? Wie sich nachher herausstellte, bezog sich diese Vision direkt auf eine Generationenbindung, in der sich ihr Ehemann befand.

Sie erzählte mir später, dass sie, währenddem sie ihr Zimmer putzte, in einer Kommode Rosenkränze gefunden habe, von denen sie nicht mehr gewusst hatte, dass sie da waren. Sie waren in ihrem Schlafzimmer gewesen und hatten einen Fluch in ihr Leben gebracht. So zeigte der Herr sehr klar auf, dass die Frau mit den Rosenkränzen, die sie gesehen hatte, eine Warnung für sie war. Der Herr versuchte ihr zu zeigen, dass da eine offene Türe in ihrer Mitte war, gerade da, wo sie sich jetzt mit ihrem Ehemann befand. Also offenbarte der Herr das Mysterium und zeigte ihr ganz genau, was vor sich ging.

KAPITEL 22

Vier Hinweise für die Auslegung

*5 Der Weise höre und mehre die Kenntnis, und
der Verständige erwerbe weisen Rat,*

*6 um zu verstehen Spruch und Bildrede, Worte
von Weisen und ihre Rätsel!*

~ Sprüche 1,5-6

Kapitel 22 – Vier Hinweise für die Auslegung

Es gibt vier Punkte, denen du folgen musst, wenn du eine Vision auslegen willst. Es sind sehr einfache Punkte und du kannst sie einfach in deinem Hinterkopf behalten, wenn du eine Vision von jemandem liest oder wenn dir jemand seine Vision erzählt.

Punkt 1: Identifiziere die Art der Vision

Identifiziere als Erstes die Art der Vision. Frage die Person, wie ihre Umstände waren. Wenn sie allein in der Anbetung war oder einfach im Gebet, dann ist die Offenbarung intern oder für sie selbst. Wenn sie spezifisch für jemand anderen Fürbitte gemacht hat oder wenn sie jemandem oder einer speziellen Gruppe von Menschen gedient hat, dann ist die Vision sehr wahrscheinlich extern. Das bedeutet, dass die Auslegung und Offenbarung für diese Gruppe, Person oder Gemeinde bestimmt ist, der die Person gedient hat.

Punkt 2: Unterscheide den Geist

Das Nächste, was du tun musst, ist, den Geist auf der Vision zu unterscheiden. Offenbart der Herr dir ein Werk des Feindes oder offenbart Er dir eine Verheissung oder eine Gabe? Bringt die Vision ein positives oder ein negatives Gefühl mit sich? Als ich von der Vision mit der eingeborenen Frau, die einen Rosenkranz betete, hörte, hatte ich ein negatives Gefühl dabei. Die Vision selbst war nicht unbedingt negativ, aber der Geist darauf war negativ. Es fühlte sich nicht gut an.

Du musst also die Geister prüfen und genau wissen, woher diese Vision kommt. Was hast du tief in deiner Magengegend für ein Gefühl verspürt, als du die Vision hattest? Hast du dich gut gefühlt dabei oder hast du etwas Negatives gespürt?

Punkt 3: Charaktere sind real

Als Nächstes: Die Charaktere sind alle sehr real. Anders als bei Träumen, in denen alle Charaktere symbolisch sind, sind die Charaktere in Visionen das, was sie wirklich sind. Wenn ich in einer Vision meine Mutter, meinen Vater oder meine Schwester sehe, dann repräsentieren sie auch meine Mutter, meinen Vater oder meine Schwester. Wenn ich mich selbst in einer Vision sehe, dann repräsentiere ich mich selbst in dieser Vision. Es ist alles ganz einfach.

Das einzige Mal, wenn du jemanden siehst, der nicht unbedingt ist, wer er ist, ist dann, wenn du dich in der Fürbitte befindest und der Herr dir ein Bild einer Gruppe oder einer spezifischen Person zeigt, die du nicht kennst. Das kann dann passieren, wenn du für jemanden auf der anderen Seite der Erde „blind" Fürbitte tust; für jemanden, den du noch nie gesehen und noch nie angetroffen hast. In einem solchen Fall wirst du in dieser Vision sehr wahrscheinlich nicht die genauen Gesichtszüge und das Aussehen dieser Person sehen, für die du Fürbitte machst. Sondern du wirst vielmehr einen Eindruck in deinem Geist empfangen. Es ist aber auch bekannt, dass Fürbitter reale Menschen sehen, für die sie Fürbitte tun, bevor sie sie überhaupt jemals getroffen haben.

Punkt 4: Typen sind symbolisch

Das ist der klare Unterschied zwischen Visionen und Träumen. Die Charaktere in Visionen sind die realen Charaktere, die sie wirklich sind. Die Typen, Symbole und Objekte aber sind alle klar symbolisch. Hier kommen deine Schattenbilder ins Spiel. Symbole musst du immer mit dem Wort auslegen. Einige von ihnen sind Allgemeinwissen. Wir sehen oft sehr naturalistische Symbole in Visionen, für die die Auslegung offensichtlich ist. Ich gebe dir hier einige Beispiele und du wirst sehen, was ich meine. Einige von ihnen sind Allgemeinwissen und du brauchst nicht unbedingt zum Wort zu greifen, obwohl du, wenn du wirklich im Wort nachschlagen würdest, immer etwas finden würdest, das damit zusammenhängt.

Ich glaube, wenn Paulus Fernsehen, Satelliten, Radio und alle anderen modernen Arten der Kommunikation, die wir heute haben, bereits gekannt hätte, dann hätte er sehr wahrscheinlich in seinen Briefen darüber geredet. Aber damals gab es diese Dinge noch nicht. So müssen wir manchmal ein Beispiel für die moderne Zeit finden, das mit dem aus der Schrift übereinstimmt. Dann erkennen wir, was der Geist damit sagen möchte, denn sehr oft wird der Herr Dinge gebrauchen, die uns bekannt sind, damit du Verständnis daraus erlangst. Ich werde das noch genauer erklären, wenn wir uns jetzt die Beispiele zusammen ansehen.

Beispiele persönlicher Visionen

„Gefängnis"

Das erste Beispiel, das ich ausgewählt habe, hat die Person wirklich zum Lieben motiviert.

Die Vision:

Ich habe jemandem gedient, der Verletzungen aus der Vergangenheit hatte. Diese Person schien sich auf einem geistlichen Plateau zu befinden und konnte es nicht überwinden. Als ich mit dieser Person betete, sah ich einen fünfjährigen Jungen in der Ecke eines dunklen Zimmers sitzen. Es war ein Gefängnis. Er war an eine Wand gebunden und sass dort ganz alleine weinend in einer Ecke.

Als ich betete und für ihn Fürbitte machte, sah ich, wie der Herr Jesus ins Zimmer kam, sich zu ihm hinunterbeugte und ihm die Ketten abnahm. Er hob diesen kleinen Jungen hoch und trug ihn aus dem schrecklichen, dunklen Zimmer heraus. Er brachte ihn nach draussen ins Sonnenlicht, auf eine grosse Wiese, wo er herumrennen und mit den anderen Kindern spielen konnte. Anstatt zu weinen, lachte er jetzt und hatte Freude. Er rannte umher und war frei.

Meine Auslegung:

ART DER VISION: Intern

GEIST: Negativ, zu positiv übergehend

CHARAKTERE: Die entsprechende Person, die in diesem Alter Verletzungen erlebt hat. Jesus, der Heiler.

NEGATIVE OBJEKTE: Gefängnis, Ketten. Das spricht von Knechtschaft, Gebundenheit. Selbstgemachtes Gefängnis zum Schutz vor noch mehr Verletzung. Er hatte sein Herz jedem gegenüber verschlossen.

POSITIVE OBJEKTE: Sonnenschein und offene Wiese spricht von Freiheit und in die Freiheit entlassen werden.

HANDLUNG: Die Verbindung trennen.

Auseinandernehmen der Vision:

Wenn wir hier die vier Punkte anwenden, die ich vorher erwähnt habe, dann wird die Auslegung sehr klar. Zuerst einmal war die Vision extern. Sie war nicht für mich selbst sondern für die Person, der ich diente, denn das ist der Sinn des Geistes, in dem ich mich in dem Moment befand.

Der Charakter in der Vision war der kleine, fünfjährige Junge. Nachdem ich den Mann, dem ich diente, fragte, sagte er mir, dass er in diesem Alter viel Ablehnung von seinen Eltern erlebt hatte. Er fühlte sich ausgestossen und verletzt. Er sagte, dass er sich ganz allein in eine

Ecke im Garten setzte und sich die Augen ausweinte. Das hatte ich in der Vision gesehen. Der Herr sagte Folgendes: „In diesem Alter begann die Verletzung. In diesem Alter fing er an Mauern um sich aufzubauen. In diesem Alter wurden ihm diese Ketten und Fesseln um seine Arme und Füsse gelegt, die ihn davon abhielten, aufzuwachsen und frei zu sein."

Lass uns einen Blick auf die Objekte werfen. Die Objekte sind das Gefängnis und die Ketten. Wenn du diese in der Bibel nachschlägst, dann sprechen beide von Gebundenheit. Sie sprechen davon, dass dir deine Freiheit weggenommen wird, dass du eingeschlossen bist. Dann haben wir da natürlich auch noch das Licht und die Wiese – das Licht des Herrn und Freiheit, frei sein, Freude und Frieden. Kannst du die zwei Bilder sehen?

Dieser kleine Junge fing also bereits in jungem Alter an, Mauern um sein Herz aufzubauen. Weil er sein Leben lang so verletzt worden war, hatte er sich selbst sprichwörtlich eingekerkert und gesagt: „Wenn das Leben so ist, dann werde ich niemanden mehr an mich heranlassen, damit mich niemand mehr verletzen kann." Das Problem war, dass er so viele Mauern um sein Herz aufgebaut hatte, dass sogar der Herr Jesus nicht hineinkommen und ihm dienen konnte. Als die Zeit kam, in der er anderen dienen sollte, konnte er nicht, denn diese Mauern waren so fest um ihn aufgebaut und diese Ketten hielten ihn so fest, dass er nicht ausbrechen konnte.

Im Geist ging ich gegen diese Ketten an und wir zerschnitten diese Stricke. Er bat um Vergebung und gab dem Herrn Lizenz und sagte: „Herr, geh diesen Bereich in meinem Leben an, und er war sofort freigesetzt. Es fand eine sofortige Veränderung in seinem Dienst statt, denn jetzt konnte er in Liebe zu anderen hinausfliessen, er konnte aufstehen und in Liebe dienen und er konnte auch zum ersten Mal in seinem Leben Liebe empfangen. Plötzlich war dieses Leben, das vom Sonnenlicht abgeschirmt war, dem strahlenden Tageslicht ausgesetzt.

„Steinernes Herz"

Nun, hier ist eine ähnliche Vision, Aber dieses Mal hat sie einen anderen Schwerpunkt.

Die Vision:

Ich war alleine im Gebet und während meiner Freizeit journalte ich. Während ich betete und einfach mit dem Herrn redete, zeigte Er mir ein steinernes Herz. Als ich es mir ansah, sah ich, dass ein kleiner Riss im Stein des Herzens entstanden war und dort ein Sonnenstrahl hindurchkam. Als der Lichtstrahl durch diesen Stein schien, fing auch der Rest an auseinanderzubröckeln. Als ich weiter hinsah, bemerkte ich, wie Teile des Steines von diesem Herzen abfielen und dort, wo diese Stücke weggeschlagen worden waren, Licht hervorstrahlte, bis das ganze Herz im Licht erstrahlte.

Dann stand ich zurück und schaute mir an, wie das Licht aus dem Herzen herauskam und auf den ganzen Körper ausstrahlte. Wo auch immer dieser Körper hinlief, ging einfach Licht von ihm aus.

Auseinandernehmen der Vision:

Ich empfing diese Vision während meiner persönlichen Zeit mit dem Herrn. Das bedeutet, dass diese Vision intern war. Es ging spezifisch um mich. Der Geist auf der Vision war positiv. Es ging um Heilung. Licht ist immer ein positives Bild.

Das Objekt war das Herz. Wovon spricht das Herz in der Bibel? Es spricht von unserer Seele – unserem Verstand, den Gefühlen und dem Willen. Es bezieht sich auf unsere Emotionen, die Art, wie wir denken und unsere Vorstellungen. Davon spricht die Bibel, wenn sie das Bild des Herzens gebraucht. Dann war da auch noch der Stein. Wofür steht Stein in der Bibel? Ein Stein spricht von nicht bewegbaren und eingeschränkten Dingen, von etwas, das eingeschränkt ist und etwas, das bricht. Ein steinernes Herz bedeutet eine Person, die nicht lieben kann. Es zeigt eine Person auf, die in ihren Gefühlen blockiert ist. Sie hat so viel Stein um ihr Herz gelegt, dass sie nicht mehr weiss, wie sie lieben soll oder Liebe empfangen kann.

Einmal mehr, was hatte diese Situation hervorgerufen? Dieselbe Sache, die den kleinen Jungen dazu gebracht hatte im Gefängnis gefangen zu sein. Es waren Verletzungen. Mit jeder neuen Verletzung, die ich erlebte, legte ich einen neuen Stein auf mein Herz und sagte mir: „Ich werde mich nicht mehr verletzen lassen. Ich lasse es nicht zu, dass ich nochmals verletzt werde." Was war passiert? Bevor ich mich versah, stand ich da als Ehefrau und Mutter mit diesem steinernen Herzen und ich konnte nichts dagegen tun. Egal wie fest ich mich auch anstrengte, Liebe herauszugeben oder Liebe zu empfangen, es ging nicht. Es brauchte den Geist des Herrn, der in mein Herz kam und diesen Stein zerschmetterte.

Ich kann nicht sagen, dass dieser Prozess ein angenehmer war, denn Einreissen und Zerschlagen und Wegmeisseln lösen keine positiven Gefühle aus; es sind keine positiven Handlungen. Doch der Herr tat es und arbeitete an mir.

Meine Auslegung:

ART DER VISION: Intern

GEIST: Positiv, Heilung

OBJEKTE: Mein eigenes Herz. Licht war die Salbung des Herrn, die den Stein zerbrach.

HANDLUNG: Der Herr, der mich von meinen Verletzungen aus der Vergangenheit freimachte.

AUSLEGUNG: Die Auslegung spricht für sich selbst. Das Licht, das aus dem Herzen herauskam, war schon die ganze Zeit in mir gewesen. Als der Herr meine Einschränkung wegnahm, verteilte es sich nicht nur auf den Rest des Körpers, so dass ich Liebe empfangen und weitergeben konnte, sondern es strömte auch zu denen um mich herum heraus. Meine Gefühle waren nicht länger in mir festgehalten, sondern ich konnte sie freigiebig herausgeben. Der Geist Gottes und Seine Salbung zerschmetterten meine Vorstellungen, die ich mir in meinen Gedanken gemacht hatte. Das Licht, das schon die ganze Zeit über in mir eingeschlossen gewesen war, konnte herausströmen. Der Herr konnte zum ersten Mal anfangen mich als Sein Gefäss zu gebrauchen.

Beispiele von Visionen von Studenten

Ich habe hier einige Visionen, die ich dir zeigen möchte. Jede einzelne ist eine Vision, die mir von einem unserer Studenten gegeben worden ist. Ich gebe sie hier stolz weiter. Die Auslegung dieser spezifischen Vision wurde von einer erfahrenen Studentin gegeben. Dieses Beispiel gibt Richtungsweisung und Hoffnung.

Land einnehmen

„Ich war im Gebet, betete an und betete in Zungen. Als ich meine Augen geschlossen hatte, sah ich im Geist klar ein schönes Gebäude und ich wusste, dass dies eine Kirche oder so etwas Ähnliches ist.

Dann sah ich mich selbst ausserhalb dieser Kirche. In meiner Vision war ich ein Bauarbeiter. Ich hatte einen Presslufthammer in der Hand, der den Betonbelag aufbrechen konnte und das tat ich dann auch. Ich wusste, dass ich dabei war etwas zu bauen."

Biblische Parallelen

Das ist jetzt das Beispiel, auf das ich mich schon früher bezogen habe, als ich sagte: „Du kannst im Wort Parallelen für moderne Objekte aus der heutigen Zeit finden." Du wirst moderne Objekte in Visionen sehen, die du nicht unbedingt im Wort finden wirst. Wenn du ein bisschen nachforschst, dann siehst du, dass ein Presslufthammer sehr gut mit einem Stab verglichen werden kann, wie er in der Bibel erwähnt wird. Paulus spricht vom Stab der Korrektur. Das bezieht sich oft auf „den Stab, der den Boden aufbricht".

Auch wenn du also keinen Presslufthammer in der Bibel finden wirst, dann kannst du das doch sehr gut mit einem Objekt, das in der Bibel ist, vergleichen. In der Bibel haben sie den Stab dazu gebraucht, um das Fundament eines alten Hauses zu brechen und es wieder aufzubauen. Wenn sie ein Haus wieder aufbauen mussten, dann hatten sie damals keinen Presslufthammer, also nahmen sie sich diesen Stab und brachen sprichwörtlich das Fundament so auf, dass es wieder aufgebaut werden konnte. Wenn ich also ein Objekt in der Bibel nachschauen würde, dann würde ich nach diesem Stab suchen.

Dann gibt es noch den Beton. Auch wenn sie damals keinen Beton hatten, bin ich sicher, dass sie irgendwelche harten Steine hatten. Wenn du das Wort Beton in der Bibel nicht finden kannst, dann findest du sicher Stein und Fels. Das sind deine vergleichbaren Objekte.

Auseinandernehmen der Vision:

Nun lass uns diese Vision auseinandernehmen. Wann hatte diese Person diese Vision? Er hatte sie, während er im Gebet war, anbetete und in Zungen betete. Er hatte diese Vision in seiner persönlichen Zeit. Das bedeutet, sie ist intern. Der Geist darauf war positiv. Es fühlte sich gut an. Da war ein Geist der Veränderung spürbar, aber irgendwie war es eine positive Veränderung. Es war ein schönes Gebäude. Es schien als ob diese Vision irgendwo hinführen würde.

Was waren die Objekte? Die Kirche, der Presslufthammer und der Beton. Was repräsentiert die Kirche als Gebäude oft? Sie repräsentiert dich selbst, insbesondere dann, wenn es ein Gebäude ist, das du nicht kennst. Wenn du eine spezifische Kirche siehst, die du kennst, dann spricht die Vision von diesem spezifischen Gebäude. Aber wenn du generell eine Kirche siehst, die du nicht kennst, dann kann dies entweder von der Gemeinde Gottes sprechen oder von dir selbst als Tempel des Heiligen Geistes, wie es in der Bibel heisst.

Der Presslufthammer hat mit dem zu tun, was ich dir über den Stab, der den Boden aufbricht, erzählt habe. Der Beton ist Stein. Es geht also darum ein Fundament aufzubrechen. Die Handlung ist selbstverständlich, dass er diesen Beton aufbricht.

Auslegung:

ART DER VISION: Intern

GEIST: Positiv, Veränderung

OBJEKTE: Kirche, spricht von ihm. Presslufthammer bricht Dinge auf. Beton, eine harte, unnachgiebige Oberfläche, die aufgebrochen wird.

HANDLUNG: In den Beton hämmern.

SCHLUSSENDLICHE AUSLEGUNG: Von einem AMI Student (Apostolic Movement International)

Lass uns die schlussendliche Auslegung anschauen, die eine unserer erfahrenen Studentinnen empfangen hat.

Sie sagte: „Mehr als nur einfach deine Pumpe vorzubereiten, (sie bezieht sich hier auf sein Zungengebet) spüre ich, dass der Heilige Geist dich dazu auffordert, in deinem geistlichen Lauf angriffslustig zu werden. Der Vers, der mir dabei in den Sinn kommt, ist: „Das Königreich Gottes leidet Gewalt und die Gewalttätigen reissen es an sich."

Der Herr fordert dich dazu auf, die Pfade deines geistlichen Lebens und Herzens, die hart und versiegelt worden sind, aufzubrechen. Er tut das, damit der Regen Seines Geistes fähig wird, auf den Boden zu fallen und ihn zu benässen, damit Er durch und in deinem Leben eine mächtige, geistliche Ernte einbringen kann. Sei nicht bestürzt darüber, denn der Grund dafür ist, dass dein geistliches Territorium vergrössert und ausgebaut werden soll. Ich glaube, dass das Gebäude (ich meine hier die Kirche) dich als Gefäss repräsentiert. Es geht dir offensichtlich gut, du siehst schön aus. Aber da gibt es noch andere Gebiete, an denen der Herr jetzt arbeiten möchte, damit du dich zur Rechten und zur Linken ausstrecken und das Land einnehmen kannst.

Ich sehe auch eine grosse Begeisterung für die Dinge Gottes in deinem Geist und ich sehe, dass du von ganzem Herzen begehrst, dieser weiche, flexible Ton in der Hand des Töpfers zu sein. Tatsächlich sehe ich, wie du diesen Presslufthammer, mit einer absolut ansteckenden Freude, fest in die Hand nimmst und alles gibst, was du hast. Der Herr sieht alle Dinge und Er wägt die Motive des Herzens eines Mannes ab. Du bist in Seinen Augen als würdig erachtet worden!"

Zusammenfassend

Ich liebe an dieser Auslegung am meisten, dass nicht nur die Vision ausgelegt wurde, sondern die Auslegung als ein Mittel zum Dienst gebraucht wurde. Was ich hier nicht weitergegeben habe, ist die Prophetie, die die Interpretierende auf diese Vision folgend gegeben hat, in der sie diesen Studenten ermutigte für den Herrn vorwärts zu gehen und dranzubleiben in allem, was der Herr für ihn hat.

Das ist wirklich unser Ziel – jede Auslegung als einen Dienst zu nutzen. Es geht nicht nur darum, gut, grossartig und intelligent dazustehen, sondern die Auslegung als ein Mittel zum Dienst zu gebrauchen, sie im Leben der Person anzuwenden.

Zug

Lass uns unser viertes Beispiel anschauen. Dieses hier ist ein Beispiel von Richtungsweisung und Warnung, der dieser spezifische Student Folge leisten sollte. Die Vision hat den Namen „Zug".

„Da war ein Zug, der sehr schnell fuhr und ich, und auch einige meiner Familienmitglieder und viele meiner Freunde waren drauf. Ich konnte vor dem Zug nichts erkennen. Ich sah nur, dass meine Freunde und meine Familie entweder hinuntergefallen waren oder sich entschieden hatten vom Zug abzusteigen, während dieser den Berg hinauffuhr. Der Pfad wurde schmaler und holperig und sie schienen nicht weitergehen zu wollen."

Auseinandernehmen der Vision:

Diese Person war in der Vision. Das zeigt mir, dass dies eine interne Vision ist. Mit anderen Worten, die Vision war für sie selbst. Welcher Geist liegt auf dieser Vision? Der Geist ist gemischt. Auch wenn die Familienmitglieder vom Zug steigen, ist die Vision doch positiv. Irgendwie gab es immer noch Ermutigung, dranzubleiben und diesen Berg hinaufzugehen, auch wenn die Strasse holperig zu werden schien. Selbst wenn die Vision also negativ aussieht, so ist doch der Geist, den ich wahrnehme, eigentlich positiv, denn die Vision ermutigte den Studenten: „Komm schon, bleib dran, geh weiter. Du wirst es schaffen."

Die Objekte – der Zug, die Strasse. Wovon sprechen sie? Fahrzeuge sprechen oft von Dienst, die Dinge, in denen du dich vorwärtsbewegst. Eine Strasse in der Bibel spricht von unserem Lauf. Diese Strasse spricht von ihrem Dienst. Der Dienst dieser Frau wird sich ausweiten, aber es wird eine Klettertour werden. Wenn du dir diese Strasse ansiehst, dann wird sie schmaler und holpriger. Was passiert? Während dem Aufstieg steigen die Freunde und die Familie der Frau aus dem Zug aus. Fängst du an das Bild zu sehen?

Meine Auslegung:

ART DER VISION: Intern

GEIST: Positiv

CHARAKTERE: Familienmitglieder

OBJEKTE: Zug. Spricht von Dienst. Die Strasse wird schmal, spricht von Vorbereitung, dem Lauf im Dienst.

HANDLUNG: Im Zug fahren. Sich vorwärtsbewegen.

SCHLUSSENDLICHE AUSLEGUNG: Sie legte diese Vision sehr klar für sich selbst aus. „Ich spürte, dass Gott mir sagen wollte, dass ich mich in einem Dienst vorwärtsbewege, der Seiner Berufung für mich entspricht, deshalb ist es eine Reise in Seine Richtung. Aber ich wollte jeden um mich herum dabei haben. Ich wollte, dass alle anderen auch mitmachen. Ich war sehr traurig, als sie das nicht taten, aber ich verstand, dass ich weitergehen musste. Es wurde eine einsame Reise."

Zusammenfassend

Der Herr machte ihr sehr klar verständlich: „Ich habe dich berufen und es wird ein Aufstieg werden. Aber deine Freunde und deine Familie werden nicht mit dir kommen. Aber wenn du auf dieser Strasse weiterlaufen möchtest, dann erwartet dich am Ende eine Belohnung. Du musst entscheiden. Wirst du den langen Weg nehmen? Wirst du auf dem schmalen Pfad weitergehen oder wirst du mit den anderen zusammen vom Zug steigen?" Sie entschied sich, ihrer Berufung nachzugehen und mit allem dranzubleiben, was der Herr für sie bereit hat.

Geburtswehen

Das fünfte Beispiel ist eines, mit dem sich, denke ich, viele Propheten identifizieren können und das ist der Hauptgrund, weshalb ich diese Vision hier hineingenommen habe. Es ist ein Beispiel dafür, was sehr oft in der Fürbitte geschieht, wenn Propheten Geburtswehen haben und die Dinge, die der Herr für uns hat, auf dieser Erde freisetzen. Es ist auch ein gutes Beispiel für Proklamation.

„Ich war in einer Kirche und verschiedene Brüder und Schwestern, mit denen ich Gemeinschaft habe, waren auch dort, inklusive unserem Pastor und seiner Frau. Ich stand neben einem Stuhl und plötzlich bekam ich Wehen. Ich spürte im Geist, dass ich hochschwanger und dabei war zu gebären. Ich fing an laut zu stöhnen und zu ächzen, während ich durch die verschiedenen Phasen der Wehen und der Geburt ging. Da waren andere um mich herum, die nicht verstanden, was vor sich ging. Die Frau des Pastors erklärte denen, die mich beobachteten, dass ich in Geburtswehen war.

Ich spürte, wie die Fruchtblase platzte und begab mich in eine Hockposition. Mein Körper schwitzte und zitterte vor Schmerzen. Im Geist konnte ich sehen, dass ich auf einem Feld ein Baby gebar. Ich fing an zu keuchen und zu pressen. Die Qual war entsetzlich, aber nicht körperlich sondern geistlich. Ich blieb weiter dran im Geist, bis die Geburt beendet war. Mein Pastor kam nach der Geburt auf mich zu, um zu erklären, was gerade passiert war, aber niemand anders in der Kirche konnte erkennen, was gerade geschehen war. Sie konnten nicht verstehen, dass ich gerade ein Kind geboren hatte – ein geistliches Kind, eine neue Bewegung Gottes."

Auseinandernehmen der Vision:

Wo fanden diese Vision und dieses ganze Erlebnis statt? Es fand im Kontext ihrer Gemeinde statt. Es war eine externe Vision und Erlebnis, das Sara (nicht ihr richtiger Name) hatte. Die Vision bezog sich spezifisch auf ihre Gemeinde. Wie war der Geist? Er war positiv. Eine Geburt ist immer etwas Positives.

Die Charaktere waren das Baby und die Schwangerschaft. Wenn du dir diese Charaktere in der Bibel anschaust, dann sprechen sie immer von neuem Leben, einer neuen Geburt, etwas, das dabei ist auf die Welt zu kommen. Eine neue Salbung, ein neuer Dienst, eine neue Art, die Dinge zu tun. Das Objekt in der Vision war das Feld. Was stellt ein Feld in der Bibel oft dar? Es spricht von der Ernte, der Welt und dem „da draussen". Davon spricht ein Feld. Und die Handlung war natürlich das Gebären. Fängst du an, das Bild klar zu sehen? Das war die Auslegung, die sie gab.

Auslegung:

ART DER VISION: Extern

GEIST: Positiv

CHARAKTERE: Baby, Schwangerschaft. Geburt spricht von neuem Leben, neuem Dienst, neuer Salbung.

OBJEKTE: Feld

HANDLUNG: Gebären

SCHLUSSENDLICHE AUSLEGUNG: Sara legte das Erlebnis für sich selbst aus und zwar sagte sie: „Es erwartet uns eine gewaltige, kraftvolle Bewegung Gottes am Horizont. Sie ist mit nichts zu vergleichen, was wir bis jetzt gesehen haben. Ich glaube, dass der Herr sagt, dass viele in der Gemeinde diese neue Bewegung nicht erkennen werden. Einige werden sogar versuchen, sie zu stoppen. Aber sei ermutigt und bleibe weiterhin dran in der

Fürbitte. Harre aus im Gebet! Die geistliche Kampfführung wird die Barrieren herunterbrechen (das Platzen der Fruchtblase). Der Feind versucht diese Bewegung Gottes aufzuhalten.

Ich glaube, dass diese neue Bewegung eine grosse Ernte von Seelen einbringen wird (das Hocken im Feld) und, dass wir in Christus positioniert wurden (das Hocken), um diese Ernte einzubringen. Es wird viel Widerstand geben, aber der Herr sagt, dass wenn wir in Christus positioniert sind und unaufhörlich beten, fokussiert und entschieden sind, unbeweglich und unerschütterlich, dann werden wir diese mächtige Ernte einbringen. Es wird durch Seinen Geist geschehen (der Heilige Geist, er wird durch das Wasser in der Fruchtblase dargestellt), damit das alles vollbracht werden kann. Wir sind dabei eine neue Geburt zu erleben. Es wird uns herausfordern und wir werden in Konflikt kommen mit unseren voreingenommenen Ideen, Doktrinen und Theologien, aber die Bewegung wird nicht vom Wort Gottes abweichen. Und wenn wir standhaft sind, werden wir auf einen höheren Level erhoben werden."

Zusammenfassend

Solch eine Auslegung kannst du nur aus dem Geist Gottes heraus geben. Das ist nicht eine Auslegung, von der ich sagen kann: „Sie hat das ganz einfach aus dem Ärmel geschüttelt." Ich weiss, dass Sara diese Offenbarung durch den Geist empfangen hat und so wirst auch du die Auslegung und die Offenbarung für jede Vision, die du hast, bekommen.

Die Schriftrolle Hesekiels

Für die letzten zwei Beispiele habe ich Beispiele aus dem Wort genommen, denn ich habe empfunden, dass die anderen Beispiele Visionen waren, die wir heute haben und dass wir auch noch das Wort zum Thema Visionen anschauen müssen. Du musst selbst sehen, dass dies nicht nur einfach etwas ist, das im Neuen Testament so passiert ist. Visionen sind die ganze Zeit hindurch mit uns gewesen. Es gibt sie seit dem 1. Mose.

Ich fand ein wunderbares Beispiel in Hesekiel 3,1-3:

> *„Und er sprach zu mir: Menschensohn, was du findest, iss! Iss diese Rolle, und geh hin, rede zum Haus Israel!*
>
> *Und ich öffnete meinen Mund, und er gab mir diese Rolle zu essen.*
>
> *Und er sprach zu mir: Menschensohn, deinem Bauch gib zu essen, und deinen Leib fülle mit dieser Rolle, die ich dir gebe! Und ich ass sie, und sie war in meinem Munde süß wie Honig."*

Auseinandernehmen der Vision:

Hesekiel war im Gebet. Er hatte gerade eben den Herrn gesehen und der Herr gab ihm eine Schriftrolle und sagte: „Iss diese Schriftrolle, Hesekiel." Wann hatte er diese Vision? Er hatte sie, während er mit dem Herrn redete. Es handelt sich hier also um eine interne

Offenbarung. Die Offenbarung, die Hesekiel vom Herrn empfing, war speziell nur für ihn. Die Objekte und Symbole waren für ihn.

Auslegung:

ART DER VISION: Intern

GEIST: Positiv

OBJEKTE: Schriftrolle

HANDLUNG: Essen

SCHLUSSENDLICHE AUSLEGUNG: Wie war der Geist darauf? Er war offensichtlich positiv. Der Herr gab ihm Dinge. Was war das Objekt? Das Objekt war die Schriftrolle, welche das Wort des Herrn darstellt. Die Schriftrolle repräsentiert in der Bibel immer Gottes Wort. Was tat er? Er ass die Schriftrolle.

Kannst du die Symbolik darin sehen? Er nahm Gottes Wort zu sich. Als er es ass, liest du weiter hinten im Buch Hesekiel, wie Hesekiel aufstand und für den Herrn redete. Alle Worte, die er in sich aufgenommen hatte, kamen wieder heraus und er sprach Erlässe und Proklamationen und er sprach als Prophet Gottes. Er nahm die Schriftrolle, die das Wort Gottes darstellt, zu sich. Er nahm vom Herrn das Wort und der Herr gab Hesekiel Seine Salbung. Das stellte es dar. Der Herr gab Seine Worte in Hesekiels Geist, als er die Schriftrolle im Geistlichen ass. Als die Zeit für ihn dann gekommen war zu sprechen, sprach er alle diese Worte in Kraft aus, die er in sich aufgenommen hatte.

Schande von Israel

Das ist ein Beispiel einer Vision, die eine Proklamation darstellt. In Hesekiel 40,3-4 heisst es:

> *„Und er brachte mich dorthin; und siehe, da war ein Mann, dessen Aussehen wie das Aussehen von Bronze war; und in seiner Hand war eine leinene Schnur und eine Meßrute; und er stand im Tor.*
>
> *Und der Mann redete zu mir: Menschensohn, sieh mit deinen Augen, und höre mit deinen Ohren, und richte dein Herz auf alles, was ich dir zeigen werde! Denn damit ich es dir zeige, bist du hierher gebracht worden. Berichte dem Haus Israel alles, was du siehst!"*

Auseinandernehmen der Vision:

Kannst du den Unterschied in dieser Vision erkennen? Das ist keine Vision nur für Hesekiel. Der Mann, der dort stand und aussah wie Erz, war ein Engel und der Engel sagte: „O.k., ich bin dabei dir einige Dinge zu zeigen, Hesekiel, und wenn du sie siehst, dann möchte ich, dass du diese Visionen, die du siehst, als Proklamation aussprichst."

So haben die Propheten von damals gewirkt. Der Herr zeigte ihnen eine Vision und dann deklarierten sie sie und setzten sie auf der Erde frei. Indem sie das taten, brachten sie Gottes Willen dazu, über der Schöpfung zu brüten, damit diese Ereignisse eintreffen konnten.

Auslegung:

ART DER VISION: Extern

GEIST: Negativ

CHARAKTERE: Sünden der Menschen.

OBJEKTE: Götzen und Hurerei.

HANDLUNG: Hesekiel wird aufgefordert zu proklamieren.

SCHLUSSENDLICHE AUSLEGUNG: Wenn du das ganze Buch Hesekiels liest, dann siehst du, wie der Herr Hesekiel in verschiedene Teile von Jerusalem führte: Zum Tempel, wo sie Götzen anbeteten, und der Herr zeigte Hesekiel auch jeden anderen Ort, an dem die Israeliten sich selbst erniedrigten. Sie hatten sich total vom Herrn abgewandt. Als Hesekiel diese Visionen sah, zeigte ihm der Herr eine zukünftige Vision von dem, was aus Jerusalem und den Israeliten werden würde und Er sprach von dem, was noch kommen würde.

Leider war es nicht gerade ein positives Wort. Aber es gab ein paar positive Dinge darin und der Herr gab Hesekiel ein Muster für die Stiftshütte. Kannst du sehen, wie er diese Visionen nahm und anwendete? Er nahm die Auslegung, er sprach sie aus und er proklamierte sie. Er behielt sie nicht nur aus eigenem Interesse für sich. Das müssen wir mit unseren Auslegungen tun. Wende sie an.

Kapitel 23

Wende die Auslegung an

Wer ist wie der Weise, und wer versteht die Deutung der Dinge? Die Weisheit des Menschen läßt sein Gesicht leuchten, und die Härte seines Gesichts verändert sich.

~ Prediger 8,1

Kapitel 23 – Wende die Auslegung an

Nachdem wir jetzt Visionen angeschaut haben, komme ich zu meinem letzten Punkt: Die Auslegung anwenden. Es bringt nichts, wenn du jemandem dienst und ihm eine Offenbarung gibst und dann nicht weiter dranbleibst mit dieser Offenbarung und diese Person nicht in die Freiheit hinausführst. Wenn ich die Offenbarung von dem kleinen Jungen, der in der Ecke sass, einfach nur für mich behalten hätte, dann wäre er nie in diesen Sieg hineingekommen, wie er das erlebt hat.

Es war nicht genug, dass ich einfach die Vision gesehen hatte. Ich musste die Auslegung auch anwenden und ich musste das Wort Gottes in seinem Leben aussprechen. Ich musste Heilung in das Leben und die Verletzungen dieses kleinen Jungen hineinsprechen. Als ich die Auslegung anwendete, wurde er sofort freigesetzt.

Dasselbe gilt für die Offenbarung, die mir der Herr über das steinerne Herz gezeigt hatte. Es war nicht genug, dass ich die Vision einfach gesehen hatte, ich musste mich Seinem Willen hingeben. Als ich das tat, kam Seine Salbung über mich und zerschmetterte diesen Stein. Wenn ich es einfach nur gesehen hätte und nichts weiter damit gemacht hätte, dann wäre ich nicht frei geworden. Dann würde ich heute nicht dieses Buch schreiben und nicht dienen.

Wende die Auslegung an

Siehst du, wie wichtig es ist, dass du die Auslegung nimmst und sie dann auch anwendest? Der Herr zeigt dir eine Offenbarung aus einem bestimmten Grund. Er zeigt sie dir nicht einfach nur so interessehalber. Er zeigt sie dir, damit du dieser Person dienen kannst, damit du ihre Nöte sehen und ihr helfen kannst. Du siehst, was vor ihr auf dem Weg liegt und du kannst sie warnen und ihr dann dabei helfen, das zu überwinden.

Das ist alles, worum es geht – zu wissen und dann in Glauben, Hoffnung und Liebe herauszutreten, der Person zu begegnen und ihr zu helfen, Sieg zu erlangen. Das ist einfach die beste Frucht, die du jemals in jemand anderem sehen kannst. Es geht nicht darum, dass du dabei gut aussiehst, sondern dass du siehst, wie diese Person von ihrer Gebundenheit frei wird; zu sehen, wie diese Person aufblüht mit der Offenbarung, die du ihr weitergegeben hast. Es geht darum, dass du ihr nicht nur Offenbarung aus deinem Kopf weitergibst, sondern eine Kraft des Geistes anwendest, die den Willen Gottes in ihr Leben bringt.

Es geht darum, Menschen freizusetzen und gebrochene Herzen zu heilen. Es geht darum, nicht nur einfach Offenbarung zu bekommen, sondern diese Offenbarung praktisch anzuwenden. Wenn du das tust, wirst du anfangen den Leib Christi Stück für Stück aufstehen zu sehen. Wenn du an deinen Bruder und deine Schwester austeilst und diese Heilung hervorbringst und sie durch die Offenbarung, die du erhalten hast, von dieser Gebundenheit freisetzt, dann wird der Leib Christi langsam zusammenkommen. Anstatt dass er zerstückelt ist und einfach jeder herumrennt und sein eigenes Ding tut, werden wir zueinander hinausfliessen und als eins zusammen stehen.

Prüfe den Geist

Schliesslich prüfe den Geist auf deiner Offenbarung. Stelle sicher, dass du aus einem Herzen voll Glauben, Hoffnung und Liebe sprichst. Wir haben im Kapitel über Verführung darüber geredet, wie ein Wort, das zwingend und aufdrängend daherkommt oder Schuld, Angst oder Verdammnis auslöst, nicht vom Geist des Herrn kommt. Wenn dir jemand eine Auslegung gibt, dann prüfe den Geist darauf mittels der Gabe der Geisterunterscheidung. Wenn du diese Gabe der Geisterunterscheidung nicht hast, dann sagt Paulus, dass du solche Gaben begehren sollst.

Wenn du solch eine Gabe begehrst, wird der Herr sie dir geben und du wirst fähig sein, dich danach auszustrecken und dieses Geschenk anzunehmen. Wenn es eine Gabe gibt, die ich anderen am meisten impartiert habe, dann ist es die Gabe der Geisterunterscheidung. Denn sie ist so wichtig heutzutage mit all den falschen Propheten und falschen Aposteln, die sich überall erheben und mit all dem Guten und Schlechten. Du musst den Geist prüfen.

Ich setze nicht gerne einen Dämpfer auf das Thema Offenbarung, denn Visionen sind solch eine gute und starke Kraft. Aber leider gibt es auch diejenigen da draussen, die sie als Rute gebrauchen und sie negativ einsetzen, um den Leib Christi niederzuhalten anstatt ihn aufzubauen. Es gibt diejenigen, die Visionen zu ihrem eigenen Nutzen missbrauchen als ein Teil der New-Age-Irrlehre. Sie missbrauchen sie zu ihrer eigenen Darstellung und um sich selbst grösser zu machen als den Herrn Jesus. Du brauchst die Gabe der Geisterunterscheidung. Du musst wissen, was von Gott ist und was nicht. Wenn du den Unterschied kennst, wird dich das frei machen, denn dann wirst du fähig sein, selbst zu entscheiden. Aber nicht nur das, sondern du wirst auch fähig sein, das Herz Gottes zu spüren und dieses Herz jemand anderem zu zeigen, denn du kannst den Geist Gottes unterscheiden.

Siehst du, den Geist zu prüfen, bedeutet nicht nur, Schlechtes zu unterscheiden, sondern es bedeutet auch, die Salbung zu spüren und sie zu unterscheiden. Wenn du also in dieser Gabe fliesst, dann wirst du nicht nur fähig sein, die Werke des Feindes zu erkennen, sondern du wirst auch die Salbung des Heiligen Geistes wahrnehmen können. Wenn du dann etwas weitergibst, wird diese Salbung in deinen Worten sein und so in das Leben der Person übergehen, die von dir empfängt. Wenn du also empfängst und weisst, wie du den Geist prüfen kannst, dann wirst du wissen, was von Gott ist. Du wirst den Geist Gottes wahrnehmen bei dem, was die Person weitergibt.

Es ist sogar noch besser: Mit der Gabe der Geisterunterscheidung wirst du fähig sein, den Zustand des Geistes von jemand anderem zu erkennen. Wenn du dann jemandem dienst, kannst du wissen, was in seinem

Geist vor sich geht; ob er gebunden ist oder ob er gesegnet und gesalbt ist. Du wirst wissen: „Kann ich mein Herz dieser Person gegenüber öffnen? Werde ich Salbung empfangen oder werde ich einen Fluch aufnehmen?"

Jedes Glied im Leib Christi sollte in der Gabe der Geisterunterscheidung fliessen. Wenn wir das tun würden, dann könnte jeder durch den Geist Christi das identifizieren, was im Menschen drin ist. Anstatt den Betrug als Wahrheit hinnehmen zu müssen und den Wölfen, die im Schafspelz daherkommen und dich nur zerstören wollen, zu vertrauen. Es würde Einheit in den Leib Christi kommen.

Schlussendliches Ziel

Zum Schluss möchte ich gerne mit der Bibelstelle enden, die unser ultimatives Ziel ist. Im 4. Mose 12,6 -8 heisst es:

> *„Und er sprach: Hört doch meine Worte! Wenn ein Prophet des HERRN unter euch ist, dem will ich mich in einem Gesicht zu erkennen geben, im Traum will ich mit ihm reden.*
>
> *So steht [es] nicht [mit] meinem Knecht Mose. Er ist treu in meinem ganzen Haus;*
>
> *Mit ihm rede ich von Mund zu Mund, im Sehen und nicht in Rätselworten, und die Gestalt des HERRN schaut er. Warum habt ihr euch nicht gefürchtet, gegen meinen Knecht, gegen Mose, zu reden?"*

Wenn du an den Punkt kommst, an dem der Herr nicht mehr länger in Schattenbildern, durch Träume und Visionen zu dir redet, sondern an dem du mit Ihm eine Eins-zu-Eins-Beziehung hast, dann kann dir nichts auf dieser Welt entgegenstehen. Denn so wie der Herr Mose schützte und sich für ihn einsetzte, so wird Er auch dich verteidigen und vor dich hinstehen. Wohin du auch gehen wirst, du wirst ein Segen sein. Jeder Ort, auf den du deinen Fuss setzen wirst, gehört gemäss dem Wort Gottes dir, denn du wirst von Mund zu Mund und von Angesicht zu Angesicht mit dem Herrn sprechen.

Du wirst eine Selbstsicherheit haben, die du noch nie zuvor in deinem Leben gehabt hast. Du wirst in Seiner Autorität stehen. Du wirst in Seiner Kraft dastehen und du wirst in Seinem Wort stehen. Wenn du das tust, gibt es nichts, das sich nicht vor dir beugen wird. Es gibt keine Krankheit, die vor dir bestehen kann. Es gibt keine Armut, die vor dir bestehen kann. Es gibt kein Dämon, der vor dir bestehen kann. Denn so wie der Herr anordnete, dass Korah verschlungen werden sollte, wegen seiner Rebellion gegen Mose, so werden auch die verschlungen werden, die gegen dich aufstehen werden. So werden die Dämonen, die sich wagen dich herauszufordern, von der Kraft Gottes verschlungen werden.

Auf das solltest du hinzielen. Und denke nicht, dass dies etwas für diejenigen ist, die schon jahrelang im Dienst sind. Nein! Das ist etwas, in dem jeder Gläubige wandeln sollte. Es ist etwas, in dem du wandeln solltest. Du sollst die Stimme des Herrn, deines Gottes kennen. Du sollst in

Seiner Sicherheit und in Seinem Schatten stehen. Du sollst wissen, dass Er, wenn du in seinem Schatten stehst, für dich kämpft und Er durch dich spricht und dich als mächtiges Gefäss in Seiner Hand gebraucht.

Impartation

Ich habe dir in diesem Kapitel vieles davon, was in meinem Geist ist, impartiert. Ich habe das, was in meiner Quelle drin ist, herausgegeben und so bete ich jetzt, dass dies, so wie du es empfangen hast, auch in dir anfängt zu brodeln und etwas aufgewirbelt wird. Ich werde jetzt beten und dir die Gabe der Geisterunterscheidung impartieren. Ich werde dir die Fähigkeit impartieren, für dich selbst Offenbarung zu empfangen und nicht nur diese Offenbarung zu empfangen, sondern sie auch gemäss Glauben, Hoffnung und Liebe durch das Wort Gottes auszulegen.

Wenn du offen bist, zu empfangen und wenn du wirklich diese Gabe begehrst, dann gibt es nichts, was diese Gabe vor dir zurückhalten könnte. Ich möchte, dass du dein Herz öffnest und empfängst. Ich möchte, dass du dich jetzt gerade zum Herrn hin ausstreckst und sagst: „Herr Jesus, ich möchte das. Ich begehre das. Ich möchte die Gabe der Geisterunterscheidung. Ich möchte die Fähigkeit und den Geist der Weisheit und der Offenbarung haben. Ich möchte das jetzt empfangen, Herr." Strecke dich jetzt danach aus und nimm es, denn es gehört dir!

„Vater, ich bete, dass du jetzt gerade an deinem Volk wirkst, im Namen Jesu. Komm, Heiliger Geist und gib ihnen den Geist der Weisheit und Offenbarung. Ich impartiere jetzt die Gabe der Geisterunterscheidung, dass du sie empfängst und wissen und unterscheiden mögest. Mögest du wissen, was vom Herrn ist! Mögest du wissen, was das Werk des Feindes ist. Mögest du fähig sein, den Geist deines Bruders und deiner Schwester zu unterscheiden. Mögest du in ihre Gegenwart kommen und wissen, was tief in ihnen drin, im hintersten Winkel ihres Geistes vor sich geht, damit du ihnen begegnen und Heilung und Veränderung in ihre Leben bringen kannst. Mögest du wissen, wann die Gegenwart Gottes im Leben eines Anderen da ist! Mögest du wissen, wann ein Fluch und das Werk des Feindes im Leben eines Anderen aktiv ist.

Wenn du einen Brief empfängst, wenn du einen Film anschaust, wenn du dir ein Video ansiehst oder eine Kassette anhörst, mögest du den Geist so stark in dir drin wahrnehmen, dass es dich bis ins Innerste erschüttert. Wenn ein schlechter Geist auf etwas ist, das du aufnimmst oder dir ansiehst, etwas, das du siehst, etwas, womit du in Kontakt kommst, möge dein Fleisch heftig dagegen reagieren in Jesu Namen! Mögest du es einfach wissen! Möge es dich durchschütteln, möge es dich verändern. Mögest du wissen, dass dieses Ding, das du anfasst, nicht vom Geist Gottes ist und mögest du es fallenlassen und davonrennen! Mögest du wissen, welche Apostel falsch sind. Mögest du wissen, welche Propheten aus ihrem eigenen Begehren heraus sprechen, anstatt aus dem Begehren Gottes. Mögen dir deine Nackenhaare zu Berge stehen. Mögest du erschüttert sein. Mögest du einen Knoten im Bauch verspüren darüber.

Wenn der Geist Gottes auf dich kommt, mögest du wissen, dass er auf dich gekommen ist. Wenn du ein Buch oder einen Brief in die Hand nimmst, wenn du eine E-Mail liest, mögest du wissen, dass der Geist Gottes darauf ist! Mögest du die Salbung von Kopf bis Fuss spüren! Mögest du erschüttert sein. Mögest du Seine Worte aussprechen. Mögest du in Seiner Autorität und in Seiner Kraft dastehen und möge dein Leben verändert werden!

Ich nehme jetzt die Augenbinden weg im Namen Jesu. Satan, du hast Gottes Volk lange genug verblendet und ich stehe jetzt im Geist des höchsten Gottes hier und du wirst jetzt deine Hände von den Augen von Gottes Volk wegnehmen! Denn sie werden sehen, sie werden hören, sie werden wissen und sie werden deine Fallstricke ein für allemal erkennen. Du wirst sie nicht länger betrügen, denn der Leib Christi erhebt sich jetzt und du, Satan, wirst dem nicht im Wege stehen.

Sie sehen und sie hören und sie erkennen. Und sie werden dir auf den Kopf treten und dich im Namen Jesu zertrampeln. Der Leib Christi wird nicht mehr betrogen und hintergangen werden! Das Wort Gottes sagt, dass die Auserwählten nicht verführt werden; dass zwar viele verführt werden, aber die Auserwählten werden nicht verführt werden! Der Leib Christi sind die Auserwählten auf dieser Erde und sie werden nicht verführt werden, im Namen Jesu.

Ich spreche das jetzt über dir aus, im Namen Jesu. Dein Leben wird für immer verändert werden. Du empfängst es, du nimmst es und du weisst es, denn das ist jetzt deine Gabe und es ist dein Recht! Es ist Gottes Wunsch für dich, gerade jetzt!

Danke, Heiliger Geist, dass du das jetzt im Leben jeder einzelnen Person, die jetzt damit in Kontakt kommt, hervorbringst. Schüttle und verändere deinen Leib. Öffne die Augen und lass deine Braut in der Kraft und Autorität, die du für sie bestimmt hast, auf ihren Füssen stehen! In Jesu Namen. Amen."

Über die Autorin

Colette kam in Bulawayo, Zimbabwe zur Welt und ist in Südafrika aufgewachsen. Sie hatte schon in jungen Jahren einen grossen Eifer, dem Herrn zu dienen. Weil ihre Familie schon seit vielen Generationen christliche Leiter hervorbringt und sie als Pastorenkind aufgewachsen ist, ist die Realität des Dienstes nichts Fremdes für sie. Obwohl sie viel Schweres, wie zum Beispiel die Scheidung ihrer Eltern, Ablehnung und Armut erlitt, folgt sie dem Herrn weiterhin von ganzem Herzen nach. Durch das Überwinden dieser Hindernisse in jungen Jahren wurde ein Fundament des Mitgefühls und ein Wunsch in ihr geformt, anderen zu helfen, in ihrem Leben siegreich zu sein.

Seit diesem Zeitpunkt führte der Herr Colette und ihren Ehemann Craig Toach, Apostolic Movement International, einen Dienst, durch welchen christliche Leiter aus aller Welt trainiert und ermutigt werden, zu gründen. In diesem Dienst geben sie auch alle Weisheit weiter, die der Herr ihnen dadurch gegeben hat, dass sie sich immer wieder dazu entschieden, sowohl in ihrem persönlichen Leben wie auch in ihrem Dienst durch das läuternde Feuer zu gehen.

Darüber hinaus ist Colette auch eine fantastische Köchin und eine wunderbare Mutter nicht nur für ihre vier leiblichen, sondern auch für ihre zahlreichen geistlichen Kinder aus der ganzen Welt. Colette ist auch eine bekannte Autorin, eine Mentorin, eine Trainerin und eine Frau, die einen sehr guten Geschmack hat, wenn es um Schuhe geht! Der Bibelvers "für alle Menschen alles sein" trifft hier zweifellos zu und der Herr fügt Tag für Tag neue Dinge zu ihr hinzu.

Wie schafft sie das alles? Erlebe durch jedes Buch und durch jede Lehre das Leben eines Apostels aus erster Hand und erhalte Einblick darin, wie die Berufung Gottes jeden Aspekt deines Lebens in ein unglaubliches Abenteuer verwandeln kann.

Erfahre mehr unter www.colette-toach.com

Tritt auf Facebook mit Colette Toach in Kontakt!
www.facebook.com/ColetteToach

Finde auf Amazon.com mehr über Colette heraus:
www.amazon.com/author/colette/toach

Empfehlungen der Autorin

Beachte: Die Abkürzung AMI steht immer für Apostolic Movement International.

Was du nicht wissen magst, ist, dass dieses Buch und die meisten unserer anderen Bücher nicht einfach Lesebücher, sondern in Tat und Wahrheit Textbücher sind. Wir und viele andere Minister auf der ganzen Welt gebrauchen diese Textbücher in ihren Gemeinden und Bibelschulen als Kurse. Diese kraftvollen Ressourcen haben schon viele Leben verändert und fahren fort, dies zu tun. Sie sind daran einen Standard im Leib Christi zu setzen.

Schulen von Apostolic Movement International (AMI):

Fivefold Ministry School: www.fivefold-school.com

Prophetic School: www.prophetic-school.com

Pastor Teacher School: www.pastorteacherschool.com

Wenn du dieses Buch in deiner Gemeinde oder deinem Dienst gebrauchen möchtest, kannst du uns direkt kontaktieren betreffend grösseren Mengen und Rabatten.

Die Kontaktangaben findest du am Ende des Buches.

Vielleicht hat Der Weg der Träume und Visionen dir die Antworten gegeben, nach welchen du gesucht hast.

Aber wenn du eine/r dieser Pilger/dieser Pilgerinnen mit geistlichem Hunger bist, ist es wahrscheinlich, dass ich nur deinen Appetit angeregt habe und du nun fragst: "Okay, das war grossartig, aber was gibt es zum Nachtisch?"

Praktischer Prophetischer Dienst

Von Colette Toach

Wäre es nicht unglaublich, wenn jemand dir auf dem Weg zu deiner prophetischen Berufung vorausgegangen wäre und dir alle Schlaglöcher gezeigt hätte, bevor du hineingefallen bist?

In diesem Buch wirst du jemanden haben, der dir Schritt für Schritt sagt, was du unterlassen, was du umarmen und, am allerwichtigsten, was du auf deiner prophetischen Reise als Nächstes tun sollst.

Dieses Buch führt dich durch dein Training und zeigt dir die Richtung, welche du einschlagen musst und ist deshalb ein Muss, wenn du eine prophetische Berufung hast.

Ich bin nicht verrückt – Ich bin ein Prophet

Von Colette Toach

Jemand muss selbst ein Prophet sein, um einen anderen Propheten zu verstehen!

Aus diesem Grund kann Colette Toach das Prophetische nehmen, die Wahrheit darüber erzählen und die Themen abdecken, die dieses Buch beinhaltet.

Bist du verrückt? Ein bisschen vielleicht … aber dieses Buch wird dir helfen, der wahre Prophet zu sein, den der Herr dich berufen hat zu sein!

Wie du Gottes Stimme hörst (Set für eine Studiengruppe)

Von Colette Toach

Den Herrn zu kennen beinhaltet mehr, als einfach die Prinzipien des Wortes zu verstehen. Es bedeutet zu lernen, wann Er spricht und an den Geheimnissen Seines Herzens teilzuhaben.

Wenn du diesem Kurs abgeschlossen hast, wirst du herausgefunden haben, dass der Herr keine Lieblingskinder hat, sondern dass jeder Gläubige Ihn klar und deutlich hören kann.

A.M.I. Prophetic School

www.prophetic-school.com

Unabhängig davon, ob du erst gerade losläufst oder ob du schon eine Weile unterwegs bist, wir haben alle Fragen. Wer könnte diese besser beantworten als ein anderer Prophet!

Mit über 18 Jahren Erfahrung ist die A.M.I. Prophetic School eine führende Schule im Bereich des Prophetischen.

Von engagierten Lektoren und Trainern über Live-Streaming bis hin zum Abschluss ist die A.M.I. Prophetic School ein Zuhause fern von zuhause.

Was unser prophetisches Training erreicht

Unser umfangreiches Training basiert auf einem Studienplan, der auf zwei Jahre ausgelegt ist und es wird:

1. Dir helfen, deine prophetische Berufung zu identifizieren und zu bestätigen
2. Dir helfen, deine Bestimmung als Prophet in der Lokalgemeinde zu erfüllen
3. Dich an der Hand nehmen und durch den Prozess des prophetischen Trainings hindurchführen
4. Dir ein Expertentraining in geistlicher Kampfführung geben
5. Dich für Fürbitte und Erlass ausrüsten
6. Dich lehren, wie du im Lobpreis und in der Anbetung dienen kannst
7. Dir helfen, prophetische Reife zu erreichen

Kontaktangaben

Um unsere grosse Auswahl an Materialien anzuschauen, gehe zu: www.ami-bookshop.com

Hast du Fragen zu unseren Produkten?

Kontaktiere uns: +1 (760) 466 - 7679
(8.00 - 17.00 Pazifische Standardzeit (PST), nur an Wochentagen)

E-Mailadresse: admin@ami-bookshop.com

Postadresse:

>A.M.I
>5663 Balboa Ave #416
>San Diego, CA 92111, USA

Facebook-Seite:
http://www.facebook.com/ApostolicMovementInternational

YouTube-Seite:
https://www.youtube.com/c/ApostolicMovementInternational

Twitter-Seite: https://twitter.com/apmoveint

Amazon.com-Seite: www.amazon.com/author/colettetoach

AMI Bookshop – Es ist nicht einfach Wissen, es ist **lebendiges Wissen**

www.ingramcontent.com/pod-product-compliance
Lightning Source LLC
Chambersburg PA
CBHW070945180426
43194CB00040B/963